U0031129

一個真實的宋慶齡

Soong Ching Ling

續編

何大章⊙著

香港中和出版有限公司
www.hkopenpage.com

Soong Ching Ling

1912 年，宋慶齡攝於美國

1910 年代，宋慶齡與宋藹齡（左）、宋美齡（右）攝於上海

Soong Ching Ling

1910 年代，宋慶齡與宋藹齡（中）、宋美齡（右）攝於上海

1920 年代‧宋慶齡與妹妹宋美齡（立者）

boong Ching Ling

1924 年 11 月 30 日，宋慶齡與孫中山在由神戶駛往天津的輪船上

1927 年，宋慶齡赴莫斯科前攝於上海

Soong Ching Ling

1920 年代的宋慶齡

1929 年末，宋慶齡與宋藹齡（中）、宋美齡（右）攝於上海

1930 年代，宋慶齡在上海莫利愛路二十九號寓所

1940 年 2 月，宋慶齡與宋藹齡（左）、宋美齡（右）相聚

Soong Ching Ling

1940 年 4 月 7 日，宋慶齡與宋藹齡（左）出席宋美齡在私宅為她們舉行的歡迎會

1942 年·宋慶齡在香港

soong Ching Ling

1946 年 3 月，宋慶齡在重慶

工作中的宋慶齡

Soong Ching Ling

1950 年代，宋慶齡在孫中山像下留影

晚年宋慶齡在孫中山像下留影

Soong Ching Ling

晚年宋慶齡和孩子們

沉思中的宋慶齡

Soong Ching Ling

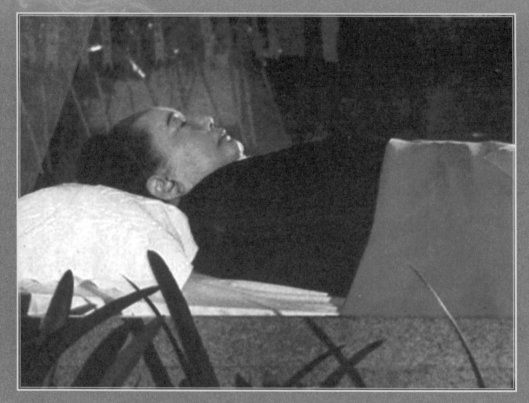

宋慶齡遺容

目　錄

革命的 "隱君子" 宋耀如

■ 宋耀如

■ 宋氏家族的奠基人宋耀如

20 世紀上半葉，在中國的政壇上，宋氏家族橫空出世並迅速崛起，成為現代史上的奇跡。這個家族對世界文明古國 —— 中國產生了長達一個世紀的重要影響。

宋氏家族的創始人是海南文昌一個農民家的孩子，名叫韓教準（也就是後來的宋耀如）。

韓家有着顯赫的過去，它的鼎盛時期在北宋，距今已經千年。八百多年前遷居海南這一支的韓氏始祖韓顯卿也曾擔任南宋的廉州知州。俗語說"富不過三代"，而韓教準已經是韓氏遷瓊後的第二十三代了。

韓教準出生時，韓家早已貧困潦倒。他沒有讀過書，從小在家裡僅有的那一小塊薄田上勞動，艱難地幫助父母維持生計。

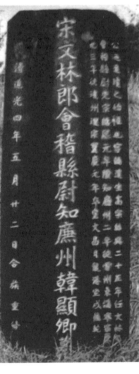

■ 左：遷居海南的韓氏始祖韓顯卿

■ 右：韓顯卿墓碑

　　十四歲時，韓教準和哥哥韓政準到爪哇做工。十七歲時，韓教準過繼
給堂舅，並因此改姓宋。他與哥哥分手，到美國波士頓幫助養父打理絲茶
店。養父希望這個孩子將來可以繼承他的事業。宋教準卻不願一輩子平靜
而庸碌地當絲茶店的老闆。他提出了求學的要求，但遭到拒絕。於是他逃

■ 海南文昌宋氏祖居

4

離絲茶店，悄悄登上了一艘美國的緝私船。

此後，韓教準皈依了基督教，依靠富商朱利安‧卡爾的資助，在美國讀了大學。1885 年 5 月，宋教準（後改稱宋查理、宋嘉樹，字耀如）大學畢業。教會拒絕了他留在美國學醫的請求，派他回上海充當傳教士。

宋耀如的這些經歷已為很多人熟知。但人們不禁要問：為甚麼偌大的中國、眾多的人口，歷史卻偏偏眷顧了他？

宋耀如對於生命價值選擇的變化發生在 1879 年。那時他十八歲，正在養父的絲茶店裡當店員。他結識了中國官派留學生牛尚周和溫秉忠。他們之間的交談使宋耀如了解了世界大勢，了解了中國在世界中的處境。這些年輕人在一起，不可能不談到中國的貧窮落後、外國侵略者強加給中國的屈辱以及中國人在海外遭受的歧視。宋耀如的視野離開了自己得到的暫時的溫飽。他有了更高的人生追求，並最終逃離了絲茶店。

對於引路人，宋耀如念念不忘。1881 年在寫給美國在華傳教士林樂知

■ 宋耀如出生的房間內景

的信中，他説："我前年在馬薩諸塞州波士頓市見到了一些中國學生。他們都是官費留學生，他們已在去年夏天返回中國。"

這時，宋耀如所關心的已經是能為中國做些甚麼的問題。他説："我急於接受教育，以使我可以回到中國，告訴人們關於我們救世主的事。""我們都在為中國而禱告。我希望能看到有朝一日所有的中國人都能夠支持上帝，坐在上帝的右邊。"他還特別關注中國的進步，反覆地向林樂知詢問：中國有沒有郵票，有沒有鐵路？

■ 在美國留學時的宋耀如

宋耀如對中國的熱情沒有引起林樂知的興趣。直到 1883 年，宋耀如還在致林樂知的信中詢問同一個問題："博士，您（知道）在中國有鐵路嗎？我聽有人説他們有，而又聽其他人説他們沒有，哪一個不對？我無法判斷誰對誰錯。對我來説，唯一的辦法就是通過您來找到答案。如果您能這麼做的話請告訴我。"

到了這年 7 月，宋耀如已經明確地表達了自己對於人生目標的選擇："我希望我能把光明帶給中國人。我活

■ 在美國留學時的宋耀如

着的目的是行善、敬人、讚美上帝；為別人做好事，將他們從無盡的懲罰中拯救出來。"

宋耀如是一個執着、堅定的人，當確定了自己的人生目標後，就再也沒有考慮過改變。他曾表示："我的願望是在我的有生之年做上帝的僕人。"終其一生，宋耀如都是一個虔誠的基督徒，他的所作所為從未違背過基督教的教義。同時，他也恪守着"把光明帶給中國人"的承諾，一直為實現這個理想而奮鬥。

1886 年 1 月，宋耀如回到中國。他的上級林樂知是一個驕橫的美國人。林樂知看不起中國本土的傳教士，甚至曾想把他們全部解散。對於

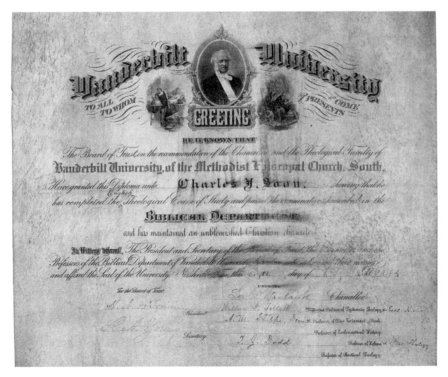

■ 宋耀如的大學畢業證書

宋耀如，他更是從一開始就充滿歧視。林樂知不批准宋耀如回海南探望父母，僅發給他極低的薪金，在他的工作安排上也改變了原來的計劃。宋耀如說："我對這種權勢感到極度不悦，但我必須耐心地忍受。"他不願讓教會中人懷疑他對基督教的忠誠，所以"不得不像耗子一樣保持沉默"。

1887年，宋耀如在艱難的處境中建立了家庭。林樂知飛揚跋扈的"一言堂"，使宋耀如依靠傳教啟發民智並進而改變中國的想法變得十分渺茫。他已經在考慮通過其他途徑實現自己的理想。

1888年春，他曾向朋友表示："有時候我認為如果我要是真的擺脱佈道任務，我能為我的人民做更多的事情。"

1890年，宋耀如開始經營實業，為美國聖經協會代理印刷《聖經》的業務；但他仍在同時履行着牧師的職務。

1892年，宋耀如退出了佈道團。他鄭重聲明，這絕不意味着他改變了對基督教的忠誠。他說："我現在是我們南方衛理公會佈道團的一名獨立工作人員，或者説是一位盡其所能為佈道團工作而又不依賴美國國內的教會來維持生計的工作人員。"這也是他在1902年11月參與發起創立上海最早的基督教自立會——中國基督徒會的前奏。林樂知的所作所為已經使他意識到，中國的基督教必須逐步擺脱西方教會的控制。

■ 1886年自美返國途中，宋耀如着和服攝於日本橫濱

經營實業之後，宋耀如在經濟上寬裕了，但他的內心並不平靜。他總在想怎樣才能"把光明帶給中國人"，使民族復興、人民幸福。他在尋找一條路

徑，尋找一個合作者。

似乎是上蒼的安排，不久他便結識了孫中山。在宋耀如的眼中，孫中山是一個誠實的、無私的、愛國的革命者。宋耀如說：「我可以斷言，我所知道的中國人中，沒有哪一個人比您更高尚、更仁厚、更愛國。」孫中山「致力於締造一個偉大的中國」，而這也正是宋耀如的人生目標。基於共同的理想，宋耀如無條件服從孫中山事業大局的需要。他們在所有問題上都保持高度一致，成為緊緊擰在一起的兩股線。

1894 年春，孫中山帶着他的《上李傅相書》，與陸皓東結伴北上。正像《宋家王朝》的作者西格雷夫所說：「他此時投身革命並非全心全意，還想作最後一次嘗試，力圖擠進清廷的官僚機構。」孫中山確實是想通過說服中堂大人李鴻章接受他的主張，然後在清廷統治的框架下進行和平改良，使中國擺脫落後捱打的困境。

抵達上海後，孫中山停了下來。他要爭取在這裡找到更多、更有分量的推薦者，以使上書增加成功的砝碼。在這裡結識宋耀如是他意外的收穫。

孫中山究竟通過誰知道了宋耀如，對此有着不同的說法。西格雷夫認為：「孫中山和宋耀如的第一次接觸是在衛理公會穆爾教堂，他們做完禮拜後經人介紹相識。」這種可能性是存在的。穆爾堂

■ 刊登在《萬國公報》上的《上李傅相書》

一直是宋耀如的重要活動場所。1892 年他曾說:"我現在負責我們衛理公會的新教堂,那是由堪薩斯城穆爾兄弟捐贈的,是中國最好的一座教堂。"

這次在上海,孫中山與陸皓東住在位於三洋涇橋的名利客棧。有記載說,見面時宋耀如對孫中山改良的主張不以為然。然而,以後的事實證明,他們彼此引為同道,建立了信任。

6 月,孫中山與陸皓東離開上海抵達天津。滿懷激情的上書失敗得悄無聲息,李鴻章根本沒有接見孫中山的打算。孫中山只得放棄改良的幻想。他說:"吾黨於是憮然長歎,知和平之法無可復施,然望治之心愈堅,要求之念愈切,積漸而知和平之手段不能不稍易以強迫。"他和陸皓東"北遊京津,以窺清廷之虛實;深入武漢,以窺長江之形勢","因知清廷腐敗無可救藥,遂決意赴檀香山,擬向親戚故舊募集資金,歸國大舉革命"。

孫中山和陸皓東一番遊歷之後,再次回到上海。此時,出現在宋耀如面前的已經是兩位堅定的革命者。他們住到宋耀如家,"三人屢作終夕談"。1912 年,孫中山曾寫道:"宋君嘉樹者,二十年前曾與陸烈士皓東及弟初談革命者。"這裡特別應當注意的是"初談"二字。"初"是"剛剛開始"的意思。這是孫中山第一次認真地探討革命,當然也是中國民主革命首次被提上日程。

這次的上海之行極具重要意義。三個人的會談顯然商定了日後中國民主革命的方向、步驟和分工。在《宋氏家族第一人》中,作者描述了孫中山"將自己關在宋耀如的書房裡,整整三天三夜,擬出了興中會章程的初稿"。"宋耀如拿過章程,立即駕車趕到華美印書館,自己排字,自己付印,連夜印出了幾千份"等等情節。當然,孫中山恐怕不至傻到一定要隨身帶着幾千份印好的興中會章程去檀香山。但是,對於革命宗旨、組建革命團體、籌措經費、發動武裝起義等等問題,三人當時無疑是商定了的。這在之後三人的默契配合中可以看得很清楚。所以,應該說中國民主革命的大計就誕生在上海虹口的宋宅。

離開宋家，孫中山直接去了檀香山。他的目的十分明確：一是組建革命團體，二是為發動"反清復漢"的起義籌款。然而，兩項任務進展都不順利。11月24日，興

■ 上海虹口宋宅

中會成立。這是中國第一個民主革命團體，意義重大，但"聞總理有作亂謀反言論，咸謂足以破家滅族，雖親戚故舊亦多掩耳卻走。經總理多方遊說，奔走逾月，僅得同志數十人"。籌款更是困難重重。孫中山只從哥哥孫眉那裡得到了實實在在的支持。由於"應者寥寥"，孫中山準備奔赴美洲籌款。

此時，孫中山收到上海的來信。宋耀如告訴他，甲午戰爭"清兵屢敗，高麗既失，旅、威繼陷，京津亦岌岌可危，清廷之腐敗盡露，人心激憤"，要他抓住時機，迅速發動起義。

接信後，孫中山決定放棄美洲之行立即回國，可是籌到手的資金實在太少。雖然在最後關頭，他的哥哥孫眉和興中會成員鄧松盛（蔭南）"傾家相助"——孫眉賤價出售了自己的牲畜，鄧松盛變賣了自己所有的商店和農場，但他們提供的資金與發動一次武裝起義的所需仍相距甚遠。次年1月初，孫中山離開檀香山去香港策劃暴動。宋耀如仍留在上海，為其籌措經費。

經過數月準備，第一次武裝起義定於1895年10月27日（重陽節）舉行。由於舉措失當，消息泄露，起義於發動前夕即告失敗。孫中山逃往香港，隨即出國。陸皓東被捕，壯烈犧牲。

這次起義雖然以失敗告終，但意義重大。孫中山領導的革命黨人第一次以暴力革命的姿態站到歷史舞台上。孫中山也因這次流產的起義而一夜成名。宋耀如對此功不可沒。

■ 陸皓東

廣州起義失敗後，由於勢單力薄，興中會僅在1900年發動了惠州三洲田起義，此後便再難有所作為。為了整合革命力量，孫中山在日本成立了同盟會，這是中國第一個民主革命政黨。同盟會成立後，面臨的最大難題仍是資金的籌措。

《宋家王朝》一書曾披露："1905年7月30日，在東京召開同盟會籌備會議。宋查理專程從上海趕來。這是一次討論政治戰略的秘密會議。討論的中心自然是經費問題。孫要求宋查理負起這一重任。為了有成功的希望，不能只靠那麼一點點捐贈，所需要的是數目相當大的款項。他們清楚，查理同美國的富豪有不同尋常的聯繫，這是他們所不及的，因此，一致同意派他去籌措幾百萬資金。"

西格雷夫的這些敘述恐怕只是臆測。首先，出席同盟會籌備會的共計七十九人，這在名單上是有明確記錄的；其次，至今也沒有發現宋耀如在1905年前往日本的任何記載。宋耀如為孫中山的革命事業籌款，本是他們之間的約定。宋耀如自會為此全力以赴，用不着在會議上專門討論、提出要求。

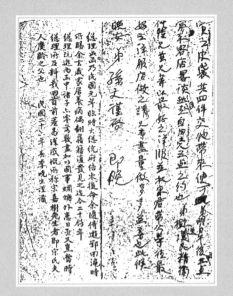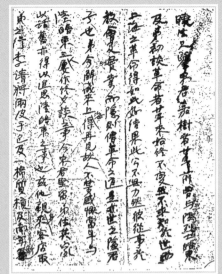

■ 孫中山致李曉生信

曉生兄鑒：

　　宋君嘉樹者廿年前曾與陸烈士皓東及弟初談革命者。廿年來始終不變，然不求知於世。而上海之革命得如此好結果，此公不無力。然彼從事於教會及實業，而隱則傳革命之道，是亦世之隱君子也。弟今解職來上海，得再見故人，不禁感慨當年與陸皓東三人屢作終夕談之事。今宋君堅留弟住其家以話舊，亦得以追思陸皓東之事也。茲他親身來客店取弟之行李，請將兩皮手包及一棉質檟及南京新買之皮袋共四件交他帶來便可。弟明日午後兩三點來店略談，然後赴自由黨五點之約也。弟擬送漢民、精衛、仲愷兄並兄等以最好之洋服，並託宋君帶公等往最好之洋服店做之。請兄等盡量做，多多益善也。此候

　　晚安

弟孫文謹啟

即晚

　　總理此函乃民國元年臨時大總統府結束後，命余隨侍遊鄂回滬時所賜。余去歲家居養病，偶翻舊籍復發見之，迄今二十餘年。

　　總理既逝，而函中諸子亦零落幾盡。加以國事蜩螗，外患日亟，又豈當時總理所及料哉！回首前塵，曷勝感慨。所稱宋嘉樹先生者即宋氏夫人慶齡之父也。

民國二十六年春 李曉生識

據西格雷夫描述，宋耀如 1905 年的美國之行，曾在舊金山停留了幾週。他在致公堂總部同華人銀行家、商業界人士見了面，在為同盟會籌集資金上收穫頗豐。緊接着，宋耀如來到達勒姆與他的恩人朱利安·卡爾見面。二人在薩默西特大廈密談了幾週後，宋耀如從卡爾那裡為同盟會爭取到了一筆為數可觀的捐贈。

回到上海，宋耀如即即把二百多萬美元轉到同盟會的賬上。對於同盟會來說，這絕對是雪中送炭的援助。於是，同盟會有力量在 1907 年發動了四次起義，1908 年又發動了兩次起義。那時的武裝起義依靠的是雇傭軍，所以每次都要大量地燒錢。

辛亥革命成功後，中華民國成立，孫中山就任臨時大總統。宋耀如與孫中山的關係也公開了。可是，僅僅過了幾十天，總統就換成了袁世凱。一年之後，宋教仁被害，"二次革命"爆發，孫中山成了通緝犯，被迫流亡日本。宋耀如拋家捨業，提前攜妻子兒女逃到日本，為孫中山打前站。孫中山抵達日本後，第一個約見的人就是宋耀如。

自 1913 年 8 月 9 日抵達日本，宋耀如和他的女兒幾乎是孫中山每天都要見面的人。當時宋耀如已經五十多歲，患有嚴重的腎病，仍然每天長時間地蜷坐在日本的榻榻米上的矮桌邊，幫助孫中山處理英文函件。他的大女兒宋藹齡是孫中山的秘書。藹齡即將結婚時，宋耀如又將剛剛從美國大學畢業的二女兒宋慶齡召喚到日本，讓她接替姐姐的工作。

通過以上敘述，我們可以清楚地看到宋耀如在中國革命史中的作用。其一，宋耀如是中國"初談革命"的三位民主革命家之一。另外兩人，一位是中華民國的第一任總統，一位是"中國有史以來為共和革命犧牲者之第一人"。其二，宋耀如是第一次武裝起義的倡議者，而這次起義具有里程碑的意義。其三，宋耀如是中國第一個民主革命政黨——同盟會最重要的資助者。其四，在孫中山最艱難的時刻，宋耀如與孫中山站在一起，堅

■ 1912 年 4 月 6 日,孫中山等在上海哈同花園合影。此時宋藹齡已開始正式擔任孫中山的英文秘書。前排左起:孫娫、孫中山、孫婉、哈同;後排左起:黃宗仰、端納、宋藹齡

定地、無保留地支持他,成為孫中山最親密的戰友。

　　與孫中山相比,宋耀如對中國革命的貢獻毫不遜色,區別只在於一個在台前一個在幕後。遺憾的是,一百多年來,我們從來沒有把宋耀如擺到一個恰當的歷史位置上。關於他的記載少之又少。在相當長的一段時間裡,他幾乎完全被忽視。後來人們重新注意到他是因為他的子女,特別是著名的宋氏三姐妹。而且,人們主要是從三姐妹父親的角度去介紹他。

　　1912 年 4 月,剛剛辭去臨時大總統職務的孫中山這樣評價宋耀如。他說:"彼從事於教會及實業,隱則傳革命之道,是亦世之隱君子也。"從此"革命的隱君子"就成為人們對宋耀如最常使用的一個評價。所謂"隱君子",就是說宋耀如投身革命工作,但沒有革命者的名分。

革命的「隱君子」宋耀如

15

■ 1913 年 3 月 11 日，孫中山出席大阪經濟會舉行的歡迎宴會後留影。前排左起：宋耀如、
孫中山、本山彥一、戴季陶；後排左起：山田純三郎、對馬健之助、菊池良一

　　説到革命資歷，宋耀如與孫中山同時，是從"初談革命"開始的，其
他人都難以望其項背。

　　説到對革命必要性的認識，宋耀如甚至超越了孫中山。孫中山與陸
皓東第一次找到宋耀如時，還徘徊於改良與革命之間。上書失敗後回到上
海，他們與宋耀如"初談革命"，三人便一拍即合。這説明宋耀如始終沒
有考慮過改良的可能。試想，哪怕有一絲改良的念頭，突然面對革命，他
也絕不可能做到毫不猶豫。做出這樣的決定是要準備付出生命代價的。所
以，我對有些學者在談到宋耀如時，動輒加上"在孫中山革命思想的影響
下"的前綴有所保留。應該倒過來説，宋耀如曾給予孫中山以重要影響，
如"初談革命"，如廣州起義。

　　為了支持孫中山的革命事業，宋耀如貢獻出了自己和家庭的一切。從

三十三歲與孫中山結盟到五十七歲病逝，他忠心耿耿，無怨無悔。值得注意的是，這個為了革命付出所有的人，竟然從未列名於任何革命組織。

1894 年，"初談革命" 商定了組建革命團體以推動武裝起義的計劃，孫中山隨即赴檀香山將其付諸實施，興中會就此成立。而作為決策者之一的宋耀如卻不是興中會成員。

在《興中會初期孫總理之友好及同志》中，登記了孫中山從肄業於廣州博濟醫院至第一次廣州起義失敗九年間的友好及興中會同志的姓名事略，共錄一百九十五人（包括興中會成員七十二人）。其中關於陸皓東的記錄是 "與總理為總角交，後同創興中會，為乙未九月廣州革命流血之第一人"；區鳳墀，職業為 "傳教師"，黨派及宗教一欄中填寫的是 "興中會"。而在宋嘉樹名下，記錄的職業為 "傳教師"，黨派及宗教一欄中填寫的是 "基督教"，其事略僅為 "總理於甲午冬北上過上海時識之"。"識之" 而已！陸皓東、區鳳墀與宋耀如同為基督徒，三人中唯獨宋耀如沒有參加興中會。

有的著作中寫道："1905 年，孫中山和黃興、宋教仁等人以興中會、華興會為基礎，並聯合光復會等反清團體，組織成立了中國第一個資產階級革命政黨 —— 中國同盟會。宋嘉樹被孫中山吸收為會員。" 這個說法被以後的著述者不斷引用。但不知其根據何在？《中國同盟會最初三年會員人名冊》保存至今，其中共錄會員九百六十人。在名冊中還做了如下說明："乙巳、丙申、丁未三年（即 1905 至 1907 年）在東京本部加盟者什九在此冊內，在香港加盟者，只有總理親自主盟之陳白等八人，其餘盟書皆由香港分會自行保存。此外國內各省及海外各埠因郵寄不便，亦多各自保存，未繳呈本部。故上列名單以本部所收到盟書為限。" 宋耀如在同盟會組建的當年就專程赴美國為同盟會籌得巨款，他要參加同盟會應該是毫無障礙的。即使他沒有機會去東京，也可以就近在上海參加。上海不會存在

"郵寄不便"的問題，況且上海的同盟會會員都已登記在冊，只是列在了"江蘇省"的省別之下。

1978 年 5 月 23 日，宋慶齡在致仁木富美子的信中寫道："我父親是老同盟會員，在 1912 年參加了革命，幫助孫先生從事財務工作和負責英文信件的答覆等等。"關於"老同盟會員"一節，顯然是宋慶齡的誤記。宋耀如參加革命不可能遲至 1912 年。而且就在這年的 8 月 25 日，國民黨成立大會在北京湖廣會館舉行，同盟會與統一共和黨、國民共進會、國民公黨、共和實進會實施了五黨聯合，中國同盟會至此就不復存在了。

1913 年 8 月初，因"二次革命"失敗，孫中山離開中國大陸，經台灣

■ 1913 年 3 月 14 日，宋耀如陪同孫中山訪問日本時在移情閣前留影。前排左起：李文權、鄭祝三、戴季陶、馬君武、孫中山、吳錦堂、宋耀如、何天炯、瀧川弁三、山田純三郎

赴日本。9 日，孫中山在日本神戶登陸，當晚即與宋耀如在住所密談。從 9 日至 15 日，孫中山除宋耀如、宋藹齡和胡漢民外，未與任何中國人見面。此後，與孫中山見面最多、密談最多的也是宋家父女。9 月 27 日，孫中山在東京組建中華革命黨，發展了第一批黨員。此後，又陸續發展多批黨員。但是，參與了建黨時期最核心工作且近在孫中山身邊的宋耀如仍不在冊。顯然，宋耀如不列名於革命組織是有意為之的。

宋耀如甘當"隱君子"，他只想為革命無盡地付出，而根本沒打算尋求絲毫的回報。他把個體完全融入理想之中。他的所有作為都只是為了實現自己心中的目標——振興中華，"把光明帶給中國人"。

宋耀如對於革命無保留的付出體現在方方面面，所謂"佐總理孫先生擘劃革命，昕夕不遑"。

其中常常被人們提起的有：位於上海虹口的宋宅曾多次充當孫中山在上海的住所和會議場所；宋耀如在住宅地下室為興中會和同盟會印刷小冊子和文件，進行革命宣傳等等。這裡，我還想着重談談宋耀如在財力上對革命的支持以及因從事革命而承擔的安全壓力。

倪家是滬上的名門望族。長久以來，人們普遍認為宋耀如從與倪桂珍的婚姻中得到了可觀的經濟利益。學者中這類議論也不在少數。如西格雷夫就寫道："根據習俗，有錢的娘家給了一筆為數頗大但金額不詳的嫁妝，這才着實補貼了收入的不足。這是用來實現各種計劃的老本錢啊！新娘家還送給查理一筆相當於加入限制很嚴的英國上層貴族小圈子活動所需破費的錢。"這種推測與實際情況相去甚遠。

倪家在經濟上並不寬裕，宋耀如一家的生活也很窘迫。所以，在剛剛接觸到革命時，宋耀如並不是大富翁，他支援革命的錢都是從有限的資金中擠出來的。後來隨着經營實業的成功，宋耀如的事業迅速發展，他將越來越多的流動資產投入了革命運動，而宋家的生活仍維持在一個較低的水平。由此可見，宋耀如為革命提供的資金援助，並不像人們想像的那樣，是一個大富翁從口袋裡掏出幾個小錢那樣輕而易舉。

1912 年中華民國成立，宋耀如與孫中山的關係公諸於世，他身不由己地捲入了公開的政治鬥爭。此後，他陪伴孫中山東奔西走、流亡海外，完全無暇關照自己的實業。1918 年宋耀如病逝後，宋美齡曾感慨地說："外界關於父親去世時是一名百萬富翁抑或僅僅是中產人士的推測在任何時間都引人發笑。因為過去七年中，父親已是'有閒紳士'，家人之外沒人知道他是如何看待財富的。"

對於宋家來說，比為革命貢獻資金更有壓力的是隨時可能襲來的滅頂之災，而且這種威脅持續了二十多年。偶有不慎，宋耀如就會像陸皓東、徐錫麟那樣死得很慘！

宋慶齡曾回憶："孫先生每次回國必然住在我家。我父親在住宅地下室秘密設印刷廠為興中會和同盟會印刷小冊子和文件，同時為了掩護也印刷基督教的書籍。正由於此，秘密工作給母親兩肩一副重擔，而且也使她精神上承受很大的壓力。外祖母多次嚴厲地警告和提醒過她，如果這些秘密工作被人發現，將意味着全家人和親戚們的死亡。母親不聽外祖母的警告，繼續進行愛國任務，結果是她的健康每況愈下。"

起義失敗後，孫中山被清廷懸賞緝拿。為了保住自己和家人的性命，宋耀如買了葡萄牙護照。這也印證了他們面臨的危險。為了避免受到牽連，親友們都遠遠躲開宋家的人，就像是逃離致命的傳染病患者一般。

"二次革命"失敗後，宋耀如一家人終於被迫放棄了自己舒適的家，流亡到日本。而此時，宋耀如的頭也被袁世凱標價五萬大洋懸賞收購。

1911 年辛亥革命成功。11 月 4 日，在宋耀如的幫助下，革命軍光復上海。這使宋耀如喜不自禁。習慣於守口如瓶的他，興奮地向一位外國朋友講起了自己和孫中山長久以來結下的深厚友誼及其對孫中山的幫助。宋耀如說："我從不操心我給他的援助是否會得到回報。"他問那位朋友："也許你想知道我們為甚麼會住在如此簡樸的地方？"對方答道："除了感到您和宋夫人不在乎家裡的陳設之外，我還知道您為教會工作做了很多慷慨的捐贈。而且您在孩子的教育方面也投入很多。""的確如此，"宋耀如說，"但是我還是盡我所能地攢錢來幫助孫中山的事業，因為我覺得那是我幫助我的祖國的最好方式。"

當年的 12 月 25 日，孫中山回到上海。他剛在碼頭上露面，便立刻被蜂擁而至的歡迎人群包圍起來。

以往的十幾年間，孫中山每次來滬，只是悄悄地住進唯一的安全之所——東有恆路的宋宅。對於孫中山來說，這裡像他的家一樣。而這一次，孫中山住進了寶昌路四〇八號。

"孫中山抵滬後，中外人士皆以望見顏色為快，投刺相訪者絡繹不絕。"孫中山在上海停留了七天。在頻繁的會議、採訪、邀請、接待中，孫中山還抽出時間到伍廷芳、龐青城、趙鳳昌等人的家中做客。但是，他沒有再到宋耀如的家裡看一看。

一個新的政權即將誕生，分享勝利果實的時刻終於到來了。革命黨人彈冠相慶。而為革命出了大力的宋耀如卻好像人間蒸發，被人們丟到腦後。

1912 年 1 月 1 日，孫中山風風光光地從上海啟程，赴南京就任中國首任臨時大總統。從對革命的貢獻而言，宋耀如無疑是一位開國元勳，但他並沒有隨行。直到政府組建完成，各部總長、次長和大小官員紛紛走馬上任，權力分配塵埃落定之後，宋耀如才在 1 月 12 日寫了一封信，告訴孫中山，自己準備帶着女兒宋藹齡去南京看他。話說得淡淡的，只是探訪老朋友，絕無尋求回報或心懷抱怨的意思。似乎他過去為革命做的一切都是分內之事，如果此時把一頂官帽加到他的頭上，他會像介之推那樣認為是對自己的侮辱。

4月3日，孫中山從南京回到上海。這時，他已經解除了臨時大總統的職務。在宋耀如的"堅留"下，失去了權力的孫中山重又住進宋家"話舊"。

孫宋交往中的規律是異乎常人的。孫中山如日中天時，宋耀如躲得遠遠的；孫中山失勢時，宋耀如對他關懷備至；孫中山逃亡時，宋耀如幾乎與他形影不離。這就是"隱君子"的本色！

宋耀如一生在政界沒有擔任過任何職務。1913年4月初，為籌備中國興業公司，孫中山在中國鐵路總公司辦事處連續召開會議，宋耀如都是以上海地區實業家的身份參會。晚年追隨流亡中的孫中山時，人們曾說宋耀如是孫中山的秘書。然而，孫中山怎麼會任命他為秘書？他又何嘗僅僅是一個秘書？在年屆半百、重病纏身的情況下，他還在兢兢業業地為孫中山處理文字工作，只是因為老朋友孫中山需要他的幫助。他從不求報酬，反而常常為革命貼錢。所以，即使是這個微不足道的"秘書"頭銜，宋耀如也是有其實無其名的。

宋耀如被歷史忽視，其實是他自己的選擇。他無意為自己貼上一個革命家的標籤，而只想做一個基督徒。他是以基督救世的精神投入革命事業的。

人們都知道，宋耀如與孫中山發生過一次嚴重衝突。這次僅有的衝突，起源於孫中山與宋慶齡的婚姻。

1913年8月，剛剛獲得文學學士學位的宋慶齡，應父親的召喚來到日本。不久，宋慶齡便接替姐姐宋藹齡成為孫中山的英文秘書。1915年，宋慶齡回到上海，向父母提出與孫中山結婚的請求。她的提議遭到了父母

■ 1914 年 9 月，宋藹齡、孔祥熙結婚。
當月 20 日，宋家在日本橫濱合影留念

的堅決反對。為此，宋慶齡毅然離開上海，在抵達東京的第二天即與孫中山登記結婚。宋耀如夫婦隨後追往日本，卻未能阻止這樁婚事。

一向與孫中山親密無間的宋耀如，為甚麼在這個問題上持激烈的反對態度呢？我認為，他仍然是為了自己心中至高無上的理想。

正如前文所述，宋耀如始終是虔誠的基督徒，同時也是一個堅定不移的愛國者。他與孫中山結盟，是因為他堅信孫中山能實現他的振興中華夢。

宋耀如夫婦反對孫中山與宋慶齡的婚姻，人們通常給出的理由是：孫中山原本有家庭、有子女；孫中山與宋慶齡有着二十七歲的年齡差距；孫中山是宋耀如的老朋友，宋家的孩子們一直稱呼他"孫叔叔"；孫中山當時處境很不好，宋耀如夫婦擔心宋慶齡以後的生活受到影響，等等。這些理由都是成立的。作為父母，為某個理想他們自己可以付出一切，但要因此付出子女的幸福與前途，他們卻不能不有所顧慮。

除此之外，宋耀如的反對還應有以下幾個含義：

一、孫中山原是有家庭的，而且宋耀如全家都與盧夫人有過交往。孫中山離婚再娶，違反了基督教的教規。宋耀如說："我們是一個基督教家庭，我們的女兒不會給任何人做妾，無論他是這世上最偉大的國王、君主抑或總統。也許我們貧於'世俗之物'，但我們既無貪心，也無野心，更不會低賤到去做違背基督教教義之事。"

二、這樁婚姻可能對孫中山的革命事業造成負面影響。如果由於宋家的不慎，給"致力於締造一個偉大的中國"的事業造成不良影響，宋耀如是無法容忍的。事實證明，他的預判沒有錯。孫中山與宋慶齡的婚姻，的確在革命黨內部遭到了強烈反對，同志們一致認為這會影響領袖的形象。

　　為了革命，宋耀如要竭力保護孫中山的形象。他曾對孫中山說："我們不會做任何有損您及您事業的事情。""作為您的朋友，我認為我有責任維護您的清白並支持您的事業，無論結果如何。""這世上沒有任何力量足以引誘我們以任何方式去傷害您及您所珍視之並近乎全心全意奉獻之事業，我不會容許此等事情發生。"

　　三、宋耀如是有政治"潔癖"的人。他絕不允許自己留給別人動機不純的印象。他說："對我們而言，一個好的名聲比一切現世之光環和特權都來得重要。"而孫中山與宋慶齡的婚姻有可能影響世人對宋耀如的看法，認為他在與孫中山的合作中另有所圖。宋耀如的這一擔心不無道理。儘管他百般防範，在他身後，他擔心的某些"以小人之心度君子之腹"的議論仍然不可避免地出現了。

　　孫中山和宋慶齡的婚姻嚴重地違背了宋耀如的意願，而且給他造成了難以撫平的傷害。但是，這件事所以能夠發生，確是宋耀如本人長期以來實施的教育所造成的。

　　宋家的朋友路易斯‧羅伯特夫人曾寫道："宋先生認為，只要接受了恰當的教育，有了好的領導，中國人完全有能力成就偉大的事業。""宋先生自然會經常談論起他在美國的歲月，以及他在中國結交的朋友，還有他回國時所懷有的夢想。……我很快就了解了他的興致所在，除了他的家庭，他還要幫助自己的祖國得到本應具備的大國地位。他希望能為他的孩子做適當的準備，以便在時機成熟時，他們可以更好地為他們的祖國服務。"

　　宋耀如民族至上的情懷，會在有意無意間隨時流露出來，從而在宋家形成與其他家庭迥然不同的氛圍。倪桂珍在宋家是一個發揮着重要作用的人物。宋耀如有些怕老婆，倪桂珍在家裡幾乎是說一不二。但在愛國、革命這件大事上，倪桂珍卻無條件地支持宋耀如。在宋家，自己的生活要精打細算，但大筆的錢可以不動聲色地捐給革命；宋家是革命宣傳品的印刷所、革命同志的避難所、秘密集會的處所，雖然"腦袋繫在褲帶上"，但連小孩子也懂得，宋家的安全要服從革命的需要；為了革命，全家人可以背井離鄉流亡海外而毫無怨言。在宋家，愛國是每個人的天職，家庭的利益永遠服從於國家的利益。這種家庭氛圍對孩子起到了早期教育的作用，決定了他們一生不可逆轉的走向。宋慶齡的成長過程，最好地體現了宋耀如實施的這種愛國主義教育的效果。

宋慶齡與孫中山走到了一起，宋耀如為此憤怒得幾乎和孫中山徹底絕交；他沒有意識到，正是他自己把宋慶齡帶上了這樣一條道路。

宋慶齡是宋耀如最完美的結晶。無論是熾熱的愛國情懷、對理想的執着、處事坦率直言不諱的性格、不務虛名的踏實肯幹、視名利如糞土的灑脫、甚至政治"潔癖"，她和宋耀如都無二致。

孫中山與宋耀如是最好的搭檔，當遇到宋慶齡的時候，他立刻感受到彼此合作的愉快。宋慶齡則是通過宋耀如才對孫中山充滿了崇拜。為了拯救中國，宋慶齡以身相許，這難道不是順理成章的事嗎？

1929 年 5 月，宋慶齡回國參加孫中山的奉安大典。她一路上不斷公開發表對蔣介石控制下的國民黨的措辭嚴厲的批評，宣佈絕不與國民黨合作。前來迎接她的宋子良擔心姐姐因此引起政府的惱怒和家庭中的不快，勸她把態度放得緩和些。宋慶齡斬釘截鐵地說："是宋家為中國而存，而不是中國為宋家而存。"這句話，最準確地體現了宋耀如的精神。

不平凡的母親倪桂珍

■ 倪桂珍

宋慶齡的母親倪桂珍，生於 1869 年 6 月 3 日，祖籍浙江餘姚。倪桂珍的父親倪蘊山是上海倫敦會天安堂牧師，母親徐氏是明代著名科學家徐光啟的後裔。

倪蘊山夫婦生了十個孩子，但半數夭折。長大成人的只有二男三女。倪桂珍居中，上有一兄一姐，下有一弟一妹。由於出生於基督教家庭，倪桂珍從小就受洗成為新教徒，四五歲時進私塾，九歲入學校，十五歲升入美國基督教聖公會創辦的上海西門稗文女學。她擅長數學，尤其喜愛彈鋼琴。十八歲畢業後留校任教員。

在倪桂珍幼年時，中國漢族的女孩兒都要裹小腳。倪桂珍對此抵觸極大，只要一裹腳她就發高燒，父母最終只得放棄了為她打造"三寸金蓮"的努力。到了談婚論嫁的時候，她的一雙天足卻成了劣勢。這時，恰巧宋耀如從美國來到上海做傳教士。宋耀如個子不高、相貌平平。他英語很好

■ 新婚時的宋耀如與倪桂珍

但中國話完全是南腔北調，生活上的美國習慣也讓一般人難以接受，被看作是"假洋鬼子"。早在美國時就與宋耀如相識的留學生牛尚周見到宋耀如不被欣賞的窘境，就為他介紹了自己的小姨子倪桂珍。宋耀如看不慣小腳，倪桂珍對西方文化又不陌生，這真是天賜良緣。於是，1887年仲夏，十八歲的倪桂珍與二十六歲的宋耀如在教堂舉行了婚禮，名揚中外的"宋氏家族"開始起錨。

許多記載都想當然地把倪家描述成家底厚實的世家，而事實卻並非如此。徐光啟從一個窮書生起家，官至禮部尚書兼文

淵閣大學士、內閣次輔、太子太保，可謂位極人臣。徐家世代居住於上海徐家匯，也確實被人們看作"滬西望族"。但倪桂珍已是徐光啟的第十七代後裔。幾乎沒有一個"望族"可以把富貴持續到這麼久。世家的文化傳統和規矩還在，但經濟上早就衰敗了。同時，作為傳教士，宋耀如當時的月薪僅有十五美元，還不夠養家糊口。

■ 徐光啟

據倪桂珍的侄女倪愛珍（倪桂珍的哥哥倪錫令的女兒）回憶，宋耀如婚後住在虹口區朱家木橋一帶，是處面積不大的平房，家裡很窮。倪桂珍的母親買不起圍巾，早晨買菜時脖子上就圍一條舊的洗臉毛巾。倪桂珍的姐姐倪桂金一次回娘家，母親問她想吃甚麼？倪桂金說要吃鹹菜肉絲湯麵。而平時，他們家裡是很難得買肉的。作為傳道的牧師，倪蘊山平常上街只穿幾毛錢一雙的草鞋，要上台講道時才換上妻子手做的布鞋。倪愛珍特別提到："當時窮人生小孩是在家裡生，宋慶齡生在家裡，我也是老娘婆接生，只幾毛錢就可以了。"

儘管生活十分拮据，作為這個家庭的女主人，倪桂珍是非常稱職的。她心腸好，出門總是向窮人施捨財物。但她個性很強，在許多事情上"要男人聽她的"。海倫·斯諾在倪桂珍去世後不久到達上海，聽到過許多關於倪桂珍的事。概括起來，倪桂珍是一個"嚴格的、品德好的、自奉儉樸而又不屈不撓的模範妻子"。

1892 年，宋耀如辭去了牧師職務，轉而從事工商業。他在經營上十分成功，家庭的經濟狀況也有了改善。

1894 年，宋耀如結識孫中山，二人開始為"光明的中國"而奮鬥。孫中山不管甚麼時候來到上海，總是住在宋耀如家裡，孩子也把他視為自家人。倪桂珍並不知道孫中山在做甚麼，僅僅把他看作是丈夫的一個很親密的朋友。直到"廣州起義"失敗後清政府懸賞通緝孫文，倪桂珍才大吃一驚。但她依然支持宋耀如的選擇，並且自己也義無反顧地投身到革命之中。一位與倪桂珍相熟的美國友人說："當我進一步了解她以後，我發現她是一個很聰明而且很有思想的人。宋先生總是同她商談他的事務中的每一個細節，他們是一對意氣相投的夫妻。"

他們在自家住宅的地下室裡設了一個印刷廠，秘密為興中會和同盟會印刷小冊子和文件。宋慶齡說："那時我們年紀都小，記得父母當時告訴我們切不可向任何人提及此事，也禁止我們拿宣傳革命的小冊子。"在革命遭到挫折時，宋耀如兩次流亡日本，倪桂珍都毫無怨言地帶着孩子與丈夫一起流亡，"料理家務，教子女琴書，均以一身任之，備嘗艱苦，處之怡然"。幾十年間，宋家都處於險境之中。倪桂珍隨時準備着逃亡。《宋氏家族》的作者埃米莉·哈恩曾生動地表述："以後的年代裡，他們一直處於險境中。形象一點說，美齡和她的兩個弟弟子良和子安，就誕生在那所箱子從未關上和收放好的房子裡。"

革命也使許多人疏遠了他們。甚至他們的大媒人、倪桂珍的姐姐倪桂金和姐夫牛尚周也一再寫信囑咐自己的孩子，千萬不要與宋家有任何接觸。信中寫道："如果我或我家庭中的任何一個成員與叛黨有瓜葛，人們會說我和我的家人也是叛匪。"

宋耀如夫婦在經濟上盡力地幫助孫中山，而且絕不圖回報。作為一位通情達理的賢妻，倪桂珍全力支持丈夫的事業。她"主持家政，量入為出，節衣縮食，資助革命事業"，也常以餘資接濟窮人，周恤貧苦，捐助學校、教堂。這些善舉都贏得了人們的尊重。

■ 少年時期的宋慶齡與母親

　　倪桂珍與宋耀如在 1887 年結婚後，十四年之中生了七個孩子。第一個是男孩，但不幸夭折。此後，藹齡、慶齡、子文、美齡、子良、子安相繼出生，其中三個女孩、三個男孩。

　　作為母親，倪桂珍在生活方面對子女的照顧可謂無微不至。正如宋氏兄弟姐妹所説：我們的母親"即使在最困難的時候仍給我們以快樂而舒適的生活"。"我們的母親是世界上最偉大的母親。"

　　然而，與一般家庭"嚴父慈母"不同，倪桂珍是家裡的"一把手"。在宋家，父親親切、熱誠、隨和；母親卻不苟言笑。宋美齡曾回憶："母親的個性，處處表示出她的嚴厲剛強，而絕對不是優柔善感的。"

　　倪桂珍對家庭、對孩子們有着強烈的責任感。她對子女嚴加管束，對他們進行禮貌規矩的訓練，從不放縱孩子們的任何越軌行為。宋家不准打牌、不准跳舞，每個人都要按時祈禱。

　　教育孩子是他們夫妻雙方的義務。孩子入學前，夫婦倆輪流教孩子們讀寫。1908 年，路易斯·羅伯特夫人曾在宋家租住了一間房，與倪桂珍有過密切的接觸。她說："宋夫人是我所見過的最可愛的中國女人。她的臉上呈現着一種個性的魅力，她神情安詳，這使她顯得更加美麗。我第一次見到她的時候，她的英文水平和我的漢語水平差不多，所以我們主要的交流方式就是互相微笑。……'小弟弟'是這個家庭的小寶寶，當時大約六歲，經常在我們隔壁的屋子裡'唱'他的功課。我喜歡聽他媽媽用她甜美的聲音教他漢字，'教導'他。"

　　倪桂珍"教養子女的標準是使他們有文化、靠自己，做有用、有德的人"。所以，他們夫妻二人盡力培養孩子們多方面的素質和能力。他們帶領孩子們鍛煉身體、磨煉意志；在家裡開孩子的作品展覽；與孩子一起辦家庭報紙；舉行家庭演講會；盡早讓孩子上寄宿學校，過集體生活；培養孩子的獨立性和訓練他們的溝通能力。倪桂珍還親自教女兒們操持家務、

做西餐,讓她們學習針線活,以增強生活能力。

宋耀如和倪桂珍都有着男女平等的觀念,認為兒女都應成為有作為的公民,為國家作出貢獻。他們共同決定把子女都送到美國去讀書,這在當時的中國是空前的創舉。倪桂珍"以努力革命之餘,處顛沛流離之際,為子女等籌措學費,鞭策進取,未嘗一日稍懈"。

在宋耀如和倪桂珍的精心培育下,宋家的六個子女都成為出色的人才:

宋藹齡曾是孫中山的第一任英文秘書,後嫁給孔祥熙(中華民國行政院院長)。

宋慶齡嫁給孫中山(中華民國第一任臨時大總統、中國國民黨總理);曾任中華人民共和國副主席、全國人大常委會副委員長、中華人民共和國名譽主席。

宋子文曾任中華民國行政院院長。

宋美齡嫁給蔣介石(中華民國總統、中國國民黨總裁)。

■ 宋藹齡(左)、宋慶齡(右)與母親

宋子良曾任廣東省政府委員兼財政廳廳長。

宋子安曾任廣東銀行董事會主席、西南運輸公司總經理。

在宋家的六個子女和三個女婿中,出現了兩位總統、一位國家名譽主席、兩位總理。一家六個子女中有四個成為一度影響國家政壇的著名人物,這在世界歷史上也是前所未有的。

長期的精神壓力和顛沛流離的流亡生活損害了宋耀如的健康。1915 年,他偶然發現自己的右眼幾乎失明了。他去看眼科，經檢查確認患了慢性腎病。醫生警告他，必須好好保重身體，否則他會被這個病擊垮。三年後，宋耀如的腎病癒發嚴重，他變得很瘦，皮膚很乾燥，脾氣也越來越煩躁。

宋耀如住進了醫院，醫生們說他痊癒的幾率很小。倪桂珍不顧宋子文、宋美齡和醫生的反對，堅持要接丈夫出院。

倪桂珍是虔誠的教徒，個人生活中宗教氣氛很濃厚。她一生篤信禱告的力量，常常把自己關在樓上的一間屋子裡，一跪就是幾個小時，有時天沒亮就開始了。子女向她問到甚麼問題，她都說：“我必須先問問主。”宋美齡曾說：“在母親看來，禱告上帝不僅是請求他祝福她的子女，乃是等候他的旨意。對於她，宗教不是單行道。”

這一次，倪桂珍表示：自己不相信醫生，除了上帝沒人能救治宋耀如。她不讓護士來護理，因為她認為這違背了上帝的旨意。

宋耀如的病情日益嚴重，大多數時間他都在昏睡，病毒已侵至大腦。

■ 宋子文與母親

■ 宋子安與母親

33

■ 宋氏家族部分成員合影。前排左起：宋美齡、倪桂珍、宋藹齡；後排左起：宋子良、蔣介石、孔祥熙、宋子安

他的臉龐深陷了下去，並開始吐血。

宋美齡絕望地說："母親是使徒信心會的成員，他們不相信醫學。除了禱告，他們甚麼都不信。家中有許多使徒會信徒。他們一直在為他禱告，儘管我不相信他們做的任何事情，我仍然欽佩並感激他們自我克制的美好精神。現在，我信仰禱告，但我也信仰醫學。"

在宋耀如病危時，同樣篤信基督教的宋美齡說："以前我渴望着父親的身體能好起來，可是現在，我開始更關心他的靈魂救贖，因為他這樣的脾氣，因為他不想承認自己是個罪人，我害怕他是否會被救贖。我猜我也要瘋了。"宋美齡的這個判斷應該符合宋耀如的想法，他一生所為

■ 宋慶齡保存的西摩路老太太衣架

無愧於人，怎麼會承認自己是罪人呢？（當然，基督教教義認為每個人生下來就是罪人，即"原罪"。）

1918年5月3日，宋耀如在上海去世。關於他的死因，我翻閱了多部著作，說法有肝癌、胃癌、血癌等。但根據宋美齡對病情的描述，宋耀如應當是死於腎病。他被安葬於滬西的萬國公墓，葬禮安靜而簡樸，只通知了他的知己朋友。

"母親勇敢地挺住了。"宋美齡說，"父親身後的一切都井然有序，因為母親知曉他的所有事務。"

宋耀如的逝世，使倪桂珍很受刺激，她離開了原來的住所，搬往位於西摩路的一所房子裡。她開始放棄自己的愛好，忙碌於教會工作。後來，她雖然看上去比以前豐腴了，但健康狀況時好時壞。

1930年冬，醫生建議倪桂珍離開上海易地療治。10月，宋子安陪她前往日本養病。第二年春天，倪桂珍到杭州西湖遊覽，結果引發舊疾。回到上海後天氣濕熱，她便又在宋美齡和宋子良的陪同下到青島避暑。

7月23日早晨，倪桂珍突然大量吐血，醫生診斷為腸癌破裂，無可挽救。下午十四時四十分，倪桂珍在青島別墅去世。

關於倪桂珍的去世，另有一種說法，是因為"突然傳來宋子文在上海北站遇刺的消息。倪桂珍本已患病，

■ 1918年5月宋耀如去世後，宋家遷居上海西摩路三十號（今陝西北路三百六十九號）

■ 晚年倪桂珍

■ 1931 年 8 月 13 日·宋慶齡自歐洲奔母喪抵達上海

■ "教忠報國"匾

聞此噩耗,血壓頓時升高,倒身而亡"。

當時,因國民黨內的"反蔣派"和蔣介石矛盾加劇,委託號稱"暗殺大王"的王亞樵暗殺蔣介石,沒想到暗殺行動失敗,蔣介石之後加強了警戒。於是,王亞樵便把蔣介石的幹將、財政部部長宋子文列為暗殺對象。7月23日,宋子文乘夜車由南京赴上海,晨七時左右抵達上海北站。當他即將出站時,早已埋伏的暗殺小組同時從兩側向他開槍。與宋子文並肩而行的秘書唐腴臚,和宋子文一樣都身穿白色西裝,頭戴白色太陽帽。他手裡拿着宋子文的公文包,被刺客們錯認為暗殺對象。聽到槍響,宋子文立即將頭上的帽子摘下扔掉,伏倒在地。結果唐腴臚多處中彈,傷及要害,不治身亡;宋子文虛驚一場,毫髮無損。

倪桂珍的去世是否與此事有關呢?按照常理,即使得到消息,身邊人也不會將宋子文遇刺的消息立

■ 倪桂珍葬禮上,眾人抬着"教忠報國"匾前行

■ 宋慶齡上海寓所餐廳牆上懸掛的倪太夫人油畫像

即告訴病中的倪桂珍。何況宋子文本人並未因此受到傷害。宋家成員也沒有任何與此相關的記述。當然，在一個家庭裡，幾個小時內發生這樣兩件大事，也確實非常離奇。

聽到倪桂珍逝世的消息，宋子文、宋子安趕赴青島，於 29 日護送母親遺體回到上海。旅居柏林的宋慶齡，接到母親逝世的電報後泣不成聲，立即動身回國奔喪。

1931 年 8 月 13 日，南京國民政府頒令褒揚倪桂珍，題頒"教忠報國"匾懸掛於靈堂外。

1931 年 8 月 18 日，倪桂珍葬禮在上海舉行。參加葬禮的親屬有宋藹齡、宋慶齡、宋子文、宋美齡、宋子良、宋子安、孔祥熙、蔣介石以及于鳳至。九時三十分，倪桂珍的靈柩與宋耀如合葬於上海萬國公墓宋氏墓地。

宋慶齡對倪桂珍懷有深厚的情感，母親的照片始終掛在她的家中。她同倪家的親戚一直保持着聯繫。在生命的最後時刻，她留下遺囑，要將自己葬在上海宋家墓園。她要永遠陪伴在父母身邊。

附：
關於"倪桂珍"與"倪珪貞"的辨析

在宋氏家族的研究中，宋耀如的夫人倪桂珍是一個非常重要的人物。她對宋家的六個孩子都有着深刻的影響。

2004 年以前，所有出版物和展覽中，宋耀如夫人的名字都被寫作"倪桂珍"。

2004 年，《孫中山宋慶齡研究動態》第二期發表了一篇文章，題為《〈宋母倪太夫人訃告〉記載宋慶齡母親的名字是"倪珪貞"》。文章指出："長期以來，學術界各種相關論着一直將宋慶齡母親的名字寫作'倪桂珍'，不疑有誤。最近，上海市孫中山宋慶齡文物管理委員會在編輯出版《上海孫中山宋慶齡文物圖錄》過程中，在考訂宋慶齡母親去世時發佈的《宋母倪太夫人訃告》時發現，宋慶齡母親的名字並非'倪桂珍'，而應為'倪珪貞'。"其根據是上海孫中山故居和上海宋慶齡故居均藏有的

■ 宋母倪太
夫人訃告

《宋母倪太夫人訃告》。其中，介紹宋母生平的"行述"一節稱："先妣姓倪氏諱珪貞，先外王父蘊山公之次女。"文章的作者認為："《宋母倪太夫人訃告》即使不是宋氏家人自己所編，亦必定經其審核允准，所以其母親的名字'倪珪貞'，絕對不會出錯。"

此後，中國大陸出版的書籍、文章絕大多數都以此為根據，將宋耀如夫人的名字寫為"倪珪貞"。就我本人來說，自此凡撰文涉及宋耀如夫人，也均改用了"倪珪貞"。包括 2006 年主編的《國之瑰寶 —— 宋慶齡偉大光榮的一生》；2009 年主持策劃、設計的北京宋慶齡故居《宋慶齡生平展》基本陳列和其他展覽，都無一例外地使用了"倪珪貞"這個名字。

我這樣做的原因有三：一、《訃告》是重要的文件，以此為根據是我可以接受的。二、自 2004 年以後，"倪珪貞"幾乎被所有大陸學者默認，我採取從眾的態度。三、我對這個問題重視度不夠；因為我覺得，名字只是一個代號，大家都知道所指是哪一個人，就達到目的了。

2013 年 1 月，為紀念宋慶齡誕辰一百二十週年，海南文昌宋氏祖居對"宋慶齡紀念館"陳列進行改造。在主持陳列方案的起草時，我也循例將原展覽中的"倪桂珍"都改成了"倪珪貞"。

但這次的改動，受到了當地部分同志的反對。幾次到海南開會，都有一些與會同志就此向我提出質問。特別是宋慶齡的親屬，對此提出了很尖銳的批評。宋慶齡的姪女韓秀華夫婦為此幾次找到我。2013 年 12 月 8 日，韓秀華的愛人黃守炳先生還撰寫了題為《人們最熟悉的宋太夫人名字是倪桂珍》的書面意見。2014 年 4 月 8 日，他們夫婦二人把這份意見當面交給我，要求我給出答覆。

在這篇文章中，韓秀華夫婦寫道："近日我們獲悉，原陳列在宋氏祖居的圖片中，宋太夫人倪桂珍的名字要改為倪珪貞，我們認為，這是很不必要的，提出了意見但不被採納。……宋氏家族成員的姓名是宋氏家族文

化的組成部分，倪桂珍的名字，出生伊始已由父母命取，並且已寫入了倪氏家譜，公開使用了幾十年，為眾所周知認可，為甚麼要隨個別人的意志去改動人家的家譜認定了的祖宗名字呢？"

這種認真的態度，使我很受震動。為了答覆他們的意見，我對這一問題做了認真的考慮。結論是，我選擇改用"倪珪貞"是過於草率了。理由如下：

一、民國時期和中華人民共和國時期（其中包括台灣地區）出版的所有書籍和公開的展覽中，都將宋耀如的夫人寫作"倪桂珍"，至今沒有發現任何一例使用"倪珪貞"的。

為了證實這一點，我查看了所有能夠找到的出版物。擔心自己未免孤陋寡聞，我還特意請教了資深專家尚明軒先生。尚先生證實，他在2004年之前也從未見過"倪珪貞"的寫法。

主張改為"倪珪貞"的專家認為："將倪珪貞的姓名誤為'倪桂珍'當

■ 2013 年，作者夫婦與黃守炳、韓秀華夫婦

■ "文革"中宋家墓地被搗毀,這是修復後的墓碑照片

來自埃米莉·哈恩《宋氏家族》英文原版中譯時,譯者並不知倪珪貞的真實姓名而取的音譯,自是流傳。"這種說法也值得商榷。在民國時期出版的關於宋氏家族的書籍中,確實有一些是外文著作翻譯成中文的。但這些作者大多與宋氏三姐妹關係很近。譯作出版時,宋氏三姐妹也都在世,如果人名的翻譯出現不確,她們自會提出異議。何況,倪桂珍還是孫中山、蔣介石、孔祥熙的岳母、宋子文的母親,誰敢在這上面犯糊塗?

1949 年後,台灣出版的相關著作,也無一例外地使用了倪桂珍的名字。

二、"文革"中,位於上海萬國公墓的宋耀如與倪桂珍的合葬墓被農民造反派破壞。宋墓修復後,曾拍照片送呈宋慶齡。照片上顯示:重建的墓碑,刻着"宋嘉樹 倪桂珍之墓",下款刻"宋慶齡敬立"字樣。其中"宋""倪""宋慶齡敬立"按習俗應填成紅色,但在"文革"中,這樣使用紅色會遭質疑,所以刻字後未填色,其餘字則填成黑色。在當時的情況下,肯定不宜再用"公""府君""太夫人"之類的稱謂,只能直接鑴刻墓主的名字。下款也不便把宋藹齡、宋子文、宋美齡等人的姓名刻上,否則會造成新的政治上的麻煩。這次重建宋墓,是依據宋慶齡的要求、在周恩來總理親自關照下完成的。以周恩來的謹慎和周到,既然有"宋慶齡敬立"的字樣,一定徵詢過宋慶齡本人的意見。如果連母親的名字都刻錯了,宋慶齡絕不會漠然置之。

三、牛恩安曾為上海提供倪家 1891 年拍攝的照片。在照片中,每個人的身上都直接寫了名字。其中有倪錫令、倪錫令夫人、牛尚周、牛倪桂金、宋耀如、宋倪桂珍、倪錫純、溫秉忠夫人(即倪秀珍)、牛惠霖、宋藹齡。牛恩安是牛尚周和倪桂金的孫輩,絕不會把自己祖母的名字寫錯。所以,為了改倪桂珍為倪珪貞,而將她的姐姐改稱"倪珪金"、妹妹改稱"倪秀貞"的做法也是沒有根據的。

■ 1891年，倪家成員合影照

　　四、1984年2月29日，倪冰應上海宋慶齡故居管理處的請求，就相關情況詢問過她的母親倪愛珍，並將倪愛珍的敘述記錄成文字。倪愛珍是倪桂珍胞兄倪錫令之女。在敘述中，她寫到的父親及姑姑、叔叔的名字是：倪錫令、倪桂金、倪桂珍、倪錫純、倪秀芳和小娘娘（倪秀珍）。

　　五、1907年，孔祥熙藉助美國歐伯林大學中國同學會的捐款和美國著名科學家、歐伯林大學前期校友霍爾‧查理馬丁的部分遺產，在家鄉創辦了銘賢學校。（如今銘賢學校的舊址已屬山西農業大學管理和使用。）

　　1935年7月，為紀念雙方父母，孔祥熙和夫人宋藹齡，在銘賢學校捐建了兩座形制相同的建築，分別命名為"亭蘭圖書館"和"嘉桂科學樓"。這兩座建築東西相向，都為地上兩層、地下一層。建築中西合璧，內部為西式，頂部則採用中國式的琉璃瓦大屋頂。

　　孔祥熙父親孔繁慈，字和亭；母親龐三奴，又名玉蘭。"亭蘭圖書館"

■ 亭蘭圖書館

■ 嘉桂科學樓匾額

■ 亭蘭圖書館匾額

取其中"亭""蘭"二字。宋藹齡父親宋嘉樹,字耀如;母親倪桂珍,故"嘉桂科學樓"取其中"嘉""桂"二字。

這兩座建築的命名,似乎也可作為倪桂珍名字的佐證。

六、據網上信息,1982 年《報刊文摘》上曾有文章記載:"宋慶齡發現她母親照片,照片背後寫有倪桂珍,浙江餘姚人字樣。"我曾兩次到國家圖書館查找原報,可惜那一年的《報刊文摘》圖書館闕如。

七、2004 年,王樂德編著的《宋慶齡母倪氏暨父親宋(韓)氏家譜》一書出版時,上海市浦東新區文物保護管理署曾找到倪錫令長孫倪忠信(醫學博士)為倪氏家譜作序。他確認宋太夫人名叫倪桂珍。

據黃守炳先生講:"倪家世居川沙東北部小倪家宅,那裡有倪家高祖的墳墓。據上海川沙倪隆興布店老闆倪錫圭(即倪桂珍祖父倪為堂的胞兄)在民國年間編的倪氏家譜記載:倪蘊山有五個子女:長男倪錫令,基督教牧師;二女倪桂金,適牛尚周,字文卿;三女倪桂珍,適宋嘉樹,字耀如;四男倪錫純,字變臣;五女倪秀珍,適溫秉忠,字盡臣等。"

■《宋慶齡母系倪氏暨父系宋(韓)氏家譜》書影

八、黃守炳先生還談及,《孫中山宋慶齡研究信息資料》1992 年第二期曾報道,《川沙縣誌》《川沙縣文化志》均為倪桂珍立了傳。

《宋母倪太夫人訃告》北京宋慶

齡故居也藏有一冊，其中宋母姓名的確寫的是"倪珪貞"。為甚麼《訃告》上會出現一個逝者從未使用過的名字呢？我認為，這是當時一種比較常見的喪葬習俗。一些家庭，特別是社會地位較高的家庭，在老人逝世後，會將其名字改得更加文雅、更加"高大上"。

為了尊重歷史事實並照顧親屬的感情，我認為還是應該將宋耀如夫人的名諱恢復為倪桂珍。當然，如果有些專家仍然使用"倪珪貞"也沒有甚麼不可以，因為終究這也是她訃告上出現過的名字。

宋慶齡與基督教

■ 宋家保存的《新舊約聖經》

孫中山、宋慶齡夫婦都曾信仰基督教，但與孫中山不同的是，宋慶齡從一出生，基督教就是生活的第一要義。宋家與基督教的淵源之深，怎樣形容都不過分。

宋慶齡的父親宋耀如十九歲時在美國皈依基督教，隨後進入大學專修神學。他一生都是一位虔誠的基督徒。

1881 年 6 月，宋耀如託美國在華傳教士林樂知給他的分別了六年的父親帶去書信。他在信中寫道："我記得我小時候，您帶我到大廟裡去拜那些木頭做的神像。哦，父親，木頭神像不會幫助人，縱然您禮拜一輩子也沒有一點好處。在我們過去的時代裡，人們對基督一無所知。但是現在我已找到救世主，不論我走到哪裡，他都會安慰我。請您豎起耳朵聽，您能聽到神在說話，請您抬起眼睛看，您能看到上帝的光輝。"

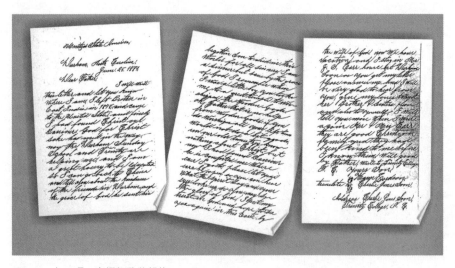

■ 1881 年 6 月，宋耀如致父親信

1886 年，剛剛大學畢業的宋耀如被教會派回上海做傳教士。

宋慶齡的母親倪桂珍出生在一個基督教傳教士的家庭。她的父親倪蘊山在上海傳教三十餘年；母親倪氏是徐光啟的後裔。徐光啟是中國最早的天主教徒、明代禮部尚書，被稱為天主教在華"三大柱石"之一。倪桂珍對基督教的虔誠甚至勝於她的丈夫。

宋慶齡的姐姐、弟弟和妹妹也都是基督徒。

宋慶齡從小就是在這種宗教氛圍裡成長的。宋慶齡肯定曾經具有基督徒的身份。基督教傳教士家庭裡出生的孩子，在懂事之前大多就已經受過洗禮。宋慶齡也曾說過："我們所有讀過教會大學的人或遲或早都是被施過洗禮的。"

與其他基督徒不同的是，宋慶齡始終保持着獨立思考的習慣。愛潑斯坦曾經記述，宋慶齡幼年在教會學校上學時，每週上三次福音課。每當這時，她會安靜地注意聽，然後把聽來的聖經故事轉述給同學們，有時還會加上自己的意見。在講述了"餅和魚"的神跡後，她評價說這不可能是真的，但她仍然要像基督所做的那樣，為別人而活。

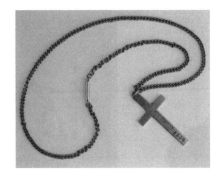

■ 宋家的十字架

《聖經·新約·馬太福音》第十四章中記述的"餅和魚"的故事是這樣的："天將晚的時候，門徒進前來說：'這是野地，時候已經過了，請叫眾人散開，他們好往村子裡去，自己買吃的。'耶穌說：'不用他們去，你們給他們吃吧！'門徒說：'我們這裡只有五個餅、兩條魚。'耶穌說：'拿過來給我。'於是吩咐眾人坐在草地上，就拿着這五個餅、兩條魚，望着天祝福，擘開餅，遞給門徒，門徒又遞給眾人。他們都吃，並且吃飽了，把剩下的零碎收拾起來，裝滿了十二個籃子。吃的人，除了婦女孩子，約有五千。"《馬太福音》第十五章中又一次講述了"餅和魚"的故事。不同的是，這一次餅有"七個"、魚有"幾條"，吃的人是"四千"，"剩下的零碎，裝滿了七個筐子"。

正如孫中山所說："宗教的感覺專是服從古人的經傳，古人所說的話不管他是對不對，總是服從，所以說是迷信。"宗教是不鼓勵獨立思考的，對於《聖經》中記述的內容，不能有懷疑、有保留。而宋慶齡恰恰喜歡尋根究底。中學時她就讀於上海馬克諦耶學校，該校每星期三晚上都要請一些校外著名人士來校主持宗教討論會，宋慶齡常會向佈道的牧師提問。篤信基督教的宋美齡回憶：一次星期三晚上的討論會結束後，她憤怒地要求慶齡回答："你為甚麼向李牧師提問題？難道你不忠實信仰？"

基督教主張的博愛、平等、自由，曾經吸引和激勵了千千萬萬個青年。孫中山、宋慶齡也曾是其中的受益者。然而，教會並不能確切地體現這些精神。這並不奇怪。一種信仰，在它具體體現時，都會與其主張的理念不可避免地產生偏差。因為在塵世中，這些負責貫徹主義的人也遠遠不是超凡脫俗的。宋慶齡通過神職人員的表現，察覺到教會的實際作為與教義並不一致，於是便漸漸地疏遠了基督教。

1966 年 4 月 10 日，在一封致黎照寰的信中，宋慶齡說起了自己與孫中山對教會的討論。她寫道："我們經常談到傳教士的偽善。我在孩提時，經常隨虔信基督教的母親在星期天去教堂。當我們到教堂時，牧師和他的助手總是把坐在前排座位上的衣衫襤褸的婦人趕走，騰出位置給我們坐。雖然我只是個孩子，但我為此憤憤不平。"從牧師討好她們的舉動中，宋慶齡看到的是教會的嫌貧愛富，而遠非博愛。

說到平等，教會在實踐中也不能兌現。曾在美國生活的宋慶齡說："美國人不讓黑人兒童和他們的子女在同一個學校上學，但是，他們卻稱自己是基督教徒。"所以，她從中得出的結論是，基督教的平等是不包括黑人的。

　　通過自己與孫中山的婚姻，宋慶齡對教會標榜的"自由"，感受更為深刻。

　　關於孫中山與宋慶齡的婚姻，已經有了太多的介紹。我在這裡只想講一講宋慶齡從上海家裡出走的情況。

　　宋慶齡回憶：她是在清晨六點鐘，趁着父母還未起床時離開家的。宋慶齡的父母強烈反對這椿婚姻，得知她已經乘船赴日本，父母當然不高興，但是很可能採取聽之任之的態度。因為宋慶齡在留給他們的信中已明確地表達了自己嫁給孫中山的堅定決心。而且，正像宋慶齡所述："我的父母也不是那麼愚昧、殘酷！"女兒已經走了，追也無益。

　　但是，宋耀如夫婦還是乘第二班船追到了日本。這個舉動很不明智。首先，孫中山、宋慶齡在日本結婚，他們根本不可能做出有效的干涉，而會給自己徒增羞辱；其次，這個徒勞的干涉，唯一的結果將是直接傷害他們與女兒的感情，也給宋耀如與孫中山二十多年的生死之交造成裂痕。

　　那麼，明達的宋耀如夫婦為甚麼會選擇這條下下策呢？宋慶齡對此曾給出過答案。1980 年 9 月 17 日，宋慶齡在寫給愛潑斯坦的信中說："傳教士的思想往往是倒退的、保守的。在那個年代裡，在中國的傳教士們強烈地反對我同一個離過婚的男人結婚。他們去找我的父母（我的父母是虔誠的衛理公會教徒），向我父母表明了他們的態度，極力勸說他們把我從日本追回來。"事實非常清楚，是傳教士找到門上，要求他們到日本去追回宋慶齡。對於基督教來講，宋慶齡的婚姻確實是違背教規的；宋耀如夫婦是虔誠的基督徒，不能對抗教會的"合理"要求，所以他們只能"知其不可為而為之"。

　　此時，宋慶齡對教會完全失望了。在她看來，阻止相愛的人結為伴侶，還標榜甚麼自由！

　　對於這件事的後果，愛潑斯坦評價說："不論是孫中山（一個皈依的基督徒）還是宋慶齡（一個生下來就受洗的基督徒），從此不再具有、也不想有任何一個教會會員的身份。兩人無疑都仍保留着基督教教育所給予他們的、在倫理道德方面的影響。他們也還有許多基督教徒（包括一些傳教士）朋友——革命的同情者。但他們同神學分手了。"愛潑斯坦的這一判斷是準確的。在孫中山的文章和演說中，我們可以看到，與宋慶齡的婚姻是他對基督教及傳教士態度的分水嶺。

■ 愛潑斯坦

　　在這以後，教會方面還不斷攻擊孫中山和宋慶齡，說他們是在孫中山有妻室的情況下結婚的。這些無端的指責嚴重傷害着孫、宋，使他們痛恨不已。1973 年 3 月 13 日，宋慶齡致信索爾茲伯里："首先要感謝你惠賜大作《前往北京及北京以外》，我已拜讀。請允許我指出一個史實上的錯誤。孫逸仙在我同他於 1915 年 10 月 25 日結婚時，他是自由的。（結婚的年份不是您所說的 1914 年，當時我還在上海。）他同他的前妻是按習俗而不是按法律成親的，多年來他們分居。他們在東京協議離婚，那是在 1914 年初，在他同我結婚好幾個月之前。反動派和傳教士們（他們常常是反對進步的）試圖造謠污衊我們，但事實總歸是事實。"

　　我們應當注意到，宋慶齡在提到傳教士時，專門做了一個貶義的注釋。結婚之後，她和孫中山對傳教士都絕無好感。在談到孫中山倫敦蒙難時，宋慶齡說："孫博士曾經寫過，當年他還是個年輕人，而且正處在傳教士的佈道勸諭之中。回到中國，當他看到一些帝國主義國家把宗教強加給我們，以圖達到蒙蔽信徒的目的之後，就沒有去過教堂，也不再信奉耶穌

■ 宋慶齡北京寓所的鋼琴與琴凳

教。"孫中山步入壯年後，"從來不信甚麼上帝，也不相信傳教士"。他稱在中國的傳教士"不是'偽善者'就是'受了誤導'"。有趣的是，宋耀如本人就曾做過傳教士。這也間接地說明了傳教士對孫中山、宋慶齡的傷害之深。

　　正如我們之前所講述，宋慶齡很早就不再是基督徒。但是，她從小生活在一個宗教氣氛濃厚的家庭。許多宗教習慣已經成為她生活的組成部分，成為她對家族親情的美好回憶。所以直至晚年，宋慶齡仍然保持着很多基督教的習慣。

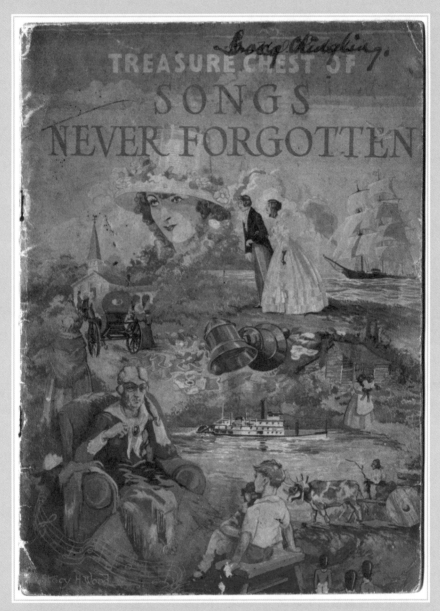

■ 宋慶齡保存的基督教聖歌樂譜

宋慶齡終生喜愛彈奏鋼琴。在她的琴凳中，放着她經常彈奏的樂譜。這其中有相當一部分是在封面上鈐着宋耀如名章的基督教聖歌。彈奏起這些樂曲時，宋慶齡肯定會想起自己兒時，一家人聚在一起，父親彈琴、母親唱歌的溫馨場景。

宋慶齡習慣於過聖誕節，每年都要在家裡佈置聖誕樹。1954 年 12 月，宋慶齡致信王安娜："真是好事連連！昨天他們邀請我節日裡給孩子們開個晚會，因為我有一棵聖誕樹！這意味着我還得準備些爆米花甚麼的。但主要還是聖誕樹，孩子們會喜歡並且記住它的。你明年就要走了，是不是願意把點綴聖誕樹的裝飾品轉賣給我？你如有些電燈泡就更好了。請告訴我一聲，我好讓服務員去拉回來。"這些彩燈和她親手製作的聖誕樹上的裝飾品，宋慶齡一直分門別類地、整齊地收在紙箱裡，至今仍存放在她書房的大書櫃中。聖誕節那一天，她會邀請自己的朋友、身邊工作人員和他們的孩子到家裡來，大家圍在聖誕樹旁聚餐、表演節目。1979 年，她邀請

■ 宋慶齡手繪的聖誕卡

■ 宋慶齡手繪的聖誕卡

■ 宋慶齡與工作人員和他們的孩子在北京寓所聖誕樹前

■ 宋慶齡與工作人員和他們的孩子在上海寓所聖誕樹前

林國才、楊孟東夫婦等十四位朋友和身邊的十位工作人員一起在寓所歡度聖誕節。宋慶齡親自下廚做了西紅柿粉絲湯和火雞。十幾天後,她寫信給林國才的女兒:"你父親同我們一起過聖誕夜,有許多好吃的東西,都是你繼母海倫和你父親帶來的。"1980 年 12 月 24 日是宋慶齡一生中的最後一個聖誕節,她仍然在寓所舉辦聖誕晚宴,邀請了史良等朋友和工作人員,還為大家放映了電影。大家都説,當時她特別興奮,而且顯得非常年輕。

她喜歡給朋友們寄送聖誕卡,甚至還親手製作,在賀卡上畫上蠟燭等圖案。春天,她自己染彩蛋,和保姆一起把蛋藏到花園的各個角落,然後讓孩子們去尋找。找到後,彩蛋就成為孩子們的獎品,快樂則是宋慶齡的收穫。她安坐着,笑着,看着歡天喜地的孩子們,就像一位慈祥的祖母。

1966 年 4 月 10 日,在寫給老朋友黎照寰的信中,她對這些自小養成的習慣做出了説明:"我們現在在每年清明節染彩蛋是因為孩子們喜歡把彩蛋藏起來,再去找出來,與宗教或復活節無關,就像我在聖誕節不帶任何宗教意味地放鬆一下一樣。"

基督教留給宋慶齡的遺產中,最重要的是"博愛"的理念。1978 年接受日本學者仁木富美子訪問時,宋慶齡曾直言不諱地説:"在我的頭腦中,還殘留着《聖經》的博愛思想。"

從基督教教義中接受到的博愛思想,影響了宋慶齡的一生。

博愛的思想在中國的傳統文化中是存在的,例如儒家的"仁愛",但其明顯地帶有自上而下施與的意味。博愛則基於"生而平等""人人平等"的理念,所以含義更為明確,也更容易被公眾接受。

1912 年,十九歲的宋慶齡在美國威斯里安女子學院校刊上發表了《二十世紀最偉大的事件》。其中指出:"革命已給中國帶來了自由和平等 —— 每個人的兩項不可剝奪的權利,為爭取它們,許多高尚英勇之士獻出了生

■ 孫中山題寫的"博愛"

■ 宋慶齡保存的帶有孫中山"博愛"題字的剪報

命。但是博愛尚有待於爭取。""缺少了兄弟情誼,自由就沒有牢靠的基礎;在人們還沒有彼此以兄弟相待之前,真正的平等也只不過是夢想。""博愛為自由、平等兩者的基礎,因此 20 世紀的奮鬥目標應該是實現這個理想。"她還特別強調:"指出通向博愛之路的任務可能就落在中國這個最古老國家身上。"

對於博愛的思想,孫中山也是十分重視的。他一生中經常為人題字,題得最多的便是"博愛"二字。據中國第二歷史檔案館統計,迄今為止,已搜集到的就達六十四件。有人曾問他為何不題別的文字,孫中山回答:"除了博愛以外,還有比它更重要的嗎?"

　　在對博愛的理解上，在對底層人民的關注上，宋慶齡和孫中山是完全一致的。宋慶齡不僅以博愛作為自己的理想，同時不遺餘力地在實踐中體現博愛的精神。不論社會發生怎樣的變化，宋慶齡對民生的關注始終不改。這使她成為中國現代社會公益事業的創始人。她的實踐包括兩個部分：一是救濟，一是福利。

　　在救濟事業上，宋慶齡關注最貧困的人、遭遇不幸的人和最需要幫助的人。戰爭時期，她全力救助戰爭災民。和平時期，她擔任中國救濟總會主席，致力於救災、扶貧。

　　抗戰勝利後，宋慶齡把"保衛中國同盟"改名為"中國福利基金會"，在繼續全力開展救濟工作的同時，開始思考建立全民福利體系的問題。1949 年後，她又將"中國福利基金會"更名為"中國福利會"，把自己的工作重心徹底轉向社會福利事業，着手在針對兒童和婦女的科教、衛生等方面做大量開創性、示範性的工作，並為此奮鬥到生命終結。她的專注與投入，感動了所有人。"中國福利會"因此被稱作是"孫夫人的事業"。

　　宋慶齡提出了建立全民福利體系的思想。她認為，福利的內容應包括教育、衛生、體育、文化、藝術、基本住房、勞動保險等。與救濟針對少數人群不同，"福利的享受被認為是每一個人的基本權利"。福利只會越來越完善，永遠沒有終點。宋慶齡說：我們要通過福利工作，保證全國人民中"沒有一個人在生活上感到困難"，"這樣來使我們全體人民得到一種更美好和安定的生活"。

　　宋慶齡要求把福利救濟事業辦成全心全意為人民服務的事業。通過人民的互相扶助、通力合作，"保證每一個人，無論是男女老幼，都獲得合理的生活、工作，適當的食物、教育，以及文化生活，一言以蔽之，就是獲得一個豐富、快樂和健全的生活"。

　　儘管由於當時綜合國力和國情所限，宋慶齡的很多設想沒能實現，但自那時起六十多年的公益事業發展，印證了她的社會福利思想的正確性。

　　宋慶齡還是世界和平運動的領袖。她說："和平是每一塊土地上每一個老百姓的希望和要求。""只有有了和平，全世界人民才能選擇自己的走向繁榮的道路，然後才能建設世界使它向前邁進。"像那個時代的人們一樣，她經歷了太多的戰爭，看到了由此帶來的無盡無休的苦難。她厭惡戰爭，一生中努力推動國內和平及各國之間的和平共處。直到逝世前一年，她還以衰病之軀宣稱："戰爭是一個可怕的禍祟。只要我還有一口氣，我就將盡我一切所能，防止再發生給人們帶來苦難的戰爭。"

　　宋慶齡首先是一位政治家，她投身政治長達七十載，擔任國家領導人也有三十多年。作為一個始終把推動世界和平和改善全民生活作為自己最重要任務的領袖，她是獨一無二的。

　　1980 年初，美國的諾瓦克小姐寄贈宋慶齡紀念郵票"華盛頓和孫逸仙"。2 月 24 日，宋慶齡覆函表示感謝："我有兩枚這樣的郵票，所以將送一枚給我國郵電部，並請他們把我丈夫手書'博愛'兩字製成一種郵票，因為我們再沒有像現在這樣需要和平及對人類的愛。"

　　和孫中山一樣，宋慶齡始終有着許多信奉基督教的好朋友。她對基督教有感情，但又堅持自己的觀點。1966 年 4 月 1 日，宋慶齡致函愛潑斯坦，詳細而明確地介紹孫中山不信基督教的種種情況。她寫道："孫中山明確地告訴我，他從來不信甚麼上帝，他也不相信傳教士（他們不是'偽善者'就是'受了誤導'）。他這些話是在聽我講到我在美國上學時的情形時說的。我說一到星期天學生們就被趕到教堂去做禮拜，我總是躲進衣櫥裡，藏在衣服後面，等女舍監帶着姑娘們走了之後才出來給家裡寫信。他聽後開心地大笑着說：'所以我們兩個都該進地獄啦！'"宋慶齡還寫道："我見到孫中山時，他曾告訴我，他對於在《倫敦蒙難記》一書中寫道：是'上帝拯救了他'，很覺遺憾。他當時是在詹姆斯·康德黎大夫和夫人的影

■ 作者與愛潑斯坦

響之下，他們是虔誠的基督徒。他們盡了最大的努力說服當時的英國外交大臣對清使館秘密綁架孫中山的行動進行干預，救了孫的命。後來孫曾住在康德黎家，自然會受到影響。"也就是說，孫中山的這種表態並不是由衷的，而是對康德黎夫婦的盡力營救的一種感情補償。宋慶齡還寫道："有一個傳佈得頗廣的謠言，說孫中山在彌留時要求把他葬在一處基督教公墓並由基督教會主持葬禮。這完全是假的。孔祥熙和孫科聽了許多朋友的話，曾堅持要在協和醫院小教堂舉行一次基督教追思禮拜，藉以證明孫中山不是一個布爾什維克。"在信尾，她請愛潑斯坦將這些材料補入正在起草的紀念孫中山誕辰百年演講稿中。但在通宵不眠後，第二天凌晨四點，她再次致信愛潑斯坦修正了此前的考慮："在昨天給你的便條裡，忘記提到我文章中有關宗教的部分應該略去。因為那將極大地冒犯信教人士，他們肯定將參加這次的一百週年慶祝會或紀念會。”

回顧宋慶齡的一生，可以清楚地看到基督教對她的重要影響，甚至可以說，正是這種影響造就了這位偉大的革命家。

但正如我們所看到的，宋慶齡和孫中山後來都毅然與基督教劃清了界限。他們認識到基督教的局限；在實踐中也深深地體會到，基督教無法在更深的層次上融入中國這片有着古老文明的土地。因此他們回歸了中華文化。即使如此，不可否認的是，基督教的思想仍然是他們將中華文明進行現代轉化的重要助力。

走進基督教並非走入歧途，這是宋慶齡的必經之路。走出基督教，則是她思想的昇華，是她追求進步、超越自我的必然結果。

精誠無間同憂樂

■ 1918 年 3 月．孫中山與宋慶齡在廣州大元帥府

為了實現"結束帝制、建立共和"的目標，孫中山自 1895 年開始，陸續組織了十次武裝起義，但全都以失敗告終。1911 年的武昌起義終於成功，中國的第一個共和政權在南京成立。孫中山於 1912 年元旦就任中華民國臨時大總統。

四十四天後，孫中山宣佈辭職，讓位於袁世凱。所有人都沒有料到，這一舉動會惹出多大的麻煩。袁世凱執掌大權後，承諾實行民主政治。但當國民黨在議會選舉中大勝，準備組閣的關頭，他卻悍然刺殺了宋教仁。"宋案"引發了革命黨人的"二次革命"。由於力量懸

■ 1915 年 12 月底，袁世凱在北京稱帝，改民國五年為洪憲元年。圖為登基後身着皇袍的袁世凱（中）

殊，袁世凱輕而易舉地鎮壓了這次革命，並迫使孫中山流亡日本。然而，袁世凱破壞民主的腳步並沒有就此停下來。他認為，趕走了孫中山，自己就更可以為所欲為。

1915 年 12 月 12 日，袁世凱悍然宣佈實行帝制，改中華民國為"中華帝國"，改元"洪憲"，準備在北京登基稱帝。令他沒有想到的是，孫中山推翻帝制的革命雖然不夠徹底，但對民眾思想意識的啟蒙卻是深刻的。復辟帝制，激起了全國各界的一致反對。僅僅過了十三天，以雲南獨立為開端，護國戰爭就揭開了大幕。

到了 1916 年 3 月，袁世凱已經眾叛親離，大局糜爛無法收拾。3 月 22 日，他被迫取消帝制。

■ 1916年4月9日，孫中山等在日本友人田中昂寓所舉行"帝政取消一笑會"，聲討袁世凱。
前排左起：田中昂女兒、廖夢醒、田中昂夫人、宋慶齡、孫中山（孫中山前為廖承志）、何香凝、
萱野長知夫人；後排：廖仲愷（左二）、胡漢民（左三）、戴季陶（左六）、田中昂（左七）

　　4月9日，孫中山與宋慶齡出席在日本友人田中昂家舉行的"帝政取消一笑會"，聲討袁世凱。

　　局勢的變化使孫中山下決心回國發動第三次革命。4月27日，他乘船離開日本回國。5月1日，孫中山秘密抵達上海，與陳其美商議發動海軍起義。這距離他離開上海輾轉逃亡日本，已經過去了將近三年的時光。他住進位於法租界薩坡賽路十四號日本同志山田純三郎的住所，這裡在當時也是中華革命黨的機關。由於宋慶齡負責所有的密電碼，孫中山要宋慶齡也盡快回到上海。

　　就在宋慶齡抵達上海的前一天下午，山田純三郎的住所裡發生了一件大事。中華革命黨核心人物之一的陳其美，被以幫助籌集革命經費為誘餌的兩個刺客在客廳裡槍殺。事後查明刺客受雇於袁世凱。孫中山遂迅速搬

離了山田純三郎的住宅。

刺殺案發生十幾個小時後，孫中山到碼頭迎接宋慶齡，並和她一起住進了洋涇浜路五十五號一家法文日報《中法新彙報》編輯的辦公室。宋慶齡曾回憶：為了安全，當時"我們不能出去，也不能探望同志們，但我穿上西式服裝可以在晚上溜出去辦事"。

1916 年 5 月 20 日，宋慶齡致信她和孫中山的大媒人梅屋德子："我於昨日清晨抵達上海，由那位大忙人來接我。正像您知道的那樣，在寫作方面我要幫他很多忙，因此請原諒我這封信寫得很短。"

■ 宋慶齡曾經使用過的圖章："孫宋慶齡""瓊英"

儘管面臨着極大的危險，宋慶齡還是在信中透露出對孫中山的欣賞和愛戴。因為，"大忙人"就是那個時代"親愛的"的含蓄表達。信後的署名也很特別。宋慶齡為自己起了一個漂亮的名字"中山瓊英"。中山是夫姓，宋慶齡的祖籍海南簡稱"瓊"，而"英"在中國文字裡的含義是花。"瓊英"也就是"出自海南的一朵花"。這個名字應該說是十足的浪漫。

5 月 27 日，宋慶齡覆函梅屋夫人："我將你的來信給我的丈夫看了。你知道，他很忙，比在東京時還要忙。因此，我得代他向你致謝。""他從來都無所畏懼，即使有許多密探跟蹤他也是如此。""有一些事情他必須親自處理，因為只有他才能在這艱難的年代拯救中國，使之免遭滅亡。因此，為了國家的利益和得救，我必須冒許多危險。"

宋慶齡在信中還寫道："陳其美先生被刺令人可怕，但他不過是死於袁氏之手的成千上萬個無辜愛國者中的一例。所見所聞都使我的心非常悲痛，但深信真理不死，我們終將看到中國會再度恢復和平與繁榮，並造福於人類。"

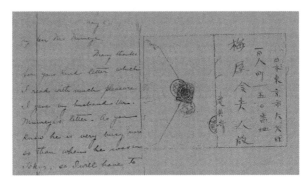

■ 1916 年 5 月 27 日，宋慶齡致梅屋夫人信

對於孫中山的安全，她坦言："我當然非常為他擔憂，如果他不與我在一起，我就感到不安。"

6 月 6 日，袁世凱病逝。噩夢並沒有結束，北京的政權仍然把持在北洋軍閥手中。值得慶幸的是，孫中山終於可以不必束躲西藏，他租下了環龍路六十三號作為自己的私宅。這座房子正對面的環龍路四十四號，就是中華革命黨的辦事處。

回到上海後的一個下午，孫中山指示林煥庭在私宅備宴，請中華革命黨總部的同志赴宴。孫中山從來不在黨內同志中作應酬，那天突然請客，大家都很驚訝。等到大家聚在餐桌旁，孫先生與宋慶齡走了出來。孫中山鄭重地把宋慶齡介紹給各位同志，並講述了他們戀愛結婚的經過。到此時大家才知道，這是結婚喜筵，於是一起向夫婦二人道賀。胡漢民代表大家向孫中山請示如何稱呼宋慶齡。孫中山說："你們大家稱呼我為先生，稱她

■ 孫中山與胡漢民、朱執信、陳炯明等在環龍路六十三號

■ 宋慶齡與宋子良在環龍路寓所

師母就行了。"胡漢民説："師母的稱謂太普通了，不足以表達尊敬，古禮對婦女的尊稱有孺人、安人、夫人，我們應該稱夫人。"各位同志都拍手贊成。

中華民國建立，孫中山認為共和制度已取得勝利，希望能結束革命狀態，盡快轉換到國家的建設。因此，在把總統的職位讓給袁世凱後，他表示要致力於民生，在十年內修築二十萬里鐵路，從而接受了袁世凱授予的"籌劃全國鐵路全權"。然而，宋教仁被殺和袁世凱稱帝的事實使他認識到，民主共和制度還遠不夠穩固。而在當下，維護共和是比民生建設更加重要的任務。孫中山開始考慮通過著述闡明自己的政治主張。他着手撰寫《會議通則》，詳細講述如何召集會議、如何主持會議，如何發表意見展開討論，如何形成決議。在幾千年的封建帝制下，中國人只能俯首聽命，根本沒有發表意見的機會。所以，要實現民主就必須教會民眾最基本的民主方式。1917 年 2 月，《會議通則》完成，4 月由上海中華書局出版。後來，這部書改名為《民權初步》，更加明確其目的是要使人民學會行使自己的民主權利，而這正是共和制度的基礎。

作為中華民國的創始人，孫中山也在靜觀北洋政府的作為。對官員們的自私和在政治上的短視，他極為不滿。1917 年 4 月，宋慶齡在致梅屋莊吉的信中寫道："至於我國的政局，我想你知道，很多自私而又野心勃勃的人正竭力把中國投入歐洲大戰。""很可悲的是，不少人為了微不足道的一點錢卻情願犧牲國家的命運。""我的丈夫在為中國謀求獨立而耗費了全部青春以後，對某些官員的卑劣行徑感觸至深，那些人看重金錢、地位，勝過真理、名譽和自尊心等其他一切。"

在各帝國主義國家的支持下，總統黎元洪和國務總理段祺瑞的矛盾愈演愈烈。混亂中張勳在北京發動政變，扶持十二歲的清廢帝溥儀復辟，共和制度被顛覆。段祺瑞調動軍隊趕走張勳，卻又藉機把持了政府實權，企圖建立獨裁統治。

《臨時約法》被廢棄、國會遭解散，共和制度已蕩然無存。孫中山立刻做出反應，決定南下護法。他一方面聯繫表示願意護法的廣西、廣東、雲南等西南各省，一方面動員海軍起義。他曾就護法與海軍總長程璧光深談；宋慶齡、何香凝也對艦隊軍官的夫人們做了許多政治鼓動工作，通過她們去影響這些軍官。其結果是，海軍第一艦隊宣佈起義，擁孫反段。

1917 年 7 月 6 日，孫中山乘軍艦離開上海前往廣州。此時，由於父親宋耀如病得不輕，而且宋美齡大學畢業，很快就要回國，宋慶齡沒有與孫

■ 1917年，宋家在上海拍攝的全家福。宋耀如、倪桂珍的六個子女依次為：宋藹齡（二排左）、宋慶齡（二排右）、宋子文（二排中）、宋美齡（後排右）、宋子良（後排左）、宋子安（前排）

中山同行。8月，宋美齡與宋子文相伴回到上海，全家人拍了一張合影，這也是宋家留下的唯一的一張"全家福"。

8月25日，國會非常會議在廣州舉行。9月1日，孫中山被非常國會選舉為中華民國護法軍政府海陸軍大元帥。

當選大元帥之後，孫中山曾身着大元帥禮服拍過兩張照片。他的帽子上豎起高聳的帽纓，肩章邊緣掛着流蘇，袖口上裝飾着寬寬的金線繡，雙手持指揮刀拄地。這是當時軍人的禮服，所有的將軍、總司令都有這樣的標準像。拍攝這張照片顯然是為了宣傳。但這種誇張的服飾，使孫中山後悔了一輩子。1923年，廣州政府發行紙幣，需要用一張孫中山的頭像，請他在送來的一批照片中挑選出一張。孫中山把全部照片交給了宋慶齡，對她說："親愛的，請挑一張你喜歡的，只要不是我穿軍服的就行。"他曾表示，這是別人要自己這樣做的，他後來想起來就覺得彆扭。

■ 1917 年 9 月 10 日，孫中山在廣州就任中華民國護法軍政府海陸軍大元帥

9月10日，孫中山正式就任大元帥；15日遷入士敏土廠大元帥府辦公；21日便召開軍事會議討論北伐護法。他只想盡快推翻盤踞北方的北洋軍閥政府，以"真共和"來代替"假共和"。

宋慶齡何時赴廣州，至今未有準確記錄。有專家提出，她趕赴廣州的時間有可能是在9月。

護法軍政府在大元帥之下設置了兩個元帥。被選為元帥的是雲南軍閥唐繼堯和廣西軍閥陸榮廷，他們分別控制着滇軍和桂系軍隊。他們雖然表示贊成護法，但實際上很擔心孫中山影響他們的權力和利益。然而，考慮到孫中山既有海軍及國會議員的支持，又有廣大群眾的擁護，他們也不敢公開反對。於是，對於被授予的元帥頭銜，他們既不就職也不辭職。當時廣東的實權仍在桂系手裡，護法軍政府無權過問。正像老百姓所講："軍政府沒有軍隊，軍隊不服從政府。"這種組合使孫中山的大元帥當得舉步維艱，政令不出於府門之外。儘管孫中山迫於形勢作了很多妥協、讓步，但仍衝突不斷。孫中山想要行使權力教訓對抗命令的行為，卻沒有軍隊肯於接受命令。在忍無可忍的情況下，他竟到軍艦上親自開炮轟擊了廣東督軍署。

1918年初，宋耀如病勢加重，宋慶齡不得不隻身回到上海，在病床前侍奉父親。5月3日，宋耀如病逝。宋慶齡料理完父親後事時，孫中山已決定返回上海，所以，她就沒有再去廣州。

為了剝奪孫中山那點兒徒有虛名的權力，桂系軍閥賄賂了一部分國會議員。1918年5月4日，國會非常會議開會，以微弱多數決定改組護法軍政府，廢除大元帥制，改為七總裁制。

當天，孫中山便宣佈辭職。他發出通電憤怒地指出：武人爭雄是國之大患，南北軍閥都是"一丘之貉"。

5月8日，孫中山致電在上海的汪精衛："滬上我能居否？請從各方面細查詳覆。"5 月 21 日，孫中山離開廣州，因上海情況不明，他繞道台灣赴日本等候消息。

6 月，孫中山在日本收到宋慶齡由上海發出的電報，説："已與法國領事交涉好，上海可以居住。"於是，孫中山啟程返回上海。

事業遭遇低谷，這在孫中山的鬥爭經歷中是經常發生的。他不怕挫折、不會氣餒，而是從頭再來，愈挫愈奮。然而，與以往不同的是，這次在心力交瘁的同時，他的身體也出現了狀況。

6 月 10 日，孫中山乘坐的信浸丸抵達日本門司。碼頭上冷冷清清，前來迎接的日本朋友只有宮崎滔天和澤村幸夫二人。據澤村幸夫回憶："戴着淡茶色的拿破崙帽，身穿灰色的立領西服，左臂佩戴黑紗，無精打采地坐在甲板上的藤椅上面的孫先生，雖然只隔五年的光景，他前額的頭髮已經減少許多，鬍子亦顯得白多了。"

6 月 26 日，孫中山返抵上海，百餘群眾到碼頭迎接。他們看到的孫中山儼然一副傷兵的模樣。衰老和疲憊清清楚楚地寫在他的臉上。他身體很弱，胃病嚴重時時發作；途中左眼患急性結膜炎，在京都大學醫院治療後，仍裹着繃帶；左臂上的黑紗表達着他對老戰友兼岳父宋耀如的悼念。對於歡迎者提出的政治上的問題，孫中山説："此次受日醫診治，須排棄一切，加以靜養，故於政治問題，徇醫生之請，不欲有所審察。"

現在，孫中山最需要的是一處遠離爾虞我詐的安靜溫馨的處所。他需要療傷，需要貼心的撫慰。

上岸後，孫中山即登上汽車，駛向法租界莫利愛路二十九號。

溫馨的港灣

■ 上海莫利愛路二十九號孫中山、宋慶齡寓所外景

　　孫中山為革命奔波，浪跡天涯四海為家，一直沒有屬於自己的住宅。他似乎無暇考慮這件事。

　　反袁鬥爭結束後，孫中山租住在上海環龍路六十三號，並在對面的環龍路四十四號設立了中華革命黨總部。因總部事多、人多，住房十分緊張。孫中山準備在總部附近另租一幢房子居住。他派負責庶務的林煥庭去辦這件事。但奇怪的是，幾次租房臨到要簽合同時就出現變故，不是房主突然不願租了，就是不肯長租。經過調查發現，這是北洋政府在搞鬼。他們擔心孫中山住在上海對自己造成妨礙，於是一旦發現是孫中山的部下林煥庭租房，他們就賄賂房主或經手人，想方設法要把孫中山擠出相對安全的租界。

　　為了解決這個難題，林煥庭提出從外埠匯來總部的款內劃撥一筆錢，直接購買一幢房子。胡漢民贊成這個辦法，便向孫中山報告。孫中山說："匯來的款只能用在革命運動上，買房子是圖個人享受，不能動用。"於是，林煥庭去找廖仲愷商量辦法，正趕上有華僑在廖仲愷家做客。聽到林煥庭介紹的情況，這位華僑插話說："這件事必須從速解決，需要多少錢？"林煥庭說："有兩三萬元足夠了。"這位華僑當即表示："我捐給你。"林煥庭看好了房，與房主達成了協議，不料又被北洋政府派出的偵探得知，於是通過賄賂使房主收回成議。這位華僑同志得知後十分憤怒，他不讓林煥庭出面，親自派人去看房子，看好後就直接以兩萬元買下來，送給孫中山作住宅。這幢房子購買時為法租界莫利愛路四十六號，此後不久門牌改成了二十九號。這是孫中山的唯一住宅，但他還沒有來得及住入，就險些失去它。

　　為了反對袁世凱，各地曾組織了許多義軍。袁世凱死後，孫中山決定遣散各路義軍。路費由各埠總支部匯來的款項支付，但中華革命黨總部必須設法維持這些人的日常膳食。林煥庭無法籌得這筆款項，只得將困難情形如實報告孫中山。為解燃眉之急，孫中山毫不猶豫地讓林煥庭把自己的汽車賣掉。考慮到這部車是一位華僑送給孫中山的，屬於私有財產，而且如果以後孫中山出入無車可乘，也辜負了那位僑胞的好意，林煥庭表示不能賣車。孫中山說："我已經把自己獻給了革命，我所有的東西當然都可為革命貢獻。他送給我車是私情，現在化私為公，並沒有辜負他的本意。況且我出入不多，每月多費一筆司機的工資，也是浪費。你就照我的意思辦吧。"

賣車之後，又過了一段時間，聚集在上海等着發放路費的義軍大部分都已經遣散回鄉，但還有美洲的數十位華僑因為路途遙遠，需要費用很多，沒能解決。得知這一情況，孫中山便問林煥庭到底需要多少錢。林煥庭說大約三萬多元。孫中山當即表示："可以把我的住宅賣了，不足的部分與廖仲愷商量趕快籌足，送他們回美洲。"林煥庭想，孫先生的住宅不能賣，可孫先生已經決定的事他也不敢駁回。無奈中，他將此事告訴了廖仲愷。經過與南洋煙草公司總經理簡照南商量，廖仲愷從南洋煙草公司借出三萬元，順利地送走了華僑同志。

莫利愛路二十九號是一幢兩層帶花園的歐洲鄉村式建築。總建築面積四百多平方米。建築物外牆飾以深灰色的鵝卵石，屋頂鋪以紅色雞心瓦。主樓底層是客廳和餐廳，二層是臥室和書房。樓門外是一片綠油油的草坪。美國友人林百克曾說："這住宅並不是一所大的屋宇，不過適合中山這樣的簡單生活而已。"但他接着說，這是"最安適而不華貴的住宅。使人不易忘記的是奇巧的陽台，下面是美麗的花園，天氣晴朗的時候豁然開朗。傢具大半是西式的"。一位曾經造訪過孫中山夫婦的菲律賓友人的觀感是："家中陳設半為中式，半為西式，惟出於孫夫人之美術的佈置，頗覺中西折衷，幽美可觀。客廳中置一鋼琴，蓋示其家主婦之雅好音樂也。孫夫人……能操英語，尤較其夫為純熟。"

■ 上海莫利愛路二十九號孫中山、宋慶齡寓所書房

　　孫中山的加拿大籍副官馬坤第一次來到這個住宅時，印象很深的是只有一張林肯的畫像掛在書房牆上，算是唯一的裝飾。林肯提出的"民有、民治、民享"，曾深刻地影響了孫中山，他也因此成了孫中山最崇敬的政治家。

　　7月，吳玉章代表一部分國會議員的意見，到上海懇請孫中山接受護法軍政府總裁的職務。當時孫中山還在病中。他躺在床上，聽到吳玉章的表述，時而憤怒，時而流淚，情緒仍不穩定。

　　幸運的是，規律的起居、營養的飲食、適量的運動，宋慶齡無微不至的體貼、照顧，使孫中山的健康狀況漸漸好轉。7月間，孫中山左眼的炎症消失。

　　這一年的 7 月 26 日，孫中山、宋慶齡與孫科夫人陳淑英等到霞飛路四百九十一號宋宅看望母親倪桂珍，這也是宋耀如去世後宋家的第一次

■ 1918 年 7 月 26 日，孫中山到宋宅看望岳母倪桂珍。後排左起：孫中山、宋慶齡、倪桂珍、陳淑英、宋美齡、宋藹齡、孔祥熙；前排左起：廖承志、宋子文，後為廖夢醒

聚會。

　　馬坤曾這樣形容他在莫利愛路二十九號見到的兩位主人。説到孫中山，他認為："許多中國男人在中年很少有甚麼變化。他看起來像四十六歲，也像六十六歲，怎麼看都行。他的鬍鬚可能白了一點⋯⋯但他的眼睛裡依然閃着友善的光，而且他的身材還是老樣子，既沒有大肚子，也不是特別瘦。"而在第一次見到宋慶齡時，她的高貴文雅和超凡的美貌，卻使馬坤大吃一驚。"我見了她簡直不知道說甚麼好，只是像個孩子那樣紅着臉結結巴巴地説了兩句話。"

　　很快馬坤就發現，宋慶齡是孫中山"工作班子中最重要的成員"。她不僅為孫中山安排規律的生活，而且，"不管發生甚麼事"，她總能使孫中山"高興和愉快"。

清晨起床後，孫中山常常和宋慶齡在花園打網球，鍛煉身體。早餐後就開始辦公。晚餐後，大多是兩人對坐讀書，有時分別閱讀，有時一起閱讀。為了讓孫中山適當休息，宋慶齡會把久坐的孫中山從書桌旁拉出來散步或打門球。每當這個時候，"工作人員都同他們一起玩"。打球時，孫中山會很放鬆，常和宋慶齡互相開玩笑。晚上，宋慶齡也會不時在家裡放電影，讓孫中山暫時放下工作。

他們的生活非常儉樸，幾個人用餐，每餐也只有三四個菜，每天的菜金不超過兩元。有一次唐紹儀來訪，兩人一直談到了中午。孫中山留他吃飯，吩咐馬湘去趣樂居買了一隻鹵水肥雞。唐紹儀很快就把雞吃完，以為還會有其他菜餚。孫中山見他還在等菜，就問馬湘還有甚麼菜，馬湘說廚房裡只有鹹魚了，孫中山便叫拿上來。唐紹儀一邊用鹹魚下飯，一邊說："我大吃慣了，一隻肥燒雞，我一餐就可以吃完，家裡雖只有幾個人，每餐菜錢便要十元啊！"

1965 年 5 月 19 日，宋慶齡在給她和孫中山共同的老朋友黎照寰的信中回憶說："那個時候，孫博士在家從來不吃西餐。他是吃素食的，只吃蔬菜或者魚，甚至蛋也不吃的。我們每個月的開銷從來不會超過三百元，這其中包括衣食開銷。因為孫博士從來不存一分錢，所以這筆錢都是由林煥庭每月交給我的。所有有關金錢方面的事務都是由廖仲愷、林煥庭還有劉紀文經手的。劉紀文還在世，可以證明上面講的這些情況。"接下來，宋慶齡又講了一件小事："有一次，孫博士要去廣州，我看到他的鞋子太舊了，我就買了兩雙鞋子讓他帶上。他不贊同我的做法，說：'我只有一雙腿，幹嗎要買兩雙鞋子呢？！'"這個細節生動地表現出孫中山克己、節儉的美德。

■ 上海莫利愛路二十九號孫中山、宋慶齡寓所餐廳

　　然而，即使是這樣節儉的生活，也是在勉強維持。1919 年冬，孫宅的庶務林煥庭曾對人訴苦說："近兩年孫先生生活甚窘，特別是這幾個月幾乎日用亦難，我只好從困難中設法解決，不敢直告先生，以免增加他精神上的煩憂。"

　　雖然物質生活並不富裕，但在宋慶齡的照顧下，孫中山心情愉快，身體情況看來很好。多年困擾他的頗為嚴重的胃病也已痊癒。他說："我感覺非常良好。我過去從來沒有過這樣的感覺，這是最近兩年的事。"

　　當然，這個時期孫中山和宋慶齡在上海家中所過的並不只是溫暖的家庭生活，他們的主要精力都放在讀書和工作上。

　　孫中山與宋慶齡的共同特點是嗜書如命。有一次，他們偕同馬湘去福州路棋盤街選購了一大堆書，因為太重沒法背回家。孫中山沒有自己的車，只好同意馬湘的提議雇了一輛馬車。可是孫中山帶的錢已經買書用盡，宋慶齡身上也沒有錢，最後只得借馬湘身上僅有的四角錢付了車費。

　　孫中山藏有很多書，他曾對日本友人說："余一生嗜好，除革命外惟

■ 宋慶齡珍藏的 1918 年孫中山攝於上海的原版照片

讀書而已。余一日不讀書,即不能生活。"不論在甚麼環境條件下,人們對他的印象都是手不釋卷。曾經長期追隨在他身邊的羅翼群說:"先生很喜研究各種海陸地圖,每因著作需要,常命我代為收集購買。先生對地理特別是對中國地理極為熟悉,所以在他著《建國方略》時,提出了修建全國鐵路二十萬里、公路百萬里的偉大理想,以及疏導黃河、治理淮河的水利工程與如何建設各個大港等等一套完整的實業計劃。從這一計劃中可以看到中山先生對祖國地理了如指掌;又在這一點上可以看到中山先生的學問,不獨是廣博而且是專精的。而其所以博而且精,則是由好學不倦所獲致的。"

一位日本人曾評價說:"孫先生的讀萬卷書,是為了對於中國革命這個習題提出萬全的答案。換句話說,他確信中國革命之將有今日,更為革命後中國民族的前途着想,而在做一切的準備而已。是則以中國之大,而一心一意專研革命之方策者,恐怕只有孫逸仙一人。"

如其所說,在上海期間,孫中山"閉門著書,不理外事",在短短的不到兩年時間裡完成了《孫文學說》和《實業計劃》兩部重要著作,宋慶齡則在其中擔當了資料員、抄稿員和翻譯的繁重任務。

孫中山自己也很看重這兩部書。1919 年 6 月 5 日《孫文學說》出版,第二天他就題簽贈送給妻子和岳母各一冊,以表達對宋慶齡的感謝和對宋耀如的懷念。

孫中山在上海著書時,林百克擔任了他的法律顧問,並進而成為他

■ 左：孫中山題贈倪桂珍的《孫文學說》

■ 右：孫中山贈給宋慶齡的《孫文學說》，封面上題"獻給愛妻，孫逸仙，1919年6月6日，上海"

　的崇拜者。為了真實地反映孫中山的鬥爭經歷，林百克開始撰寫《孫逸仙傳記》。經過他的多次爭取，孫中山終於同意口述自己的經歷，從而使這本書更加真實可信。宋慶齡支持林百克的撰寫，並為他提供了不少珍貴照片。書稿完成後，宋慶齡發現其中缺少孫中山早期的照片。1920年1月21日，她將自己收集到的一張孫中山十八歲時的照片寄給林百克，請他放入書中。

　　宋慶齡曾說起孫中山的作息："他通常是從早上八點開始工作直到夜裡十一點，而且他也從來沒有時間安排午睡。他總是專心於工作、寫作、會見國民黨員，或者埋首於閱讀和繪製地圖。一年到頭最多有一次可以花一個小時和人下一次棋。他沒有甚麼特別的嗜好。"

　　在著書的同時，孫中山與宋慶齡還承擔了大量的黨務工作。當時，他們的住宅也是革命黨的另一個總部，討論問題、請示工作的人員不斷。每

■ 十八歲時的孫中山

■ 1920 年，在上海協助孫中山工作的
宋慶齡

天還要處理大量的電報和函件，在孫中
山提出答覆要點後，這些電函通常由宋
慶齡具體處理。

從 1918 年 6 月 26 日到 1920 年 11
月 25 日，孫中山與宋慶齡在莫利愛路
二十九號居住了兩年零五個月。這成為
他們一生中共同在一個地方居住持續時
間最長的紀錄。

在此期間，國內外相繼發生了兩
件大事。

1917 年 11 月 7 日，俄國十月革命
爆發，成立了列寧領導的工兵蘇維埃政
府。聽到這一消息，孫中山和宋慶齡都
十分興奮，認為中國革命可以從中得到
借鑒。在繼續擔任秘書處理英文函電和
進行法文翻譯的同時，宋慶齡又加緊學
習俄文和德文，為聯繫蘇俄作準備。

1918 年 11 月，第一次世界大戰結
束。1919 年初巴黎和會開幕。這次會
議成為帝國主義的分贓會議，決定將德
國在山東的權益轉交日本。作為戰勝
國的中國受到極大的侮辱與損害。5 月
4 日，北京三千餘名學生在天安門前集
會，要求"外爭國權，內懲國賊"，遊
行中部分學生被逮捕。得知這一消息，

■ 1919 年冬，孫中山與宋慶齡在上海合影，紀念結婚四週年

孫中山立即讓宋慶齡代為起草了"學生無罪"的援救電報，於 5 月 5 日發給段祺瑞。孫中山還派出代表到上海復旦大學和上海學生聯合會，要學生們"再大膽些進行活動"，"要設法激起怒潮來"。在此後的兩個多月裡，宋慶齡五次陪同孫中山，在寓所接見上海和北京的學生領袖。五四運動使孫中山清楚地看到了民眾的覺悟和力量，對他日後的革命決策產生了極大的影響。

1919 年 10 月 10 日，孫中山在上海將中華革命黨改組為中國國民黨，使他領導的黨從秘密轉為公開，為在日後的國民革命中更好地發動群眾，打下了組織基礎。

相伴最後旅程

■ 1924 年 11 月 30 日，孫中山與宋慶齡在由神戶駛往天津的輪船上

1924 年 11 月 13 日上午十時許，"永豐"艦鳴號起錨，孫中山、宋慶齡及隨行人員啟程北上。下午三時"永豐"艦抵達黃埔，孫中山再次視察了自己親手創建並寄予殷切希望的軍事學校，隨後前往香港換乘日輪"春陽丸"赴上海。

11 月 17 日，孫中山、宋慶齡安抵上海，受到各界人士四千餘人的熱烈歡迎。登岸後，他們即乘汽車赴莫利愛路二十九號寓所休息。

孫中山提出的打倒帝國主義的主張，引起了帝國主義者的仇恨。因此，在孫中山一行抵達上海的前一天，英國的《字林西報》發表短

■ 1924 年 11 月 14 日，孫中山、宋慶齡在北上的輪船上

論，公然叫囂："上海不需要孫中山，應阻止他登岸。"提出不讓孫中山住在租界之內。英國的《大陸報》更加露骨地說："要驅逐孫中山出上海"；"絕不要理睬孫中山所提出的廢除不平等條約的要求"等等。孫中山非常憤怒，他義正辭嚴地說："上海為中國之領土，吾人分明居主人之地位。住在上海的那些外國人，都是客人。主人在自己的領土之內，無論幹甚麼，客人完全不能干涉。""中國現在禍亂的根本，就是在軍閥和那援助軍閥的帝國主義者。""第一點就要打破軍閥。第二點就要打破援助軍閥的帝國主義者。打破了這兩個東西，中國才可以和平統一，才可以長治久安！"

上海各界對孫中山、宋慶齡的到來反應熱烈。各歡迎團體代表陸續到莫利愛路寓所表示敬意。孫中山、宋慶齡與他們一一握手。大陸、孔雀

■ 1924 年 11 月 17 日，孫中山、宋慶齡在上海莫利愛路二十九號接待來訪者

兩影片公司派演員為孫中山、宋慶齡唱英語祝福歌，並為他們拍攝了新聞影片。

孫中山與宋慶齡在莫利愛路寓所住了五個晚上。11 月 22 日清晨，孫、宋及隨同衛士由莫利愛路寓所乘車至匯山碼頭，登上了開往日本的"上海丸"。

11 月 24 日下午，孫中山、宋慶齡抵達神戶，住進東方旅館。當時在日本學習炮兵的高仁紱與同學一起到東方旅館去見孫中山和宋慶齡。在交談中，孫中山對他們說："參加革命救國，不能置財產。有了財產，對革命就動搖了。你們東三省張作相督辦，是不能革命的，他是大地主。你們黑龍江督辦，也是不能革命的，因他也是大地主。你們當軍官要守法。拿破崙曾說過：軍人以守法為本。軍人不守法，老百姓一定要受痛苦。""作革命救國事業，不能拿革命工作換取個人的利益，不能拿革命任務換取個人的政治地位。"

李烈鈞告訴他們：總統此次不坐中國輪船直接由上海到天津，是恐怕

■ 孫中山、宋慶齡在日本神戶與前來歡迎的日本朋友合影。前排左起：山田夫人、宋慶齡、孫中山；後排左起：山田純三郎、宮崎龍介、萱野長知、宮崎震作、島田經一、戴季陶、菊池良一

中途遭到軍閥海軍襲擊，才從日本神戶轉赴天津的。

11 月 28 日下午一時，孫中山、宋慶齡離開旅館來到神戶高等女校。在座無虛席的大禮堂中，孫中山首先作了簡短的講話，然後由宋慶齡用英語發表關於婦女解放問題的演說。

作為一個已經在孫中山身邊工作了十年的成熟的革命者，這卻是宋慶齡第一次獨立發表演說。宋慶齡一針見血地指出："婦女地位是一個民族發展的尺度。當今世界上，只有意識到這點的民族，才能稱其為偉大的民族。"她將"反對婦女參與公共事務"的社會傳統觀念，斥為"歧視婦女的古老圍牆"，號召人們起來"推倒"它。當宋慶齡發表這篇演說時，孫中山就坐在她的身後。

由於湧來的聽眾太多，孫中山建議："如果鄰邦諸君對我的東亞政局問題有興趣的話，今天可以再作一場講演。"於是，學校臨時將風雨操場闢為第二會場。孫中山在那裡發表了《大亞洲主義》問題的演講。他指出："我們講大亞洲主義的問題……就是為亞洲受痛苦的民族要怎麼樣才可以抵抗歐洲強盛民族的問題。簡而言之，就是要為被壓迫的民族來打不平的問題。"演說結束後，在場的三千多位聽眾長時間脫帽歡呼。

11 月 30 日晨，孫中山、宋慶齡結束在日本神戶的訪問，登上"北嶺丸"赴天津，幾千人到碼頭送行。由於在神戶稍獲休息並得以歡敘舊情，孫中山看起來身體和精神都很好。孫中山着長袍馬褂在左，孫夫人宋慶齡着灰鼠外衣，戴灰鼠皮帽，穿黑皮鞋在右，共立在甲板上，向歡送人群致意。沒有想到的是，在前往天津的海船上，孫中山的肝病再次嚴重發作。

12 月 4 日，孫中山、宋慶齡乘坐的"北嶺丸"在天津法租界利昌碼頭下錨，兩萬多熱情的天津民眾站在碼頭上迎接。孫中山脫帽向群眾致意。經過幾天的顛簸，孫中山的臉色非常難看，宋慶齡也顯得憂心忡忡。之後，孫中山、宋慶齡乘馬車到日租界的張園下榻。宋慶齡在給朋友的信中

■ 1924 年 12 月 4 日，孫中山與來訪者在天津張園

說，張園十分奢華和美麗。但她接下去的一句話是："在上海我們小小的兩層樓住宅裡，我們感到最為快樂。"

與民眾的熱情相反，當時同意迎請孫中山北上主持大計的段祺瑞和張作霖，很不願意看到他真的出現在眼前。他們一個出任"中華民國臨時執政"，以國家元首自居；一個調大軍強駐關內各地，以擁有實力自恃。抵達天津的當天下午，孫中山就前往曹家花園拜訪張作霖。張作霖對他的態度卻極為冷淡。

12 月 5 日上午，孫中山與宋慶齡前往英租界拜訪前總統黎元洪。宋慶齡在給朋友的信中描述了這次做客的所見與感受：

"前天我作為貴賓應邀到前總統黎元洪家裡，我的丈夫也出席了。宴會設在他的私人戲院的舞廳裡，這是一所豪華的建築，共花了他八十萬元。宴會上一支由五十位身穿天鵝絨制服的人組成的管弦樂隊在奏樂。這是我生平第一次用金刀、金叉和金匙用餐。前總統告訴我，這是特別從英國定製的。餐桌上是插在金花瓶中的異國花卉以及水果。他們非常成功地炫耀了他們的財富，他妻子所戴的鑽石一定價值連城。他們所住的庭園包

括八幢房子（大樓），全部由黎家居住。他們有兩個兒子兩個女兒。大女兒在韋爾斯利女子學院上學。我最驚奇的是聽他們説這個和那個值多少錢。可憐的人們，我為他們感到難過，當他們門外擁擠着這樣多苦難和貧困的老百姓時，如此的奢侈和浪費令人厭惡。"

言語中，宋慶齡對黎元洪的炫富充滿了諷刺和鄙視。

孫中山的生活是極其簡樸的，他被人們稱為"平民革命家"。孫中山和宋慶齡始終把自己看作普通百姓，而且總是用關切的眼光注視着最底層的人們。這種觀念已經滲透到他們的靈魂深處，並被他們堅守了一生。

由於肝病發作，醫生要孫中山臥床休息。但顯然，宋慶齡並沒有把丈夫的病情估計得很嚴重。12 月 10 日，她在給同學阿莉的信中寫道："在處理完一些國家大事後，我丈夫將到國外去旅行，也許在春天。我肯定我們會去美國，希望能多次見到你。"

12 月 18 日，孫中山在病榻上接見了段祺瑞的代表許世英。當得知段祺瑞要"外崇國信"和召開"善後會議"時，他極為憤慨。孫中山厲聲斥責道："我在外面要廢除那些不平等條約，你們在北京，偏偏要尊重那些不平等條約，這是甚麼道理呢？！你們要升官發財，怕那些外國人，要尊重他們，為甚麼還來歡迎我呢？"許世英勸他不要太過"激烈"，免得惹惱了東交民巷的"洋大人"，引起帝國主義的干涉。孫中山氣憤地回答："假如不打倒帝國主義，我就不革命了！"由於動怒，孫中山的病情更加嚴重。但為了踐行承諾，他還是決定抱病入京。

12 月 31 日，古老的北京天低雲暗、朔風凜冽。京畿警衛總司令鹿鍾麟來到前門車站，他的眼前是早已擠得水泄不通的學生、教職員和群眾。許多人手裡拿着小旗，上寫："首倡三民主義，開創民國元勳，中國革命領袖孫中山先生。"有兩條大標語，一條寫着："歡迎民國元勳革命領袖孫中山先生。"一條寫着："北京各團體聯合會歡迎孫中山先生。"北京各界二百餘團體約三萬餘人聚集在這裡。學生們還散發了二百多萬份傳單。

為了保證孫中山的安全,鹿鍾麟到了永定門車站。火車一進站,他就急忙登上孫先生乘坐的車廂。鹿鍾麟看到孫中山躺在臥鋪上,面容憔悴,健康情況已是很差。可是枕旁放着書,孫中山手裡還拿着書在看。鹿鍾麟告訴孫中山,前門車站人太多,為了安全起見,請他在永定門站下車。孫中山當即表示:"在永定門下車,那可使不得的。我的抱負是甚麼?你當然是了解的,我是為學生為民眾而來的,我不能只為個人打算,而辜負了學生和民眾對我的這番熱情,請不必擔心,我要在前門車站下車,學生和民眾即使擠着我也是不要緊的。"

當火車開進前門東車站時,站在月台上的黑壓壓的歡迎人群,立即就自發地把秩序維持好了。每個人都嚴肅恭敬地站在那裡,沒有一個人亂動,也沒有一個人隨便說話,只聽到歡迎人群揮動着的數不清的紅綠色小旗在風中瑟瑟地響。孫中山從臥鋪起身,在隨行人員的維護下走出火車。

■ 鐵獅子胡同十一號行轅

下車前，孫中山命隨從人員向歡迎者散發了所攜帶的《入京啟事》。他在其中表示：“此來不是為爭地位，不是為爭權利，是特來與諸君救國的。”孫中山經過歡迎的行列，含笑着答謝，和學生、民眾見了面，談了話，隨後同宋慶齡乘汽車直赴北京飯店五〇六號房下榻。隨行人員則進駐段祺瑞執政府預備的行轅——鐵獅子胡同十一號。

在北京飯店，數位外國醫生為孫中山診治，但均不見效。孫中山的病情迅速加重。1 月 26 日，宋慶齡陪同孫中山由北京飯店移住協和醫院。據當時接孫中山入院的護士回憶，當她進入房間時，只見孫中山躺在床上，“面部呈重度的黃疸，疲瘦無力，看了令人難過。孫夫人宋慶齡女士在一旁殷勤服侍”。當日下午施行手術，確診為肝癌，而且已到晚期無法救治，醫生只得將刀口重新縫合。此後，雖然試用了放射治療，但毫無療效。

孫中山病勢沉重，宋慶齡心急如焚。1 月 30 日，孫中山體溫正常，精神尚好。他安慰宋慶齡說：“我的確得了病，醫生也確實拿我的病沒辦法，但是我所以能支持自己的身體，過去就不是完全靠着治療，而是靠我自身的勇氣。我相信我的勇氣一定會最終戰勝這個病，肯定不會有危險的。”

2 月 18 日，在宋慶齡的陪護下，急救車將孫中山送到鐵獅子胡同十一號（今地安門東大街二十六號），改由中醫治療。孫中山以超人的毅力抑制着病痛，每天仍堅持閱讀報紙。後來自己不能閱讀了，就由宋慶唸給他聽。

孫中山吃不了甚麼東西，護士何芬按照醫生囑咐，每天餵水果罐頭汁給他喝。孫中山問：“水果呢？”何芬告訴他，送到廚房做點心去了。他聽罷笑着說：“好，不要糟蹋了。”

孫中山病情日趨惡化，群醫束手。國民黨人商議預備遺囑，待病危時再請病人簽字。2 月 24 日下午三時，汪精衛、張繼、李烈鈞、何香凝、孫科、宋子文、孔祥熙等受大家的委託，到孫中山病榻前請示遺囑。孫中山口授《國事遺囑》和《家事遺囑》，並由汪精衛筆錄；《致蘇聯遺書》則以英文口授，由陳友仁等筆錄。

這三份遺囑，原準備當場簽署，但孫中山聽到宋慶齡哭聲哀痛，擔心她受不了這一刺激，決定暫緩幾天。

在丈夫病榻前，宋慶齡日夜侍病，幾乎沒有正常睡過覺。有時見孫中山睡着了，她才靠在沙發上合合眼。孫中山一醒來，她立刻侍奉湯水。何香凝曾説："在先生病榻之旁，三月未離一步，衣不解帶，食不知味，以先生之精神為精神，使吾人永念不忘者，則為孫夫人。夫人之精神與勞苦，為吾輩所當敬愛。"

3月11日上午八時，在病床邊守護的何香凝，見孫中山的瞳孔開始放大，趕緊出來對汪精衛説："孫先生的眼睛已開始散光了。"催他拿遺囑來簽字。何香凝、宋子文把情況對宋慶齡作了説明。宋慶齡非常理智，深知立遺囑是關係國家民族的大事。她堅定地説："已經到了這個時候了，我不但不願阻撓你們，我還要幫助你們！"

孫中山病室外是一個大廳，陪伴孫中山的同志們平時就在這裡休息。宋慶齡走出來告訴大家：總理要簽遺囑了。大家站在病室門外，宋慶齡轉回身，幫助孫中山抬起手腕，用鋼筆在遺囑上簽字。雖然腕力已經很弱，但"孫文，3月11日補簽"這幾個字寫得非常清楚。汪精衛隨即在筆記者下簽名。在場的其他人員宋子文、邵元沖、戴恩賽、孫

■ 孫中山簽署遺囑所用的鋼筆

■ 孫中山《國事遺囑》

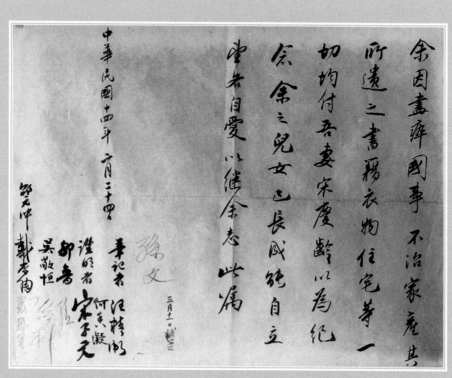

■ 孫中山《家事遺囑》

TO THE CENTRAL EXECUTIVE COMMITTEE OF
THE UNION OF SOVIET SOCIALIST REPUBLICS :

MY DEAR COMRADES,

AS I LIE HERE, WITH A MALADY THAT IS
BEYOND MEN'S SKILL, MY THOUGHTS TURN TO YOU AND TO THE
FUTURE OF MY PARTY AND MY COUNTRY.

YOU ARE THE HEAD OF A UNION OF FREE
REPUBLICS WHICH IS THE REAL HERITAGE THAT THE IMMORTAL
LENIN HAS LEFT TO THE WORLD OF THE OPPRESSED PEOPLES.
THROUGH THIS HERITAGE, THE VICTIMS OF IMPERIALISM ARE
DESTINED TO SECURE THEIR FREEDOM AND DELIVERANCE FROM
AN INTERNATIONAL SYSTEM WHOSE
SLAVERIES AND WARS AND INJUST

I AM LEAVING
HAD HOPED WOULD BE ASSOCIATE
WORK OF COMPLETELY LIBERATING
COUNTRIES FROM THIS IMPERIALIS
THAT I MUST LEAVE THE TASK UP
THOSE WHO, BY REMAINING TRUE
INGS OF THE PARTY, WILL CONST

I HAVE THEREF
TO CARRY ON THE WORK OF THE N
MENT IN ORDER THAT CHINA MAY
STATUS WHICH IMPERIALISM HAS

■ 孫中山《致蘇聯遺書》

I HAVE CHARGED THE PARTY TO KEEP IN CONSTANT TOUCH WITH
YOU; AND I LOOK WITH CONFIDENCE TO THE CONTINUANCE OF
THE SUPPORT THAT YOUR GOVERNMENT HAS HERETOFORE EXTENDED
TO MY PARTY.

IN BIDDING FAREWELL TO YOU, DEAR COMRADES,
I WISH TO EXPRESS THE FERVENT HOPE THAT THE DAY MAY SOON
DAWN WHEN THE U. S. S. R. WILL GREET, AS A FRIEND AND ALLY,
A STRONG AND INDEPENDENT CHINA AND THAT THE TWO ALLIES
MAY TOGETHER ADVANCE TO VICTORY IN THE GREAT STRUGGLE FOR
THE LIBERATION OF THE OPPRESSED PEOPLES OF THE WORLD.

WITH FRATERNAL GREETINGS,

Sun Yat-sen

*Signed on March 11th, 1925, in the
presence of :-
T.V. Soong 宋子文
Wang Ching Wei 汪精衛
何香凝
Sun Fo 孫科
Tai En-tsai 戴恩賽
Tsou Lu 鄒魯
Hsiang Hsi Kung 孔祥熙*

科、吳敬恆、何香凝、孔祥熙、戴季陶、鄒魯等九人，則作為證明者簽名。孫中山簽完國事、家事遺囑後，英文秘書陳友仁拿出《致蘇聯遺書》，由宋子文唸了一遍，孫中山聽罷，用英文簽上了自己的名字：Sun Yat-sen。隨後，證明人順序用中、英文署名。

孫中山神情安詳，當他在遺囑上簽完字，護士上前移去炕桌時，他和藹地對護士說："謝謝你，你的工作快完了。"周圍的人聞言不禁失聲痛哭，夫人宋慶齡更是悲痛至極。

《國事遺囑》全文為：

余致力國民革命凡四十年，其目的在求中國之自由平等。積四十年之經驗，深知欲達到此目的，必須喚起民眾及聯合世界上以平等待我之民族，共同奮鬥。

現在革命尚未成功，凡我同志，務須依照余所著《建國方略》《建國大綱》《三民主義》及《第一次全國代表大會宣言》，繼續努力，以求貫徹。最近主張開國民會議及廢除不平等條約，尤須於最短期間促其實現，是所至囑！

《家事遺囑》全文為：

余因盡瘁國事，不治家產。其所遺之書籍、衣物、住宅等，一切均付吾妻宋慶齡，以為紀念。余之兒女已長成，能自立，望各自愛，以繼余志。此囑。

《致蘇聯遺書》全文為：

蘇維埃社會主義共和國大聯合中央執行委員會親愛的同志：

我在此身患不治之症，我的心念此時轉向於你們，轉向於我黨及我國的將來。

你們是自由的共和國大聯合之首領。此自由的共和國大聯合，是不朽的列寧遺與被壓迫民族的世界之真遺產。帝國主義下的難民，將藉此以保衛其自由，從以古代奴役戰爭偏私為基礎之國際制度中謀解放。

我遺下的是國民黨。我希望國民黨在完成其由帝國主義制度解放中國及其他被侵略國之歷史的工作中，與你們合力共作。命運使我必須放下我未竟之業，移交與彼謹守國民黨主義與教訓而組織我真正同志之人。故我已囑咐國民黨進行民族革命運動之工作，俾中國可免帝國主義加諸中國的半殖民地狀況之羈縛。為達到此項目的起見，我已命國民黨長此繼續與你們提攜。我深信，你們政府亦必繼續前此予我國之援助。

親愛的同志，當此與你們訣別之際，我願表示我熱烈的希望，希望不久即將破曉，斯時蘇聯以良友及盟國而歡迎強盛獨立之中國，兩國在爭世界被壓迫民族自由之大戰中，攜手並進，以取得勝利。

謹以兄弟之誼，祝你們平安！

孫中山把十二歲的孫子治平叫到床邊，慈祥地對他說："爺爺這會兒身體不好，起不了床，等稍好一點，再跟你玩兒。"

下午，孫中山讓李榮抱頭，馬湘捧腳，將他放到地下。宋慶齡趕忙上前用英語問道："親愛的，你要做甚麼？"他答："我要在地上躺一躺。"宋慶齡說："地下太涼。"他說："我不怕冷，最好有冰更好。"聽到孫中山的胡話，宋慶齡哭了起來。孫中山說："Darling，你不用傷心，我所有

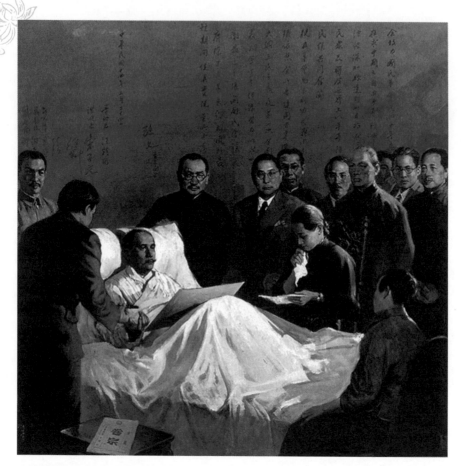

■《總理遺囑》(油畫，全山石作)

的都是你的。"宋慶齡説："我一切都不愛，所愛的只有你。"她一邊説，
一邊淚如雨下。

精神好些時，孫中山又與宋慶齡談話，安排自己的後事。他説，死後
"願照其友列寧之辦法，以防腐藥品保存其骸，納諸棺內"，遺體"可葬於
南京紫金山麓，因南京為臨時政府成立之地，所以不可忘辛亥革命也"。
他握着宋慶齡的手，向妻子告別，宋慶齡哭得抬不起頭，在場的其他人也
都流淚不止。

臨危之際，孫中山連呼"廖仲愷夫人。"何香凝聽到呼喚，忙與宋慶

■ 孫中山去世後，宋慶齡在他的病榻旁留影

齡一同走到病榻前。何香凝對孫中山説："我雖沒有甚麼能力，但先生改組
國民黨的苦心，我是知道的，此後我誓必擁護孫先生改組國民黨的精神。
孫先生的一切主張，也誓必遵守的。至於孫夫人，我也當然盡我的力量來
愛護！"孫中山聽後，握住何香凝的手説："廖仲愷夫人，我感謝你……"

晚上，孫中山把兒子孫科、女婿戴恩賽喚至床前，囑咐他們要"順事"
夫人宋慶齡。當天夜裡，孫中山還講了許多話，或中文，或英文，反覆説
的就是："和平、奮鬥，救中國！"在旁的宋慶齡"哭聲慘切"。何香凝等
一直守在身邊。

3月12日清晨，孫中山已是彌留，宋慶齡握着他的右手，孫科握着他
的左手，陪伴他度過了最後的時光。上午九時二十五分，孫中山的心臟停
止了跳動，但他的眼睛仍然注視着宋慶齡，嘴也張着似乎還有話要説。宋

■ 宋慶齡、孫科及孫科之子孫治平在北京鐵獅子胡同行轅為孫中山守靈

■ 1925 年 4 月 2 日，孫中山靈柩移厝西山碧雲寺前，孫中山親屬在北京中央公園（今中山公園）社稷壇大殿靈堂合影。左起：宋藹齡、宋美齡、孫治強、孔令儀、孫治平、宋慶齡、戴恩賽、孫科、宋子文、孔祥熙

■ 孫中山的靈車經過北京街道，沿途都是自發送別的群眾

■ 孫中山的靈柩移往中央公園社稷壇

慶齡用手為他合上雙眼。在場的人都慟哭失聲。

　　中午，宋慶齡與孫科、戴恩賽、宋子文等護送孫中山遺體赴協和醫院施行防腐手術。手術完成後，請理髮師為孫中山整髮修容，宋慶齡"將剪下的頭髮用玻璃盒保存起來留作紀念"。

　　3月15日上午十時，宋慶齡偕孫科、戴恩賽、宋子文前往協和醫院。孫中山入殮時，四人撫屍大哭。宋慶齡更是悲痛欲絕，孫科只得叫人將她攙扶出醫院，護送回鐵獅子胡同行轅。

　　3月16日，宋慶齡致電上海孫中山寓所，叮囑不要移動書案、座椅等器物的擺放位置，保持孫中山在世時的住宅原狀。

　　3月19日上午十時，舉行孫中山移靈大典。宋慶齡和親屬以及國民黨中央領導人，護送孫中山靈柩出協和醫院，經東長安街抵達中央公園，將

功高華盛頓識遠馬克斯行易知難並有名言

胥瘞業金山靈櫬碧雲寺地維天柱永留浩氣在人間

宋慶齡在碧雲寺金剛寶座塔石龕前為孫中山守靈

其安放在社稷壇大殿正中。

宋慶齡乘青玻璃馬車，隨柩而行。當時在公園大門口執行勤務的北京
女子師範大學學生陸晶清這樣回憶宋慶齡："她在公園進口處下了車，頭上
罩着黑紗，全身喪服，穿着白珠鑲邊的旗袍，黑鞋黑襪黑手套。透過黑紗
看到她面色蒼白，緊閉着嘴，微低着頭。當她由兩個人攙扶着慢步朝社稷
壇走去時，偌大的公園裡，只聽到風聲和隱隱啜泣聲，成百上千雙淚眼直
送孫夫人走進靈堂。"

靈堂上懸掛着孫中山的遺像和"有志竟成"橫幅，兩旁掛"革命尚未
成功""同志仍須努力"的對聯，棺上蓋青天白日旗，四周圍銅欄杆，棺前
放置花籃和花圈。宋慶齡和孫科、戴恩賽、宋子文、孔祥熙、宋藹齡、宋
美齡等親屬以及國民黨中央領導人相繼在靈堂守靈。

從這天至 4 月 1 日下午，到中央公園弔唁孫中山的人絡繹不絕，僅簽
名者就有七十四萬餘人。公祭處共收花圈七千餘個，輓聯五萬九千餘幅，
橫條幅五百餘件。

4 月 2 日，孫中山靈柩移往西山碧雲寺暫厝。靈柩移入汽車，宋慶齡
送的花圈放在棺木上。宋慶齡面蓋青紗，衣黑色夾袍，着黑色鞋，守在一
旁淚流不止。十一時，載着孫中山靈柩的汽車緩緩駛離中央公園。宋慶齡
乘坐由兩馬匹拉的第一號黑車，車頂綴青球；其餘家屬分乘馬車十輛，車
頂皆綴白喪球跟在靈車之後。

靈車經西長安街、西單牌樓、西四牌樓出西直門，然後經海淀、玉泉
山到西山。北京萬人空巷，參加送靈到西直門的群眾達三十萬人，步行送
靈到西山的約兩萬人。群眾沿途高呼："孫中山先生主義萬歲！""打倒軍
閥！""反對帝國主義！""促成國民會議！"等口號。

孫中山靈柩被安置在寺內最高處的金剛寶座塔的石龕中。龕內懸掛一
副長聯。

上聯是：

　　功高華盛頓，識邁馬克斯，行易知難，並有名言傳海內；

下聯是：

　　骨瘞紫金山，靈棲碧雲寺，地維天柱，永留浩氣在人間。

綿綿不盡的思念

■ 1927 年・宋慶齡在武漢

　　孫中山與宋慶齡的結合，遠遠超出了一般意義上的愛情與婚姻。正如愛潑斯坦所說："對中國革命來說，孫中山和宋慶齡的結合是相互需要、自然而然的結果。這一婚姻基礎使他們互相忠實於對方，幸福美滿。婚後，他們相互關心，同甘苦共患難，直到十年後孫中山逝世，每天都在為一個共同目標而努力工作。"

　　在近十年的婚姻生活中，他們一起討袁、護法、北伐；一起經歷了革命的高潮和低谷；一起承受了敵人的大兵壓境和隊伍內部的背叛陰謀；一起面對帝國主義黑洞洞的炮口和報紙上鋪天蓋地的攻擊與謠諑；一起面臨生死一線的危難時刻；也一起享受過短暫而溫馨的家庭幸福。

　　孫中山是宋慶齡的丈夫，也是她的導師。孫中山淵博的知識、深刻的思想、高尚的政治品格、豐富的革命經驗，使宋慶齡迅速地成熟。

　　宋慶齡是孫中山的精神支撐和動力源泉。她澎湃的年輕活力、敏捷的前沿思想、埋頭苦幹的工作精神、純熟的外語能力、卓越的文案功夫，為孫中山提供了很大幫助。

　　孫中山的重要著作大多出於這十年之中。宋慶齡不僅在其中承擔了資料、文字整理和翻譯工作，也參與討論，提供了許多有意義的意見建議。當時曾有評論說："非夫人之才能不足以佐先生之事業，""她的輝煌的頭腦，充實了她丈夫的頭腦"。在孫中山的日常生活中，宋慶齡在調劑氣氛和照顧飲食起居上，更是起到了不可替代的作用。

　　經過這十年，宋慶齡已經成為孫中山不可分割的一部分。她從來不曾設想過，沒有了孫中山的生活將會怎樣。

　　孫中山的突然離去，在感情上摧垮了宋慶齡。從保存下來的歷史影像上我們可以看到，這時的宋慶齡，眼睛裡充滿着無奈、無助與憂傷。

　　孫中山在《家事遺囑》中寫道："余因盡瘁國事，不治家產。其所遺之書籍、衣物、住宅等，一切均付吾妻宋慶齡，以為紀念。"這件遺囑的

公佈，激起世人的驚歎。

報紙上對此評論："近從事政事者，孰不以金錢為鵠？一縣知事，一稅所長，且面團團作富家翁。督軍省長，又遑論乎？先生民國元勳，久膺大政，設欲聚斂，寧患無術？而竟身後蕭條，不名一文。"

曾在袁世凱時期做過國務總理的熊希齡也大發感慨："孫先生力行革命，四十年毫無懈怠，故能使全國人士一致欽佩，足見公道自在人心。孫先生做過大總統，僅遺留數箱破書與宋夫人，其持身清廉，非其他偉人所能及。"

看到孫中山去世後宋慶齡簡樸甚至略顯寒酸的生活狀況，美國記者斯諾感歎道："一位中國政壇人物的遺孀的命運如此，真是奇特！在中國，如同在世界許多地方一樣，政治是一種'撈一把'的玩意兒。得了肥缺的官員們在幾個月裡就發了大財，然後退休……住進公共租界，同上等人交遊。他們的住所像宮殿，他們的老婆手上戴滿了鑽石和翡翠。"

孫中山擔任過幾乎無人可以企及的中國政界的重要職務。他是中國第一任總統，此後做過非常大總統，並兩次就任軍政府大元帥。按照一般人的理解，他應該是腰纏萬貫、富得流油，否則很難理解他為甚麼要出生入死一輩子。然而，他留給宋慶齡的，卻只有穿過的舊衣服和"數箱破書"。最值錢的也不過是莫利愛路的僅有五個房間的住宅。這所住宅並非他所購置，而是華僑的贈予。孫中山在這所住宅裡住過三個階段，共計兩年十一個月零六天。由於革命急需經費，這所住宅曾多次被孫中山抵押給銀行。幸虧最終贖回，否則宋慶齡就沒有了棲身之所。

在宋慶齡看來，這些都不重要。她和孫中山一樣，從來沒有把物質享受放在眼裡。她從孫中山那裡繼承的遺產是尚未完成的拯救中國的革命事業。她記住了孫中山反覆重申的任務：打倒軍閥、打倒帝國主義，建設獨立、統一、富強的中國。

宋慶齡的神情變了，服飾也變了。青少年時代的宋慶齡，穿過歐式的裙服，也經常穿中式的服裝。除了小時候穿過清式的長袍以外，後來還經常穿"襖"，也就是右大襟的中式上衣，下身配裙子。直到孫中山去世，她幾乎沒穿過標準意義上的旗袍。

　　從 1925 年孫中山去世起，宋慶齡改穿旗袍。此後，除在海外流亡（1927 年 8 月至 1929 年 5 月）時，入鄉隨俗地換上歐式服裝外，旗袍成了她最常穿着的服裝式樣。在改穿旗袍的同時，她的髮型也在一夜之間發生了變化。長長的烏髮平整地梳向腦後，盤成一個圓圓的髮髻。此後，這成為宋慶齡梳得最多的髮型。這既是她對母親的承諾，也表達了她對孫中山的懷念。

　　宋慶齡政治思想很開放，但在禮儀上她總是謹守傳統。宋慶齡旗袍的一個顯著特點就是素雅，以深色調為主。她是遺孀，不能忘記孫中山，這樣的裝束也是為了寄託自己的思念與悲傷。她的旗袍款式與現在社會上流行的有所不同。現在的旗袍兩側開衩很高，而當時宋慶齡穿的旗袍開衩都很低，最高的也僅及於膝蓋。

　　1925 年 4 月 11 日和 21 日，宋慶齡先後兩次與親屬前往南京紫金山勘察孫中山墓址。陵墓的位置最後定在紫金山南坡的中茅山，距明孝陵東約三四里。

　　5 月 25 日，上海日本資本家打死舉行罷工的中國工人顧正紅。5 月 30 日，在援助罷工的遊行示威中，租界的英國巡捕又悍然向群眾開槍，造成"五卅慘案"。宋慶齡雖仍沉浸在悲痛中，但無法坐視。6 月 18 日，她在《民族日報》頭版頭條發表題為《孫中山先生與"五卅"後之民族獨立運動》的文章，號召民眾以孫中山之主張和精神爭取民族獨立。她說："吾人果欲增民族歷史之榮譽與所居時代之光輝乎？努力於中山先生之主張為吾人唯一之途徑。"7 月 2 日，她又在廣州《民國日報》發表《為力爭兩廣關餘

■ 1925 年 4 月 21 日，宋慶齡與母親倪桂珍（左七）偕親友馬坤（左一）、何香凝（左四）、宋美齡（左八）、宋子安（左九）、宋子文（左十一）、楊杏佛（左十四）等在南京紫金山為建造孫中山陵墓選址

向英帝國主義鬥爭的孫先生》一文，指出："中國人之不可侮，帝國主義者武力之不足畏，先生已以身作則昭示吾人矣。"在帝國主義侵略者面前，我們應"毅然挺身以戰強權，志先生之志，行先生之行"。如是，"先生有知，地下亦當含笑矣"。

6 月 30 日，北京各界五萬餘人在天安門舉行對英日帝國主義雪恥大會，宋慶齡特地從上海乘車抵北京。下午一時，宋慶齡出現在主席台上。她正在病中，形容憔悴，但仍堅持到大會結束。

年底，美國女記者安娜·路易斯·斯特朗在上海第一次見到宋慶齡。她對宋慶齡印象極好，說宋"是個文靜、溫和但果斷的女性"。相識一段時間後，她又讚譽道："孫中山夫人宋慶齡是我在世界任何地方認識的最溫柔最高雅的人，她身體纖細，穿着潔淨的旗袍，善良而且端莊，似乎與猛烈的革命鬥爭不太相稱。……然而革命需要她。她獻身於革命，不僅因為她相信革命，也因為億萬百姓很崇拜她這個孫中山先生的遺孀。"

■ 孫中山陵墓奠基典禮現場發放的石印孫中山手書《大同》篇

　　1926 年 3 月 12 日下午，孫中山先生陵墓奠基典禮在南京郊外茅山坡舉行。當時天降大雨，但仍有近兩萬人參加。禮場設在陵基中央，墓址前方放置一個木質陵墓模型，長寬各丈餘。奠基石揭幕後，宋慶齡、孫科致答謝詞。這次奠基禮現場發放了石印孫中山手書《大同》篇。宋慶齡將這件石印手跡終生珍藏。

　　4 月 16 日，宋慶齡寫信給在美國留學時的同學阿莉："現在我的思想仍是痛苦的。面對經受的可怕損失，我的悲痛非但並未減弱，而且有增無已。"

　　她同時堅定地表示："我試求忘掉我自己，投身我丈夫畢生的事業，就是實現一個真正的中華民國。"在談到去廣州參加國民黨代表大會的情況時，她說："每個人都那樣地周到和親切。他們使我意識到，對一個國家來説，沒有無私的愛國者領導國家走出混亂是多麼大的悲劇。我一定要自己盡力並鼓勵他人繼續我丈夫的事業！"她提出："你能否為我在最好的商店裡定製一些名片？這些名片周圍應有黑邊。因為根據中國的習慣，這是這三年內我將使用的惟一的一種。"

　　其實，為了悼念孫中山，宋慶齡不僅給名片加了黑邊框。2009 年 3 月，我們在香港孫中山紀念館舉行《清菊雅石 —— 宋慶齡文物珍品展》。當時紀念館剛剛收集到一件宋慶齡的親筆信，館長讓我對其真實性提出看法。我看到，這封信的每一頁都有着寬寬的黑色邊框。那正是這一時期宋

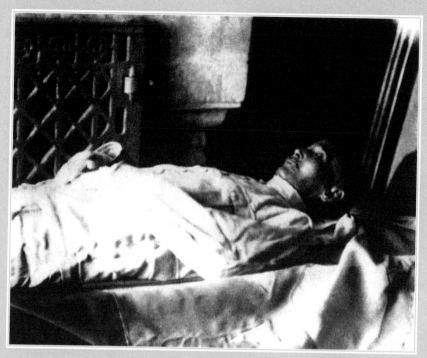

■ 易銅棺前，孫中山的遺體更換大禮服後的遺容

■ 美國製造的銅棺與改殮前的楠木棺

■ 1929 年 5 月 17 日，宋慶齡抵達瀋陽，張學良夫人于鳳至（前左）到車站迎接

■ 1929 年 5 月 28 日，宋慶齡、宋子安、宋美齡、蔣介石、宋子文等由南京浦口車站向江邊
行進，迎接孫中山靈櫬

慶齡信件的特點。

為了編輯孫中山的遺稿，宋慶齡於 5 月 4 日至 7 日，連續在上海《民國日報》和《申報》以個人名義發表《徵集孫中山著述啟事》。

1929 年，中山陵竣工。5 月初，宋慶齡在德國柏林發表聲明："我正在回國準備參加孫逸仙博士下葬紫金山的典禮。紫金山是他希望埋骨之處。"

回到中國後，宋慶齡經哈爾濱、瀋陽、天津，於 5 月 18 日下午六時八分抵達北平車站。宋慶齡由兩位弟弟子良、子安陪伴，步出車站。然後，她一刻也不停留地乘上汽車，駛向西山。

■ 香山碧雲寺的孫中山先生衣冠塚

抵達碧雲寺，下車時，宋慶齡傷心得幾乎不能前行。她由兩旁隨行人員攙扶，直赴靈堂。在靈前鞠躬、獻花圈後，她便放聲大哭。宋慶齡示意衛士揭開棺木上覆蓋的國旗。眾人扶她登上石龕。宋慶齡一邊上台階，一邊呼喚孫中山："總理！我在這裡，你到哪裡去了？"然後扶棺大號，淚珠滴落在玻璃棺蓋上。

5 月 22 日上午，孫中山遺體改殮銅棺。宋慶齡由宋子安攙扶，因不願被拍照，宋子良為她撐起傘擋住臉部。宋慶齡身穿青布旗袍，頭髮向後做成髮髻，一言不發，默默流淚。進入祭堂後，看到孫中山遺體，她便又痛哭不止。改殮後，孫中山原用的衣帽被重新放回原棺，封入碧雲寺金剛寶

■ 1929 年 6 月 1 日，孫中山奉安大典中，靈柩移入祭堂

座塔下的衣冠塚中。

　　5 月 26 日，宋慶齡與親屬參加在碧雲寺舉行的孫中山移靈儀式，護送孫中山靈櫬到北平火車站，然後隨靈車南下，28 日抵南京。

　　5 月 31 日下午行封棺禮，宋慶齡再次到靈前瞻仰孫中山遺容，與丈夫作最後告別。

　　6 月 1 日，奉安大典在中山陵舉行。宋慶齡等家屬跟隨在孫中山靈櫬之後，登上三百九十二級石階至祭堂。祭堂正中懸掛孫中山遺像，兩旁放置四個花圈。一為宋慶齡所獻，上款："中山夫子總理靈右"，下款"宋慶齡敬獻"；一為孔祥熙、宋藹齡夫婦合獻；一為蔣介石、宋美齡夫婦合獻；一為宋子文、宋子良、宋子安三兄弟合獻。

■ 20 世紀 30 年代鳥瞰中山陵。孫中山長眠於此

　　十時十五分，孫中山靈柩奉安。隨後，宋慶齡率孫科夫婦、戴恩賽夫婦等將墓門封閉。奉安大典遂告完成。

難以消磨的記憶

■ 1923 年，孫中山、宋慶齡在廣州大元帥府

11 月 12 日是孫中山誕辰紀念日，3 月 12 日是孫中山逝世紀念日。每年到了這兩個日子，全國各地都會舉行各種紀念活動。作為孫中山的夫人，宋慶齡卻從不出席。在一般人看來，這是違背常理的，為此還引出了一些謠言。實際上，宋慶齡不出席紀念活動是有原因的。

孫中山逝世後，宋慶齡曾出席過幾次大會。但在會場上，只要一提到孫中山，她就控制不住自己的感情，忍不住當眾哭泣。

1925 年 6 月 5 日，宋慶齡出席上海各界婦女聯合會成立大會。大會主席在講話中說："如今雖然導師已經不在了，但我們民眾起來了，革命尚未成功，同志仍須努力。"聽到這裡，宋慶齡便"含淚欲滴"。

1926 年 1 月 8 日，宋慶齡出席國民黨第二次全國代表大會並發表演說。一位與會的女代表回憶當時的情景說："宋慶齡走上講台的時候，會場非常肅靜。她講到孫中山的時候就哭了。"

1926 年 11 月 12 日是孫中山去世後的第一個誕辰紀念日。宋慶齡在廣州出席聯義特別黨部舉行的慶祝孫中山誕日大會。回想起與會同志過去追隨孫中山出生入死為革命奔走的往事，她"不覺泣下數行"。

此後，宋慶齡就基本上不出席孫中山的紀念活動了。她知道，一想到孫中山，自己就會動容，而她又是性格內向，極容易害羞的人。於是，到了孫中山的紀念日，她就一個人待在房間裡，拉上窗簾，靜靜地思念。熟悉宋慶齡的人，都知道她的這個習慣。

1928 年早春，宋慶齡住在莫斯科大都會飯店。鮑羅廷找到與宋慶齡相識的女翻譯阿基莫娃，請她陪同宋慶齡觀光莫斯科。阿基莫娃馬上去拜望宋慶齡，但發現她正在哭泣。見到阿基莫娃，宋慶齡強忍悲切表示感謝，請她改日再來。阿基莫娃只得迷惑不解地離開了。後來她才明白，她去找宋慶齡的那天恰好是 3 月 12 日 —— 孫中山逝世三週年的紀念日。

1949 年 10 月，宋慶齡在赴北京參加政協會議和開國大典後，於 15 日

■ 1950 年 4 月 1 日，宋慶齡前往南京拜謁中山陵

離京返滬。次日凌晨一時，她的專列抵達南京下關。上午十一時，宋慶齡偕羅叔章前往紫金山謁陵。

　　1950 年 4 月 1 日，羅叔章奉命到上海迎接宋慶齡回北京。途經南京時，宋慶齡要求先去拜謁中山陵。剛到中山陵腳下，她就失聲痛哭起來，周圍陪同的人受到感染，也都禁不住潸然淚下。談起這件事，羅叔章説："這是我與她接觸中，見到她最傷心的一件事，也是我最難忘和受感動的一件事。"

　　2004 年，中山陵園管理局意外發現了一張這次宋慶齡謁陵的照片。照片中，宋慶齡梳着髮髻，一襲深色旗袍，手捧大束鮮花，肅穆地站在中山先生墓室圓形的漢白玉欄杆前，雙眼凝望中山先生棺槨上的漢白玉臥像。

　　《南京日報》記者從管理方獲悉："自 1929 年 6 月 1 日孫中山歸葬中

山陵後，宋慶齡經常前來謁陵，但是由於她十分低調，並都以私人身份前來，所以幾乎沒有留下照片。"孫中山紀念館館長韓建國說："我們尋找了幾十年，這是目前已知的唯一一張宋慶齡謁陵的照片。"因此，這張照片彌足珍貴。

1950 年深秋，羅叔章陪同宋慶齡赴東北視察。11 月，一行人到了大連，住在黑石礁招待所。11 月 12 日是孫中山誕辰紀念日，羅叔章知道夫人這一天不會客、不外出，室內要拉上黑紗窗簾。因此，這一天就沒有安排任何活動，一切照宋慶齡的習慣辦理。

1956 年是孫中山誕生九十週年。11 月，宋慶齡連續給她與孫中山共同的老朋友黎照寰寫信。她在信中寫道：

"我懇求你，告訴那些詢問關於我與孫博士共同生活情況的人，我不能接受他們的要求，因為每當我試圖去回憶我與孫博士在一起的日子，我的傷口就被撕開。為這個原因，我不打算參與任何類似的紀念會議。每當人們紀念這樣的日子，我卻是在經歷痛苦。

"關於我和孫博士的關係，那是我至死也不會忘卻的，我們日復一日地一起工作，親密無間。回憶這些事，就意味着要重新經歷這些事，它深深地影響了我。請費心將這個便條銷毀，我講得很亂。很慚愧，對我所經歷的，在心中留下最深切感受的事情，我卻寫得如此的無力。"

1966 年是孫中山誕生一百週年。這一次的紀念活動，宋慶齡破例出席了。當時"文化大革命"已經爆發，一些極左的人對離世多年的孫中山也進行了負面的評價甚至攻擊。宋慶齡決定親自出面維護孫中山。為此，她精心準備了長達一萬二千字的講稿——《孫中山——堅定不移、百折不撓的革命家》。

11 月 12 日，北京人民大會堂舉行萬人大會，七十三歲的宋慶齡在大會上作了演講。她詳細回顧了孫中山的革命歷程，追憶了孫中山遠大的目

■ 宋慶齡撰寫的《孫中山——堅定不移、百折不撓的革命家》講話手稿

光和深刻的預見，生動地講述了孫中山簡樸的個人生活和勤奮好學的精神。她高度評價孫中山給中國人民留下的政治遺產，稱孫中山是"一個全心全意為人民利益奮鬥的人"。

在聆聽宋慶齡的講話時，不會有人想到，喜愛清靜的宋慶齡，緊張時容易引起蕁麻疹。每逢必須出場的活動，她事前都要服鎮靜藥、擦油膏，往往幾夜不能入睡。

宋慶齡多次對秘書張玨說："孫先生逝世的時候，我連太陽光也不願看見。所以每到紀念孫先生誕辰和忌辰的場合，不願出場。""每逢他誕辰或逝世紀念會，我不願參加。因為，要想起他在世的情景，會難過的。"

宋慶齡的私人信件散佚很多。值得慶幸的是，廖夢醒保留了一批宋慶齡的親筆信。由於多年從事秘密工作，她和宋慶齡都有定期銷毀信件的習慣，所以這部分書信，除幾封早期的極有價值的信件外，都是 1971 年之

■ 1966 年 11 月 12 日，宋慶齡在孫中山先生誕生一百週年紀念大會上，發表題為《孫中山 —— 堅定不移、百折不撓的革命家》的演説

後的（因為還沒有來得及銷毀）。2003 年，廖夢醒的女兒李湄將這些信整理，公諸於世。

每逢孫中山的誕辰和忌日，廖夢醒和其他一些親近的朋友都會給宋慶齡贈送鮮花，宋慶齡也會回信感謝。這使我們了解到宋慶齡在紀念孫中山時的一些感受。

1971 年 11 月 12 日，宋慶齡在致廖夢醒的信中説：“我是在用工作來忘卻一生中所有傷心的事情。”

1974 年 11 月，宋慶齡寫道：“你太客氣了，十二日那天還送來了康乃馨。在滴水成冰的嚴冬它居然能存活！我真的感激不盡。但是，坦率地説，請你不要為我浪費錢了。你的一封來信就足以幫助我度過那一天。我知道每當那個週年紀念日，你的思緒總是與我互通的，而這正是我莫大的欣慰。時間永遠不能消除我的懷念。”

1975 年 3 月 12 日是孫中山逝世五十週年紀念日，廖夢醒為宋慶齡送去了鮮花。三天後，在給廖夢醒的信中，宋慶齡寫下了一段深情的文字："謝謝你送來如此豔麗的康乃馨，有粉紅的和朱紅的，它們溫暖了我的心！我想，你是這樣的一個朋友。你懂得，一旦我們所愛的人與我們訣別而去，那麼相互愛得越深，我們所承受的悲痛也就越深沉。只要我活着，我內心空蕩蕩的感覺和悲傷將永遠不會消失。人生在世，總不免一死。這殘酷的現實誰都不得不面對，這是不可逆轉的。但正像你所説，我們終有甜蜜和愛戀的記憶留在心間。"

李湄説："也許，媽媽是宋慶齡肯與之交流感情問題的少數人之一，因為她們有着相同的經歷，都是少女時代離家出走，義無反顧地奔向自己所愛的人，到了女性成熟的年齡，又突然失去自己所愛，成為寡婦。其中的痛苦，只有過來人才能深切體會。孫中山對於宋慶齡來説，是亦師亦友，碰巧孫中山又是一個真誠、熱情、意志堅強、很有感染力的領袖。正當兩人的感情燃燒得最熾熱的時候，卻戛然而止，造成終身遺憾，怎能不刻骨銘心呢。"

1976 年 1 月，周恩來病逝。3 月 12 日，廖夢醒照例將鮮花送到宋慶齡的寓所。19 日，宋慶齡在給廖夢醒的信中寫道："鄧大姐怎麼樣？她是那麼勇敢！她堅守崗位。在孫博士去世後的幾天裡，我感到自己是那樣的無助。我把自己藏在一間黑屋子裡，拒絕見任何人……"其實，孫中山的去世對宋慶齡的影響，與周恩來去世對鄧穎超的影響是完全不同的。周恩來去世時已是七十八歲的高齡，鄧穎超當時也是七十多歲，兩人共同走過了半個多世紀。而且周恩來臥病數載，鄧穎超有充分的思想準備。孫中山在去世前半年還毫無徵兆，只是到了天津才覺得身體不適。直到 1924 年 12 月 10 日，宋慶齡還在計劃與孫中山一起到國外旅行，還滿懷憧憬地想同孫中山一起回到上海那小小的兩層樓住宅，享受快樂的二人世界。對於孫中山病情的險惡，她沒有絲毫覺察。而這時距離孫中山去世不過三個月。孫中山去世時，宋慶齡只有三十二歲。她與鄧穎超的感受當然是完全不同的。

1978 年 3 月 12 日，宋慶齡致信廖夢醒：“你總是那麼友善，記住那些對我來説很有紀念意義的日子。你那美麗的玫瑰花激起我回想往事的心潮。雖然時光消逝已久，你卻從來沒有忘卻！”

由於不出席孫中山的紀念活動而引起的謠言，使宋慶齡非常不快。1975 年，又有人勸她出席相關的紀念活動。11 月 6 日，她在給廖夢醒的信中説：“雖然我本來是應該出席孫博士的紀念活動，但我從來沒有出席過，這麼多年都如此。有些人是那麼卑鄙可惡，用他們邪惡的眼光看我，我就算身體好，也不想讓他們高興。現在我的膝蓋和腳都很軟，不能站久。”

1915 年 10 月 25 日，宋慶齡衝破重重阻力，做出了她人生中的重大抉擇。她嫁給了孫中山，選擇了為拯救中國而戰鬥的崎嶇坎坷的人生道路。所以，如果説有一個日子是宋慶齡特別願意回味的，那就是她和孫中山的結婚紀念日。

孫中山逝世數年後，斯諾在採訪中問宋慶齡最珍視的成就是甚麼？她毫不遲疑地回答：“是我對孫博士的忠誠，自從與他相遇之日起直到他逝世，至今我仍然忠貞不渝。”斯諾問：“你能確切告訴我嗎，你是怎樣愛上孫博士的？”宋慶齡説：“起初，我並不是愛上他，而是出於對英雄朦朧的敬仰。我偷跑出去協助他工作，是出於少女的羅曼蒂克的念頭 —— 但這是一個好念頭。我想為拯救中國出力。而孫博士是一位能夠拯救中國的人，所以，我想幫助他。”

宋慶齡每天都要在書房工作很長時間。在書櫃旁，她擺放着一個鏡框，裡面放着她和孫中山的結婚紀念照。宋慶齡不喜歡假的物件，例如

■ 書櫃旁的小文件櫃上始終放着一張
宋慶齡與孫中山的着色結婚照

塑料花和染色的照片。有趣的是，這張結婚照恰恰是染色的，而且染的技術並不高明。宋慶齡幾十年如一日地將這幅照片擺放在每天可以看到的地方。這張照片上，孫中山穿着咖啡色的三件套西服，宋慶齡身着藍灰色的西式裙裝、頭戴寬檐帽。這些正是他們當時衣物的顏色。着色的結婚照能使宋慶齡回想起青年時代幸福快樂的時光，這恐怕是唯一可以說得通的解釋。

1978 年 8 月 29 日，宋慶齡在北京住宅接見話劇《大江東去》劇組。在交談中，她突然岔開談話主題，講道：“我和孫先生是在 1915 年 10 月 25 日結婚的，我總記得這一天。”第一位在舞台上扮演宋慶齡的演員肖惠芳被深深地震撼了。她幾次說起這個場景：“當時，她已經八十五歲高齡。談起結婚那天，她是那樣幸福、那樣滿足，臉上仍有一種少女般的羞澀。真讓人難以置信。”

1979 年 8 月 1 日，宋慶齡在北京寓所接見《宋慶齡選集》日文版譯者仁木富美子女士時，又一次回憶起六十四年前結婚的日子。她深情地說：“10 月 25 日，在我的生活中，這一天是比我的生日更重要的日子。”

他 們 從 未 分 離

■ 宋慶齡的"全家福"

孫中山病逝以後，宋慶齡又在人世間生活了五十六年。這漫長的歲月裡，他們從未分離。

抗戰期間，宋慶齡住在香港。據保衛中國同盟通訊員潘標回憶，當時的客廳是很小的，給人印象最深的是掛在牆上的兩件裝飾。一件是孫中山親筆書寫的"大道之行天下為公"；另外一件是油畫，畫的是上海莫利愛路二十九號孫中山故居。

日偽統治時期，上海莫利愛路孫中山故居的房屋、設施遭到破壞，孫中山的遺物也多有損失。為此，宋慶齡特意聯繫宋子文，請他出面找人保護故居。

1945 年底回到上海時，宋慶齡發現她同孫中山喜愛的莫利愛路的那座房子已經不能居住了。她告訴友人，這座房子"已荒廢了八年……又遭到了日本人的劫掠和破壞……連自來水管子也被偷走了"。修理要花費很長時間和一大筆錢，而她沒有這個力量。所以她忍痛作出決斷："我想還是放棄算了"，"住了那麼多年。當然，我對它是有感情的……它有許多使我懷念的東西……但老是對一些已經消失的東西抓住不放又有甚麼用呢？"

後來，在政府的幫助下，這座房子整修一新，也有了專人管理，宋慶齡仍對其牽腸掛肚。1956 年，她寫信給黎照寰："我還擔心，11 月 12 日有四千人去參觀我們的舊居，會對那所房子造成損壞的。這樣做是不明智的，應該只允許每個代表團的少數領導進入。煩請將此意見帶去，引起他們的注意。"

多年來，宋慶齡一直在千方百計地收集孫中山的文物、文獻，但其間也經常出現讓她始料不及的損失。她在給友人的信中說："關於 1931 年我從國外回來後收集的全部有關孫博士的材料，說起來就令我非常痛心，我把那個箱子留在我的老房子裡了（我以為日本佬不至於損害孫博士的東

西），留在那裡的還有我自己的東西。但是，正像你可能記得的，我所有的東西都遭到日本佬的洗劫，永遠也找不回來了。"

秘書杜述周曾四次跟隨宋慶齡回到上海。每次到上海後，宋慶齡都將珍藏或搜集到的有關孫中山的重要遺物、資料、信函原件等一批批整理出來，要杜述周送到上海孫中山故居收藏或展示。文物送到後，宋慶齡還要求秘書一定要拿到當時管理上海孫中山故居的錢乃驊開具的收條。1969年，宋慶齡在"文革"開始後第一次回到上海。次年3月11日，杜述周請她出席第二天舉辦的孫中山逝世紀念活動，並請她在方便時到上海孫中山故居看一看。宋慶齡說："杜同志，那裡的一切都是我在解放後親自佈置的，我不去，去了看見後，我會更傷心。"

1956年，宋慶齡給周恩來寫信："建議建立革命史研究所，包括研究孫博士的著作和活動。我們需要有組織的和有系統的研究，而不是毫無計劃的。這樣一個機構可以擔任全部中國革命史的編著工作，同時也可以出一些簡短的專冊、調查資料、專題論文等。這種工作不僅可以保存我們的革命遺訓，在國際上也具有重要意義。"

宋慶齡說："孫博士的無私和剛毅造就了一個歷史上罕見的動人的事跡。我再一次建議，要請一位最好的編劇編製一部關於他的電影，以使孫逸仙的故事得以再現。一些與他共事的人還有健在的，他們可以為搜集有關孫博士一生中各種階段的個性和氣質的資料提供巨大的幫助。"

1963年，宋慶齡又提出："有些熟悉孫博士1911年之前活動情況的人現居住在海外。我們必須請他們把他們了解的事情寫下來，因為這是具有歷史意義的，而且他們應該不會拒絕合作。"

宋慶齡對孫中山的評價有十分精準的把握。在一封信裡她寫道：有些人由於對歷史不了解，"竟頭腦簡單地推測，孫博士的反帝等活動是會見李大釗和瞿秋白以後的結果，我覺得很好笑"。"事實上，孫博士在見到共產黨人之前，早年（日本對華'二十一條'、英國威脅炮轟廣州等等）就已經開始從事這樣的活動了。"針對一些"左"的人士散佈的論調，宋慶齡說："我不是要貶低他們（指早期與孫中山合作的共產黨領導人）的貢獻，而僅僅是因為我們要尊重真理和事實，我們一定要真實地記錄這些事情，即使這些事實是某些人不希望看到的。"

1980 年，美國作家伊羅生到北京寓所拜訪宋慶齡。他們談到宋耀如的革命經歷，談到宋慶齡收養的兩個女孩子，談到很多人建議她寫自傳等等。其間，宋慶齡說起了孫中山的歷史功績，她有些抱怨，認為人們對此並沒有充分的認識。她說："畢竟，打倒一個帝國並不是一件小事。"宋慶齡的這句話是抓住了要害的。

宋慶齡很重視關於孫中山的研究工作。對於專家、學者的求證，她有問必答。

1973 年，宋慶齡在上海時，廣州中山大學的陳錫祺教授請求她答覆有關孫中山革命史實的一些問題，她毫不猶豫地用英文寫了十二條，請秘書轉交給陳教授，並說，為了這封信，自己的手指都寫痛了。

1980 年 2 月 22 日，中國社會科學院近代史研究所的尚明軒研究員寫信給她，詢問有關孫中山和列寧之間的聯繫等問題。習慣於事不過夜的宋慶齡，在 23 日收到信後立即親自寫信答覆。回信寫好，已過了晚飯時間。她將回信交給杜秘書要求即刻送給尚先生。晚上九時多，杜秘書返回後報告，尚明軒已親自簽收到信件，宋慶齡才安心地休息。

宋慶齡先後撰寫發表過多篇回憶孫中山的文章。在她的文章裡，孫中山的形象是生動、真切而感人的。

■ 1956 年 11 月，孫中山《建國大綱》手跡影印本出版，封面和扉頁由宋慶齡題簽

　　1956 年，為紀念孫中山誕辰九十週年，宋慶齡在一個月內連續發表了《孫中山 —— 中國人民偉大的革命的兒子》和《回憶孫中山》兩篇文章，並應邀為孫中山《建國大綱》手跡影印本題寫了書名。當這本精緻的線裝書送到手中時，宋慶齡十分高興。她特意手持此書在北京方巾巷寓所前留影，作為永久的紀念。

　　1953 年，有關部門準備將碧雲寺孫中山衣冠塚下的祭堂改造成 "孫中山紀念堂"。他們安排吳茂蓀出面，請宋慶齡為紀念堂題寫匾額。1955 年 3 月 12 日，紀念堂於孫中山逝世三十週年紀念日正式對社會開放。

　　宋慶齡還先後為《孫中山選集》《孫中山傳》《孫中山全集》《孫中山年譜》題寫書名。

　　在回憶孫中山時，宋慶齡經常會想起當時曾與他們相處並幫助過他們的故人。

　　1966 年 4 月，她在致黎樹寰的信中回憶："因為孫傳芳當時試圖收買我們的司機等人殺害我們或把我們送入他們的圈套中，所以為保衛孫博士，楊仙逸教我駕駛汽車，為此我永遠感激他（我因此而成為從法租界獲得駕照的第一個中國婦女）。"

　　1973 年，她的朋友林國才準備去日本。這個消息勾起了宋慶齡對將近

■ 北京碧雲寺孫中山紀念堂

■ 宋慶齡為孫中山紀念堂題寫的匾額

五十八年前在日本同孫中山先生結婚時的回憶。她寫信告訴林國才，1924年她和孫中山先生北上去天津時路過日本神戶港，住在東方飯店二樓。她讓林國才順道去神戶看看這家東方飯店是否還存在。林國才特意到神戶住進這家"東方飯店"，並且把飯店的信紙、餐巾及一些小件紀念品帶回北京送給她。宋慶齡為此興奮不已，對林國才詳細講述了她和孫中山在日本的生活。

一次，與林國才聊天時，宋慶齡突然問他是否認識姚觀順。她告訴林

137

國才,當年陳炯明叛變、炮轟廣州觀音山時,是姚觀順冒着生命危險把自己背着救了出來,而他的腿卻受了槍傷。宋慶齡很想知道姚觀順家人的近況。林國才告訴她,姚觀順的後人都在台灣。

■ 宋慶齡把朋友們送來的聖誕卡、賀年卡擺在孫中山像下。左為畫家高醇芳

宋慶齡晚年,大部分時間都住在北京的寓所。小客廳的東牆上掛着孫中山的大幅照片。照片下放着一個長條案,每逢孫中山紀念日,條案上下就會擺滿鮮花。這其中有鄧穎超、廖夢醒、羅叔章等友人送來的鮮花或花籃,也有她請工作人員租借來的應季花卉。到了元旦,宋慶齡會把朋友們送來的聖誕卡、賀年卡打開,立起來,密密麻麻地擺到條案上,讓丈夫和自己一道感受新年的快樂。在這裡接待客人時,她每每都要以孫中山像為背景與客人合影。

二樓的臥室兼辦公室是宋慶齡主要的生活場所。宋慶齡的辦公桌面向屋門,對面靠牆擺放着鋼琴。鋼琴的上方懸掛着孫中山的油畫像。工作中,她只要抬起頭,就立刻會看到孫中山關切的目光。在她辦公桌旁的玻璃板下,長年放着一張富士山的圖片,它使宋慶齡可以時時想起與孫中山在東京共同度過的日子。

　　上海寓所的客廳裡，正對大沙發的壁爐上方也是孫中山的大幅照片。宋慶齡接待重要客人都要在像前留影。臥室五斗櫥上擺放着她與孫中山

■ 宋慶齡放在辦公桌玻璃板下的富士山櫻花圖片

的合影。辦公室同樣放着一架鋼琴，而鋼琴上方也同樣懸掛着孫中山的大幅畫像。除了參加外事活動和會議，她的時間大多是在辦公室裡度過的。

　　宋慶齡很願意在孫中山像下留影。她曾寫信給陳志昆："非常感謝你

■ 宋慶齡北京寓所的臥室兼辦公室

■ 1961 年 5 月
11 日，宋慶齡在
上海寓所客廳的孫
中山像前與毛澤東
會面

■ 宋慶齡上海寓所客廳

們寄來的精美的全家福照片。我現也寄給你們一張我的照片，是我坐在我先生的肖像下的照片，想來你們會更喜歡這張有紀念意義的照片。"在宋慶齡的心裡，這張照片就是她的"全家福"。美國百歲老人費希爾曾到北京看望宋慶齡。她說：在孫先生像前拍攝時，宋慶齡的眼神最美、最有光彩。

新中國成立後，各地印製的孫中山像各色各樣，宋慶齡對此很不滿意。她將自己家裡掛着的孫中山油畫像交給吳茂蓀，建議作為孫中山的標準像。周恩來將這個建議批交文化部出版局，於是在全國發行了統一的孫中山標準像。

日常生活中，宋慶齡隨時隨地都會提到孫中山。每當她談到孫中山時，總稱他"孫先生"，有時用"伊"字，有時用"Dr. Sun"；只要談起孫中山，她的雙眼就會更富有神采。

孫中山喜愛鴿子，有養鴿子的習慣。上海香山路孫中山故居至今仍然保留着鴿棚。宋慶齡對鴿子也情有獨鍾，不論在北京或上海，她都要養鴿子，多時達百羽以上。這當中也含有她對孫中山的懷念之情。

宋慶齡在上海住所宴請賓客時，會在每個客人的席位前放置一張小卡片，上面寫着各自的姓名，以便對應入座。這種卡片很別致，右角上方都印着一個紅色圓形的"孫"字。這種卡片也許還是孫中山生前印製的，而她一直在使用。

一次，她留李雲在家裡用餐。飯菜極為簡單，都是她親自做的。首先每人一碗紫菜湯，接着是一盤甜椒炒豬心，一盤燈籠椒塞肉糜，還有一盤菠菜和一盤鹽漬紫蘿蔔。宋慶齡說："我炒菜是跟孫先生學的，他長期過流浪生活，學會了炒菜煮飯，而且他是醫生，懂營養。青椒維他命 C 特別多，所以我常吃青椒；紫蘿蔔是我用鹽漬的，不僅營養好，而且很爽口，

■ 宋慶齡在北京寓所餵鴿子

是我喜歡吃的。"

　　餐桌上，遇到上一些特別的菜品時，宋慶齡會談起孫中山作為一名醫生對營養的注意。孫中山在他的著作《民生主義》中寫道：烹飪不僅是一種技術，還是一種藝術和一種文明進步的標誌。他說："中國有了四千多年的文明，我們食飯的文化是比歐美進步得多，所以我們的糧食多是靠植物。"宋慶齡引用了這段話，然後說："孫中山熱心宣傳植物蛋白（如豆腐）對人體健康的好處，要是在今天，他就時髦了。"

　　宋慶齡的很多飲食習慣都與孫中山有關。例如，她愛吃粽子一類的甜食。就在逝世前兩年，她還讓人從上海帶來一些糯米，自己動手和保姆一起做粽子，然後分送給羅叔章等朋友。

■ 宋慶齡收藏的部分孫中山印章

　　飯後服藥時，她又說："我知道許多藥名、用途和服法，都是孫先生

■ 掛在北京寓所二樓樓道的木製掛鐘

教我的。"

對孫中山使用過的物件,宋慶齡全力收集和保護。

在上海,宋慶齡精心收藏了孫中山在各時期的多枚印章,每當看到這些印章,她就會想起孫中山為中國獨立、富強奮鬥的一生。她保存着在日本結婚時的和服腰帶,保存着孫中山穿戴過的衣帽,保存着孫中山使用的筷子,甚至保存着孫中山用過的浴室地巾。

宋慶齡把孫中山喜歡的一個木製掛鐘帶到北京,掛在臥室裡。這架鐘打點的音樂很是特別,許多工作人員都很愛聽。宋慶齡知道後,就把鐘掛到二樓樓道的牆壁上,使大家能夠聽得更清楚。

一些比較重要又易於攜帶的物品,宋慶齡是從不離身的。無論來北

■ 宋慶齡保存的孫中山使用過的筷子

■ 宋慶齡盛放紀念品的箱子和箱鎖

京還是回上海，宋慶齡隨機攜帶的行李總在二十五件上下。周恩來經常會關照，宋副主席的行李帶起來是否方便，是否需要用他的專機。這些行李中，只有極少的幾件是她自己用的鋪蓋、衣物和日常用品。行李的絕大多數，都是孫中山的有紀念意義的物品和她自己的紀念品。每隻箱子裡裝的東西也都是固定的。每次裝箱後都要加鎖，加封條。往返飛機場和住所的時候，前邊是宋慶齡的專車，後面緊緊跟隨的是一輛拉行李的車。有一次回北京，走到鼓樓附近，行李車被警察攔下。秘書趕緊下車與警察溝通，講明情況後行李車才得以放行。到了住所，秘書看見早已到家的宋慶齡一直站在樓門口，非常焦急地等着行李車的抵達。宋慶齡攜帶的不僅僅是行李，還是一段歷史、一份思念。這段歷史對她很重要，對中國也很重要。

宋慶齡故居裡有一條紅地繡金花的小被，這是她的陪嫁，而且是她與孫中山婚後使用過的。宋慶齡一直將這床被子鋪在褥單下，每天睡在上面。當回上海居住時，她會將鋪蓋全部帶回上海。宋慶齡過世二十年，這條小被從來沒人動過。到 2003 年，我們才將它取出，放到展廳裡。宋慶齡對這床小被的特別珍視，也飽

■ 宋慶齡結婚時的嫁妝之一——紅色金花被

含着對孫中山先生的深厚感情。

正如市井俚語所說的"寡婦門前是非多"。孫中山逝世後，關於宋慶齡的謠言不斷出現。其實，宋慶齡在政治、社會上思想是解放的，但在倫理觀念上卻是十分守舊的。她始終竭力維護自己的名節——因為這也是在

■ 宋慶齡《我家和孫中山先生的關係》手稿

維護孫中山的聲譽 —— 儘管沒有人這樣要求她。

　　作為萬眾矚目的領導人，關於個人生活的真實情況，反而更難有適當的途徑幫助公眾了解。而且謠言就是這樣，受害者越是解釋，造謠者就越得意，因為他們達到了目的。所以，宋慶齡對此類謠言，通常是不加理會的。

　　當然，宋慶齡也是人，當髒水無端地、持續不斷地潑到身上的時候，她也會憤怒。1965 年，她在忍無可忍中寫信給她的朋友："我知道總是有人會誹謗我，甚至當着你的面。如果他們再這樣做的話，你可以摑他們耳光！"

　　為了澄清誹謗者散佈的謊言，1981 年 4 月至 5 月間，即將辭世的宋慶齡不顧病痛，在北京寓所用顫抖的手寫下了《我家和孫中山先生的關係》一文。她詳細、平實地回憶了自己與孫中山先生早年接觸的一些情況，講到她與孫中山相識、相知、相愛到結合的過程。她希望能盡自己最後的力量，維護她和孫中山的令名。

忠贞不渝

■ 孙中山逝世後憂傷的宋慶齡

　　孫中山去世時，宋慶齡只有三十二歲。由於堅持孫中山的三大政策，她與國民黨右派產生了原則分歧。在此後的幾十年間，國民黨右派當政，宋慶齡的日子一直很不好過。特別傷害她的是，針對她個人生活的謠言從來沒有停止過。無論她與哪位左派人士有接觸，都會被編出緋聞，散播到社會上。這些傳言曾經給宋慶齡造成極大的困擾，但她是一個革命者，她無法像那些謠言製造者所期望的，與外界斷絕一切交往，重門深鎖，安心做一個舊時的寡婦。何況，即使她真的這樣做了，只要她不放棄自己的政治觀點，謠言也不會止息。

　　新中國成立時，宋慶齡已年近六旬，按理說已經沒有甚麼再被製造緋聞的條件了。但一些人仍然把這種拙劣的方式作為政治鬥爭的手段，甚至完全置常識於不顧，繼續編出許多謠言。

　　為使自己的晚年生活不過於寂寞，宋慶齡收養了警衛秘書隋學芳的女兒隋永清。於是謠言隨之而來。有些人繪聲繪色地散佈：宋慶齡又結婚了，甚至說隋永清就是她親生的。隋永清出生時，宋慶齡已經六十四歲高齡，而這樣的無稽之談，居然也能傳得沸沸揚揚。對此，宋慶齡唯一的辦法就是置之不理，但還是有人會打上門來。

　　1974 年 8 月 2 日，有人找到隋永清，直接問她是不是宋慶齡的女兒。隋永清有父母，有弟妹，她當然完全知道事情的真相。回家後，宋慶齡看出她神色不自然，便追問原因。聽到隋永清的講述後，宋慶齡當時沒有激烈的表示，但這件事對她的衝擊很大。她可以面對無端的攻擊誣衊，可是對孩子的傷害是她無法承受的。第二天早上，人們發現，宋慶齡面癱了。

　　為了維護孫中山和她自己的聲譽，宋慶齡在半個世紀的獨身生活中謹言慎行。1927 年，當第一次被謠言圍困時，宋慶齡有些難以承受，她氣得大病一場，臥床數日，全身起滿了紅疹。宋家的人對此也很氣憤。宋子文提出要起訴造謠的相關媒體，要求其賠償名譽損失。

■ 新婚後的孫中山與宋慶齡

■ 1924 年 12 月 4 日，孫中山在天津張園行館門前

■ 宋慶齡與隋永清

　　然而，後續源源不斷、接踵而至的謠言使宋慶齡懂得，這是政治鬥爭的手段，即使下作，但十分有效，她的對手是絕不會棄之不用的。1936年 5 月，她在上海住院切除闌尾時，發現子宮上有一個小腫塊。於是她決定，乾脆通過手術同時摘除子宮。手術後，面對仍然不斷湧現的謠言，宋慶齡內心坦然，但不屑與對手交鋒。對這次手術，宋慶齡始終絕口不談，連身邊最親近的人也沒有聽她提及過。這種處事態度，正是宋慶齡的一貫風格。

　　1981 年 5 月 29 日，宋慶齡病逝。次日凌晨，北京醫院對遺體進行了病理檢查。

　　6 月 2 日，北京醫院向中央做出《病理檢查報告》。報告證實，宋慶齡致死的主要疾病是慢性淋巴細胞性白血病，由於白血病細胞廣泛轉移到骨髓、淋巴及各臟器，引發廣泛大量出血。報告同時記述了宋慶齡動脈硬化、冠心病等其他疾病的情況。

　　6 月 6 日，北京醫院又向中央做出了一個《病理檢查補充報告》。內容是："現將過去手術後此次病檢所見補充報告如下：下腹部正中有一手術疤痕，盆腔內無子宮體（已切除），只殘留子宮頸，兩側附件尚存，卵巢高度萎縮。闌（闌）尾也已切除。根據病歷記載的以往病史，1936 年曾進行闌（闌）尾切除術；術中發現子宮上有小腫塊，故同時摘除了子宮體。以上病理檢查所見與病史符合。"

　　對孫中山的忠誠，是宋慶齡無比珍視的。

　　看到保存下來的檔案，不知那些製造和散佈謠言的人，會不會從心底裡生出一絲愧疚！

三姐妹攜手抗日

■ 1940 年 2 月，宋慶齡與宋藹齡（左）、宋美齡（右）相聚

　　1931 年，日本帝國主義發動九一八事變，開始對中國的侵略，僅用三個多月便佔領了東北三省。對於日本的侵略行徑，中國人民義憤填膺。次年，日軍在上海製造“一·二八”事變，淞滬抗戰爆發。宋慶齡和宋子文積極支援了十九路軍的抵抗。

　　1937 年 7 月 7 日，日寇發動盧溝橋事變，大舉進攻中國，全國抗戰爆發。8 月 13 日，日軍進犯上海，身在上海的宋氏三姐妹和宋子文都全力支援中國守軍與日寇作戰。11 月 12 日，上海淪陷。11 月 20 日，國民政府宣佈遷都重慶。

　　在日軍的瘋狂進攻下，抗戰局勢十分嚴峻。1938 年 10 月，廣州、武漢等大城市相繼失守，大片國土淪喪。12 月 18 日，汪精衛突然離開重慶飛往雲南昆明；19 日，抵達越南河內；27 日，發表了通敵求和的“豔電”。

　　孫中山逝世後，為了爭奪主宰中國的最高權力，汪精衛與蔣介石曾幾次分分合合。這一次，他希望通過日本人的扶持在競爭中佔據上風。也許他確實有過“曲線救國”的幻想，所以長時間地與日本人討價還價。但在他思想深處，分量最重的始終是個人的利益得失，而不是中華民族的獨立自由。這一次，他所離開的不是政敵蔣介石，而是整個中國。邁出了這一步，汪精衛已沒有退路，只能被定性為最大漢奸、千古罪人。

　　汪精衛的投降對中國的影響是十分嚴重的。他是在任的中央政治委員會主席、國民黨副總裁；他曾經是孫中山的助手，自詡為孫的政治接班人；在南京成立偽政權時，他聲稱是國民政府“還都”，他的漢奸黨仍叫國民黨，並宣稱仍然實行三民主義。這些都使汪精衛具有很大的迷惑性。中國也因此切實地面對着兩種前途和兩種命運。

　　與汪精衛的投降路線相對立的是以蔣介石為首的國民黨和以毛澤東為首的中國共產黨。但是，自 1927 年以來，國共之間的政治分歧始終嚴重存在，而且武裝衝突不斷。這種矛盾也是日本人和汪精衛最希望看到的。

作為眾人矚目的名門，宋氏家族成員間的關係就是中國政治的風向標。1927 年後，宋慶齡明確表態支持中國共產黨，認為國民黨背離了孫中山的革命原則。因此，人們看到的是宋慶齡與蔣介石之間針鋒相對的鬥爭，她與家族的其他成員也不再保持親密的關係。

然而，日寇入侵和汪精衛的投降，使民族生存成為首要的問題。國共雙方都表示要“兄弟鬩牆，外禦其侮”，停止內戰一致抗日。1937 年底，宋慶齡由淪陷的上海撤退到香港。在這裡，她組織成立了保衛中國同盟，支持成立了中國工業合作協會，並通過這兩個組織推動抗日運動。在這兩個組織中，她爭取到宋子文、孔祥熙、宋藹齡、宋美齡、宋子良等人的支持和參與。明眼人已經可以從中看到宋氏家族重新走向團結的趨勢。

1940 年 2 月，經過長時間的準備，汪偽政權即將粉墨登場。恰在這時，宋美齡因手術後健康狀況不佳，從重慶來到香港休養。在姐姐、妹妹的邀請下，宋慶齡居然也搬離自己的住所，住進了宋藹齡位於沙遜街的寓所。

此後的六個星期裡，三姐妹絕口不提她們尖銳對立的信仰和政治主張。分手十年之後，她們一起閒聊，一起下廚房做菜，互相開玩笑，互相試穿衣服，在一片歡聲笑語中，充分享受着姐妹之間的親情。三姐妹商定，將攜手前往戰時首都重慶，讓全國人民親眼看到她們的團結。

3月8日，她們一起出席了香港各界紀念三八國際婦女節茶話會；3月28日，她們又一起出席了香港各愛國團體聯席會並在會上發言。然而，真正造成轟動效應的是三姐妹在一個非正式場合的亮相。

3月29日，汪精衛的漢奸傀儡政府在南京成立。汪精衛就任"行政院長"兼"國民政府代主席"。他終於在名義上成為了"中國"的主宰。但是，通過當時的影像資料，人們可以透過他的神情看到他不安的內心——就職典禮上，民國"四大美男子"之一的汪精衛完全沒有了過去的神采，兩道眉毛呈徹底的"倒八字"，演講中不僅無精打采，而且數次幾至神傷落淚。當漢奸的感覺的確很不好。顯然，他已經預感到了自己導演的這齣悲劇的結局。但是，既然已經踏上了不歸之路，他就只能死心塌地充當日本人的一條走狗。

汪精衛就職的第二天，三姐妹決定立即採取行動，顯示她們的親密無間。宋藹齡把這個消息透露給正在寫作《宋氏三姐妹》的美國女作家埃米莉·哈恩。她說："我的兩個妹妹說服我一起出去吃飯，我們準備今夜去香港飯店共進晚餐。我想這次聚會是值得一看的。"

那天晚上，宋氏姐妹坐在舞廳裡，背對牆壁，看着在明亮的燈光下，穿着漂亮的衣服、跳着交際舞的名流和富豪。"消息很快傳開，不一會兒舞廳看起來像擠滿人群的溫布爾登鬧市區。當對對舞侶踏着舞步經過那張長桌時，他們的頭轉來轉去，似乎人人都長了貓頭鷹似的脖子。一雙雙眼睛在英國禮貌許可的限度下目不轉睛地盯着她們。千真萬確，宋氏姐妹在那裡，全都在一起——孔夫人溫文爾雅，風采卓著；新近康復的蔣夫人容光煥發；孫夫人穿一身黑衣服，她頭髮平滑光亮，雙眼流露出歡快的神情。"

「要說是兩姐妹在那兒我還相信，」一位記者好像信不過自己的眼睛，「我不相信孫夫人會來。她從來不和其他兩姐妹在一起，尤其是在英帝國的前沿領地！」隨後他略作思索便恍然大悟，興奮地對身邊的同行說：「我知道是怎麼回事了，是針對汪精衛事件！」

這時，三姐妹正在牆邊的一張桌子旁吃着晚餐，她們用自己平靜的表情告訴人們：為了抗日，中國的統一戰線是鞏固的。這是她們為團結抗戰上演的開場鑼鼓，是為第二天即將開始的重慶之行進行的鋪墊。

1940 年 3 月 31 日上午，三姐妹在啟德機場登上了中國航空公司飛赴重慶的專機。

汪精衛就職後，三姐妹連續安排了一系列聯手行動，這顯然經過精心的設計。她們在戰時首都重慶同時露面，宋家分裂以及政府分裂的謠言就會不攻自破，從而可以營造出全民團結抗戰的氛圍。

三姐妹的到來，極大地鼓舞了人們爭取抗戰勝利的信心。中共領導下的《新華日報》報道這一消息時說：「孔夫人、孫夫人及蔣夫人 3 月 31 日聯袂來渝，孔夫人及孫夫人尚係初次訪問戰時首都，彼等對於增強抗戰力量，咸具最大熱忱，故此次利用蔣夫人赴港療養返渝之機會，相偕同來。三位夫人同來後方，將共同從事抗戰建國之工作，致力於奠定新中國基礎，發揚中國舊有光榮。」重慶《大公報》也對宋慶齡來渝發表評論。它在《歡迎孫夫人！》的短評中讚揚道：「孫夫人好久未到內地來，至少自抗戰起後未到首都來過。孫夫人此次到重慶來，無論其任務有無或大小，都是團結的有力象徵。」「敵人已走向敗亡之路，我們已勝利在握，在這時，孫夫人來了，她的心也一定是高興的。……新興的中國，是孫中山先生所手創，也正在孫先生的精神領導之下而抗戰而建國。我們歡迎孫夫人，更希望孫夫人幫助政府，使抗戰早勝，建國早成！」三姐妹難得的聯袂訪渝，使山城沸騰。人們願意看到姐妹之間的和諧相處，更從中感受到中華民族在亡國滅種的威脅下，擱置分歧實現大團結的前景。三姐妹走到哪裡，熱情的歡迎人群就出現在哪裡。埃米莉・哈恩這樣描寫道：重慶的居民"貪婪地觀察着宋氏三姐妹的一舉一動，眼睜睜地盯住她們，而宋氏姐妹也回看着這些人"。

在重慶的日子裡，宋氏三姐妹的日程排得很滿。她們共同視察了重慶的一些戰爭設施，醫院、孤兒院、工廠、學校，平均每天都有一次共同出席的公開活動。每到一處，她們都和群眾廣泛接觸，宣傳團結抗日的精神。

三姐妹抵達重慶時，正值春天來臨，重慶大霧消散，晴空萬里。隨着能見度的提高，日軍的轟炸也進入高峰期。有人推測，這種晝夜不停的疲勞轟炸是日本人對三姐妹攜手抗日的反應。而當時重慶的防空力量完全無法抵禦日軍的轟炸，只能依靠防空工事減少傷亡。三姐妹十分重視重慶市民的安全，因此，抵達重慶的最初五天裡，她們就兩次巡視遭到轟炸的重慶市區。4月5日，三姐妹在巡視被敵機轟炸過的街道及民居廢墟後，參觀了公共防空洞。當時重慶的防空洞，分民用和公用兩類：公用防空洞由政府和軍事機關撥款修建，地點隱蔽、洞內寬敞、建築堅固、通風良好，生活設施也比較完備；供普通市民緊急避難的民用防空洞和防空隧道，工程質量則差得多，洞內潮濕、通風不良，每隔幾十米才有一盞煤油燈提供照明，洞邊只有支起的一條木板充當坐凳。三姐妹對民用防空洞的現狀表示不滿，要求有關部門盡快採取措施改善質量，更多地考慮百姓的安全和疏散。

在抗日戰場上，許多將士獻出了自己的生命，還有大量的傷員被送到後方醫院救治。4月8日，三姐妹前往位於重慶嘉陵江北岸相國寺的第五陸軍醫院慰問傷兵。

在醫院院長的引導下，三姐妹視察了病房。她們與傷員們一一握手，

■ 三姐妹攜手視察遭到轟炸的重慶市區

■ 三姐妹視察防空設施

把慰問品和鮮花送到傷員的床前，囑咐他們安心養病。當走到一位腹部受重傷的老兵床前時，這位傷員已不幸去世。宋慶齡把手中的鮮花放在床頭櫃上，然後親手用白被單遮蓋了死者的頭部。她的眼裡噙着淚花，在場的人也十分動容。此時，負責戰時傷兵工作的段繩武提出："這些為國英勇殺敵而負傷的人，應該受到社會各界的尊重。我建議從今以後，不再稱他們為傷兵，而改稱為榮譽軍人，希望能得到三位夫人的支持。"

宋慶齡聽罷立即回覆道："你的建議很好，可向上呈報。我想蔣夫人、孔夫人都會贊同。"宋美齡、宋藹齡也表示同意。不久，國民政府即就此通令全國。此後，在前線光榮負傷的軍人就被稱為榮譽軍人，從而大大提高了傷兵的社會地位。

在手術室，三姐妹觀看了一次手術。躺在手術台上的是一位雙腿受傷的年輕戰士。三姐妹懇請主刀醫生盡力保住傷者的腿。在三姐妹的鼓勵

■ 1940 年 4 月 8 日，三姐妹乘舢板渡江前往第五陸軍醫院

■ 三姐妹前往第五陸軍醫院慰問傷兵

下，主刀醫生盡力把彈片一一取出，然後做了嚴格的消毒和縫合。

三姐妹的慰問使傷兵們倍感欣慰。大家紛紛表示，傷愈後要重上戰場，報效祖國。

三姐妹都是中國婦女運動的領袖，婦女和兒童是她們關注的主題之一。在短短的一個月裡，她們看望婦女、兒童的活動就有十次之多。即使是在與兒童的接觸中，她們的着眼點也仍在宣傳抗日。

■ 宋慶齡向傷兵贈送慰問品

4月3日，三姐妹赴歌樂山視察戰時兒童保育會第一保育院，五百多位難童集合在廣場上舉行了歡迎會。他們合唱的歌曲是《打倒汪精衛》。宋慶齡與一個女童合影，孩子的母親正在戰區工作；宋藹齡與一個父母雙亡的孤兒合影，表示將負責孩子的撫養。三姐妹極為關心難童們的健康狀況，並教導孩子們長大後要報效國家。宋慶齡對孩子們說：「同學們受到這樣好的教育，將來一定不會產生出汪精衛一類的人物。」第二天是兒童節，宋慶齡、宋藹齡又購買了五百多份糖果，贈送給第一兒童保育院的孩子們。

為了恢復經濟、支持抗戰、解決就業問題，三姐妹協力推動工業合作社運動。在重慶，她們共同視察了軍毯合作製造廠和印刷合作社。參觀之前，宋美齡還特別關照把「歡迎蔣夫人」的標語摘下，更換為「歡迎孫夫人、孔夫人」，以示對兩位姐姐的尊重。

4月23日，三姐妹專程前往成都中國工業合作協會成都事務所視察。

一年來，成都已組織合作社五十二個，共有社員約五百人；此外，還有紡毛女工五千人。看到大家熱心"工合"事業，三姐妹非常高興。宋美齡感慨道："小妹妹們從事毛紡工作，是為了

■ 1940 年 4 月 22 日，頭戴大草帽的宋氏三姐妹在四川內江縣街頭

織成軍毯，送給前方將士禦寒，使他們更有力地抗戰。你們雖然沒有到前方，但也在盡自己對民族的責任。"宋慶齡和宋藹齡也在集會上講話，充分肯定了社員們對抗戰的貢獻，希望工業合作社有更大的發展。她們的講話，深深地鼓舞了"工合"社員。

三姐妹參觀了"工合"產品展覽會。當走到毛紡班時，看到女工正在工作，三人邊看邊問，很感興趣。宋美齡還坐下來，親自動手縫製軍衣。隨行的美國攝影師格里芬為她拍下了一張後來流傳很廣的照片。

三姐妹的重慶之行最重要的目的是顯示全民族團結抗戰，所以儘管宋慶齡和宋藹齡都很不喜歡參加宴會，在這段時間裡，姐妹三人還是聯袂參加了十次宴會或茶會。

4 月 7 日下午，宋美齡在重慶蔣介石黃山官邸舉行茶會，歡迎她的兩位姐姐。應邀出席的有一百八十多位重慶市婦女界人士和許多國際友好人士。當宋藹齡、宋慶齡、宋美齡滿面笑容攜手來到草坪上時，全場報以熱烈的掌聲。

宋美齡向來賓介紹："今天開這個會，是為了歡迎孫夫人和孔夫人。孫

■ 三姐妹在成都視察"工合"運動時所攝

■ 1940 年 4 月 3 日,三姐妹視察重慶第一兒童保育院

■ 1940 年 4 月 7 日，宋氏三姐妹與蔣介石在黃山官邸茶會上。右為宋慶齡

夫人和孔夫人不僅是我的姐姐，而且也是全國姐妹們的同志。"她讚揚了宋慶齡、宋藹齡為抗戰所做的工作，並代表全國婦女，要求宋慶齡、宋藹齡長住重慶，領導婦女工作。宋慶齡和宋藹齡也相繼講話，強調了團結抗日的重要性和必要性，號召全國婦女繼續為祖國努力工作。

　　蔣介石在參加完一個會議後，也趕回官邸參加茶會，並作了簡短的講話："孫夫人和孔夫人到重慶來，不僅是全國的姊妹們喜歡，而且是全國的民眾都喜歡的事情，因此，我代表全國民眾表示歡迎。"蔣介石深知，宋慶齡在這個時候擱置政治分歧來到重慶，是對自己的巨大支持。茶會過程中，宋藹齡提議蔣介石與三姐妹合影，蔣介石在照片中難得地留下了燦爛的笑容。

　　15 日下午四至六時，孔祥熙、宋藹齡在嘉陵賓館舉行盛大茶會，歡迎宋慶齡來渝。英、法、美、蘇四國駐華大使，婦女界領袖等中外人士三百多人出席。宋慶齡在主桌正中就坐，孔祥熙和宋藹齡分坐在她的兩旁。當

■ 1940 年 4 月 28 日，宋氏三姐妹結束對成都的訪問，返抵重慶華西壩機場

蔣介石和宋美齡到場時，宋藹齡將自己的座位讓給蔣介石。茶會進行中，蔣介石突然站起來，出人意料地站到孫夫人旁邊的一個座位處。他的表情十分嚴肅，沒有言語也沒有動作，靜靜地直立在那裡，長達十幾分鐘之久。蔣介石用這種一反常態，來表達自己對宋慶齡的尊重與感謝。

宋氏三姐妹不僅在重慶和成都積極傳播團結抗戰的精神，而且通過廣播電台，向美國民眾做了廣播演講，呼籲西方國家的人民支援中國的抗戰。

4 月 18 日，三姐妹來到廣播電台。宋慶齡首先致詞。她說："中國人民艱苦抵抗日本的軍事侵略，很快就要滿三年了。日本藉着它擁有優越的武器，在開戰以前，曾向世界誇說，要使佔全世界五分之一的中國人民，於三個月內向日本屈服。可是我們中國，曾經始終不屈地作有效的抗戰在三十三個月以上，而且抱定了繼續抗戰的決心，自信必能獲得最後的勝利。太平洋和全世界人民的將來歷史，一定和以前不同，且將更見光明燦爛，因為中國不願做奴隸的四萬萬五千萬的人民，已經拿起了武器，爭取自己的自由，同時也是為世界人類，為你們大家爭取自由。"

■ 宋慶齡向美國民眾發表廣播演講

宋藹齡在講話中表達了對汪偽政權的鄙視。她說："南京那幕可憐的醜劇，那所謂'政府'也者，完全是一個笑話，這是人類智慧上的一個侮辱。它不能代表中國，它只是政治污水中的渣滓，這些日本利用的工具，是中國人所咒詛的叛徒，世界上任何具有自尊心的國家，都會加以唾棄的。"她強調了中國軍民的團結："中國各將領間，是毫無問題地團結一致，他們充滿了異常堅強的繼續抗戰的決心。……軍隊和民眾一起工作，民眾也和軍隊一起工作。這種團結一致的精神，也足以擊敗敵人的。"

宋美齡着重講述了中國抗戰對美國、對世界的重要性，抨擊了美國縱容日本對華侵略的綏靖主義政策。她說："中國為了正義已經經過了將近三年的流血和困苦的奮鬥。我們說的話是要請一切愛好自由的人們知道，中國應該立即得到正義的援助，這是中國的權利。"

三姐妹的講話由美國 NBC 電台向全美轉播，使美國人民對日軍的侵略暴行有了更多的了解，對中國艱苦抗戰的意義也有了更深刻的認識。

5 月 1 日下午，國民黨中央黨部在國府大禮堂舉行歡迎孫夫人茶會。國民黨中央執監委員百餘人出席。宋慶齡對國民黨元老們在抗戰中團結奮鬥的精神表示欽佩，呼籲大家繼續堅持團結抗戰。在講話中，她嚴厲地批駁了一些人對孫中山三民主義的"誤讀"。她說："國父主義遺教，由抗戰之事實加以證明，乃更有顛撲不破之偉力。聞有人對國父主

■ 1940 年 5 月 3 日，三姐妹與婦女幹訓班學員會餐

義遺教惑疑，謂與當前時代未能吻合，試問國父手創之三民主義及所著之《建國方略》，尤其是親草第一次全國代表大會宣言，親授之遺囑等，有一與當前時代不吻合者否？只有汪逆精衛之徒，不知羞恥，投靠敵人，妄組偽府。察其所為，無非毀棄三民主義，出賣民族利益，破壞國家統一，此種喪心病狂之徒，不久必然消滅。吾人首當堅定信念，然後能精誠團結，共救危亡。"

宋慶齡的這一番話，顯然不僅是針對投敵叛國的汪精衛，而且是對國共合作團結抗日中隱含的危機做出的警告。不幸的是，僅僅過去八個月，就發生了"皖南事變"。在國民黨軍隊的包圍襲擊下，中共領導的新四軍軍部及其所屬皖南部隊幾乎全軍覆沒。

宋慶齡對蔣介石始終保持着警惕。在三姐妹與蔣介石的合影中，她有意識地與蔣介石之間留下了一個空間，而且在將這幅照片送給友人時，她還在照片背面寫下兩個大寫英文字母"UF"（"統一戰線"的縮寫）。很明顯，宋慶齡無法忘記1927年以來國共之間血染的歷史和信仰上的水火不容，但國難當頭必須聯合，結成抗日統一戰線是唯一理智的選擇。所以，即使發生了慘痛的"友軍""圍剿"，統一戰線仍然沒有徹底破裂。此刻，中國人至高無上的任務是團結一切力量，爭取反法西斯戰爭的徹底勝利。正如4月8日宋慶齡為重慶《新華日

■ 1940年4月8日，宋慶齡為重慶《新華日報》題詞："抗戰到底。"

■ 1942 年 4 月 17 日，宋慶齡與宋藹齡（右）、宋美齡（中）在孔祥熙官邸

報》的題詞所寫：“抗戰到底！”

5月9日晚，宋慶齡結束對重慶、成都的訪問，與宋藹齡一起離開重慶飛返香港。

此後，三姐妹仍以不同的方式、與不同的政治力量相配合，投身於抗戰大局。宋美齡和宋藹齡協助蔣介石、孔祥熙堅持正面戰場的抗戰，並積極開展戰時外交活動，為中國抗戰爭取外援。宋慶齡從各方面全力幫助共產黨堅持敵後抗戰，牽制了大部分日軍和偽軍；她還支持、推動全國範圍內的民主運動，保障人民的權益，維護國共聯手抗日的局面。

但是，她們再也沒有這樣親密無間地聚在一起。

宋慶齡與"一碗飯運動"

■ 北京宋慶齡故居展櫃中的三個碗

　　1941 年 8 月，宋慶齡領導的"保衛中國同盟"在香港發起"一碗飯運動"。短短的幾天裡，成千上萬的市民湧入飯店、餐館爭吃"愛國飯"，其場景空前，蔚為壯觀。

　　1937 年 7 月，日軍大舉進犯，中國工業遭到沉重打擊。主要工業城市或陷於敵手或毀於戰火，生產能力喪失四分之三。如不能重建工業，戰時的軍需民用便無法維持；同時，只有解決千百萬難民的勞動就業，後方秩序才能安定。這是關係到抗戰能否繼續下去的重要問題。當年 11 月，國際友人艾黎、斯諾與中國愛國進步人士胡愈之、沙千里、徐新六、盧廣綿等提出了推動中國工業合作運動的計劃。宋慶齡對其全力支持。

　　1938 年 8 月 5 日，中國工業合作協會在漢口成立，宋慶齡任名譽理事長，孔祥熙任理事長，艾黎任技術顧問，負責協會的組織工作。其宗旨是把後方的人力、物力動員組織起來，發展工業生產，支持長期抗戰。為了從海外籌募捐款和物資支援中國"工合"運動，次年 1 月，宋慶齡又在香港成立了中國"工合"國際委員會。

■ "工合"運動標誌

　　"工合"運動發展迅速，從 1938 年 8 月在寶雞建立第一個工業合作社，到 1941 年春，已在戰區和後方的十八個省區建立了兩千多個生產合作社，社員五萬餘人，參加工作者達二十餘萬人，月總產值達兩千萬元以上。合作社百分之九十的產品，都是有助於民生和國防的。為了解決軍隊和老百姓穿衣、鋪蓋的基本需求，合作社中紡織業佔百分之五十。1940 年年底之前，僅西北及川康

■ 宋慶齡保存的"工合"活動照片。左十為"工合"代總幹事路易‧艾黎

的合作社就生產軍毯一百四十萬條。在一些戰區，野戰軍的服裝糧秣全靠合作社供應。"工合"已成為野戰軍離不開的軍需處。

但是，隨着日寇快速入侵，湧入大後方的難民越來越多，加之物價飛漲，"工合"的資金週轉困難，致使其發展計劃不能如期實現。宋慶齡為此憂心忡忡。為了進一步擴大工業合作社，使難民傷兵得到妥善安置，她決定以"保衛中國同盟"的名義，在香港發起"一碗飯運動"，為"工合"募捐。

"一碗飯運動"最初是由美國醫藥援華會和旅美華僑團體於 1938 年在美國發起的，目的是為救濟中國戰爭災民籌集捐款。之後，它每年都舉行一次，並推廣到英國和古巴等地。

宋慶齡的提議得到了香港各界的熱情支持。1941 年 5 月初，"一碗飯運動"委員會宣告成立，宋慶齡任名譽主席，香港立法局華人首席議員羅文錦為主席，"保衛中國同盟"名譽書記、香港醫務總監司徒永覺的妻子克拉克夫人為副主席。委員中還包括各公團領袖、各界名流。為了協助推動"一碗飯運動"，香港華商總會成立特種委員會負責具體籌辦。委員會決定發售餐券一萬張，每券港幣兩元，認購者可持券到提供贊助的餐館、茶室吃炒飯一碗。發售餐券的所有收入，全部贈送給"工合"，用於救濟華北災民。

委員會宣佈，"一碗飯運動"將於7月1日舉行開幕式，而後用一個月時間進行宣傳並推銷餐券，發動各飯店、酒家認捐炒飯；8月1日起正式啟動，時間為三天。

7月1日，香港報紙登出消息，各酒樓餐室認捐炒飯已達一萬二千碗，較原定計劃中的一萬碗，超過兩千碗。消息稱："孫夫人等定於今晚八時假座灣仔英京酒家舉行成立典禮，開啟發動工作。"

當晚，莊士敦道英京酒家四周的馬路上人潮湧動，大家爭睹國母的風采，香港政府不得不出動大批警察前去維持秩序。

會場設在英京酒家五樓。典禮由"一碗飯運動"委員會主席羅文錦

■ 1941年7月1日，宋慶齡在"一碗飯運動"委員會成立典禮上發表演講

主持，各界代表一百五十餘人出席。活動得到了港英當局的全力支持。港督羅富國因病不能出席，特致函"一碗飯運動"發起人宋慶齡和司徒永覺夫人表達敬意。會議開始後，羅文錦宣讀了這封信。羅富國在信中專門寫道：中英兩國此時都慘遭轟炸，兩國人民同處水深火熱之中。他深信香港的"一碗飯運動"一定能取得成功。

在熱烈的掌聲中，宋慶齡發表了演說。她感謝大家對"一碗飯運動"的贊助，並深入闡述了"一碗飯運動"的意義。

宋慶齡說：

"一碗飯運動不但是募了捐去救濟被難的人們，並且是要節飲節食，來表示犧牲的意思。這是我們做人的美德，無論中外，無論古今，都是值得讚揚的。

"一碗飯運動是同情於我們抗戰建國，而發揚民主精神的表示。最初由華僑和美國的同情者發起，已經在美國普遍地舉行了三次，倫敦方面也曾經舉行過。今晚在這一百五十餘萬華僑最多的香港首次舉行，並承各友邦同情的友人們都來參加，這是何等有意義！

"香港的一碗飯運動，更含着一種深長的意義，因為這次捐款是要幫助工業合作社去組織及救濟難民、傷兵，這是鞏固經濟陣線，是生產救國，是幫助人們去幫助自己，是最妥當的一種救濟事業。工業合作社是民主性的組織，我們這樣富有民主性的一碗飯運動，來使工業合作社完成救濟事業，豈不是很愉快而值得提倡的嗎？"

演講過程中，宋慶齡講得很興奮，臉上泛起了紅暈，與會者深為感動。但誰也沒有想到，她是剛剛擺脫了連續幾天的寒熱病纏擾抱病前來的。

羅文錦向大家介紹了"工合"發展的情況。剛由內地來港的英國賑華會領袖巴爾嘉講述了自己從貴陽到山西沿途視察所看到的慘景。他說：

■ "一碗飯運動"正式開始

"中國的難民問題，根據個人觀察的結果，依然是非常嚴重。有些人認為目前大多數難民已經有了安身之所，其實在日人暴行之下，難民們根本就沒有歸宿之地，流離顛苦之狀，使人不堪想像，需要我們作更大的援助。希望大家慷慨解囊，以完成此富有建設意義的救濟目的。"司徒永覺夫人發出呼籲："國際人士對中國的援助很熱烈，中國人對中國的事情應該更關心。我們能讓中國的難胞百分之四十死於飢寒交迫之下嗎？"

演講結束後，艾黎放映了他跋涉千里拍攝成的介紹"工合"的影片，並親自用英語做講解，給人們留下了生動、深刻的印象。

各酒家、餐室當場認捐炒飯，使總數上升到一萬三千五百碗。在認捐炒飯的基礎上，"一碗飯運動"委員會進一步號召熱心人士踴躍認銷飯券。

7月裡，"一碗飯運動"的宣傳一直沒有間斷。每天的報紙上都有相關的消息或報道。其中有通過專訪艾黎詳細介紹"工合"情況的；有對認購炒飯、認銷飯券的進展進行跟蹤報道的。"一碗飯運動"中湧現的典型事例更是得到了集中宣傳。如閨秀名流到各酒樓餐室勸銷飯券，鄭鐵民直接捐款五百元，唐譚美捐出兩千元港幣，李一諤用五百元現款購買十張飯券等等。此外，外籍貨船上的勞工，在極端困難的環境下，將血汗換來的十七元二角二分全部捐出的事跡也格外感人。記者還報道了麗山餐室老闆馬次文。他不僅個人認捐五百碗炒飯、認銷五百張飯券，而且提出建議，希望動員全港八十二家酒家、三十家茶室、一百九十六家茶樓、八十六家西餐室、四十四家飯店都來認捐炒飯，"使國內待救同胞多得其惠"。

7月10日開始，中央戲院連續放映表現華僑愛國獻金運動的大型紀錄片《一碗飯運動》。人們在影片中看到了美國華埠數萬華僑青年男女參加的愛國遊行。在遊行隊伍中，有中國傳統的舞龍舞獅；有收集捐款的兩隻能容十餘人的大碗；有全世界最長最大的國旗，旗長三百尺，由三百名華僑婦女牽舉，華僑爭先恐後地向旗內投錢。正如報道中所寫的，其中"每寸膠片，都傳達出僑胞愛國熱情"。

7月29日，《華商報》還編輯了《一碗飯運動特輯》，由何香凝題寫刊頭，文學、美術、戲劇、法律界名人紛紛發表文章、木刻、題詞，號召人們積極參加一碗飯運動，為抗戰救國出一把力。著名法學家張友漁寫道："假使你不是不關心國家的廢興，民族的存亡……你就應該同情這一運動，贊助這一運動，參加這一運動。"著名劇作家于伶發表了《我希望》一文。他寫道："我希望每一位吃得起飯的人，多多購買'一碗飯運動'券。我希望每一位吃不起飯的人，無力購買'一碗飯運動'券，也能了解'一碗飯運動'的意義。"著名演員王瑩說："希望每一位海外同胞都參加孫夫人領導下的'一碗飯'運動！這是你的責任，你的榮譽。……對於每一件於國家於同

■《華商報》"一碗飯運動特輯"

承本港總督贊助

保衛中國同盟　主辦

民難兵傷濟救

一碗飯運動

為祖國無家可歸的難民請命
全部收入報交中國工業合作社擴大救濟工作
多買一碗飯，多救一個難民！！！

開於八月一、二、三號三日

持券赴熱心捐助

之

各酒樓茶室餐室

換取愛國炒飯

售券處：

德輔道中四號Ａ華比銀行辦房

電話：三三三五四

■ 報紙上刊登的"一碗飯運動"廣告

胞有益的事，我們不能冷淡。"著名作家夏衍寫道："戰爭四年，我們的戰士和人民死了多少？傷了多少？有多少人現在寂寞地變了永遠的殘廢而躺在重傷病院裡？有多少婦女和兒童失去了他們的丈夫和父親而在忍受着不可想像的苦難飢寒？……你飽暖就想一想他們的飢寒，你團聚就想一想他們的離散，你歡笑就想一想他們的哭泣！使香港的一碗飯運動成功！這是你對於祖國的最低的責任，為着使你的良心安適，你也得盡這一些輕微的責任！"克拉克夫人題詞："買一張'一碗飯'運動的飯券不僅是做一件慈善的事，還可以使中國的難民有工作、能生活——幫助他們吧，使他們以合作來自助。"詹姆斯·貝特蘭先生題詞："你，中國的朋友，在香港的飯店裡買一碗炒飯，那黃河邊上千萬的人民就可以一起工作，過着快樂的生活。"

　　8月1日是"一碗飯運動"正式舉行的第一天。這一天的《華商報》上發表了宋慶齡的題詞："日寇所至，流離失所。凡我同胞，其速互助。"而其中的"寇"字是用"×"來代替的。大家都知道，這是對香港新聞檢查的規避。但仔細加以研究，這個"×"並不那麼簡單。

　　上海淪陷後，《良友》是唯一從上海遷往香港出版的畫報，馬國亮先生是該刊的負責人。在《〈良友〉憶舊》一書中馬先生記述：內地來港的刊物都有大量的抗日內容，當時在中日戰爭中，英國還持中立立場。對橫行霸道的日本，香港政府小心謹慎，以免惹禍上身，因此定了個事先送檢

■《華商報》發表宋慶齡的題詞

的制度。書報付印前，須將大樣送檢查官過目。凡文字中的日軍的"日"字，或敵軍的"敵"字，特別是涉及日寇暴行的，都被改為"×"。根據馬國亮先生的介紹，宋慶齡的這個題詞就很值得琢磨。按照要求，必須改成"×"的是"日"字，而宋慶齡留下了"日"，改的是"寇"。這大概是有意為之。題詞是如何通過檢查的，我們不得而知。莫非檢查官也是有意地睜一隻眼閉一隻眼？

歷時一個月的宣傳使"一碗飯運動"深入人心。這時的香港猶如一堆乾柴，只等點火了。

　　1941 年 8 月 1 日，香港洋溢着濃烈的愛國熱情。大街小巷的牆壁上、公共電汽車上、出租車上，到處都張貼、懸掛着宣傳"一碗飯運動"的標語圖畫。勸銷飯券的人不厭其煩，認購飯券的人積極踴躍。一張飯券兩元港幣，而在當時這兩元錢是可以點幾道菜的。人們拿了飯券進到店裡只吃一碗炒飯，卻個個高高興興，因為他們覺得自己是在盡着愛國的責任，是在幫助需要幫助的人。吃飯的人形形色色，外國友人、官員、軍人、醫生、職員、商人、青年學生、婦女兒童都在其中。一些外國人結伴而來，進到店裡笑嘻嘻地學着中國話說："一碗飯來！"英京酒家是富麗堂皇的高檔飯店，這一天也恭恭敬敬地接待來吃一碗飯的各色人等。記者在那裡見到一位衣衫襤褸的乞丐，正坐在鋪着雪白的桌布、擺着鮮花的餐桌旁，接受女招待的規範服務。毗鄰娛樂場所的廣州酒家也銷出了幾十碗炒飯。這是附近的歌女為愛國買下的飯券，她們不願拋頭露面，便請傭人把炒飯打包帶回去吃。

■ 正在舉行"一碗飯運動"的樂仙酒家門前懸掛着"愛國之門"的橫幅，並在孫中山的遺像下，端端正正地擺着三個碗

　　位於水坑口的樂仙酒家對一碗飯的贊助是最熱心的。他們認捐了三千碗炒飯。酒家門前懸掛着一幅布製橫幅，上書"愛國之門"四字；進了這個"門"，在孫中山的遺像下，端端正正地擺着三個碗，分別是赭紅色、淡青色與碧綠色，光彩奪目。這是老闆龐永棠幾十

一碗飯運動第一天

一碗飯運動是正義的，熱烈的愛國做法，勸援助中國抗戰的壯舉，使選為世界和平而為門的國家的受辱者，解脫此兩門的苦誰的生活，解構拔效的國家的機會，與東方後果者誰待久的門爭，遇這樣的人，在本港巴經很熱烈開展，時天開頭，已得到了豐碩的收穫。

所以大家特別的親熱，還是平常營業上的，沒有的現象。

昨天拿了飯祭去吃炒藏的人門，中有熱情的國際友人，兩位是在英京酒家，他們津津有味地吃了一碗飯，襄義不夠夠，一個同伴說，我們不是為了飽餐來飲利！於是大家待笑了一陣，自然地表露出一種同情的愉快。另外一個是在迪氏試的桌邊也是迪試地吃的，門前掛著露霆，鴨叉燒，室內的稼桌是中國型的鋪子，他們都是其演地接受這一種同情的愉快。

道酒家純粹是中國型的鋪子，門前掛著露霆，鴨叉燒，室內的稼桌是中國型的，而且還喝了一杯茶，把一點都沒有浪費了完畢，其餘的四位則是在北樹地試食的，他們都是其演地接受這一種同情的意義。

婦女與小孩子去吃炒飯的估了越大多數，有一女歡口，全部都動員，興高采烈地去吃的，有那孤零零一個，有柴是地去的，反而這種孤獨近味勞事，另外有幾個人討論，他便拿了還孩子給我，常時我很失望，後來那人又告訴我如何去吃飯。

「那你不詩爭他嗎？」我再轉過身去問那肥胖的家眷。

「不會！」他回答著，「我們都二同仁，凡有飲祭的，我們都是得顯的，在說一碗他當頭，使我又回際到民主化所設的的話了。她說一碗他當頭，使我又回際到民主化夫人的碎，在身分的微趣格劃分的現社，却令人回到此蕭落的的人得高坐酒樓，也可說是一個小的奇蹟。我少上水坑口的會眾，一個小的奇蹟。我少上水坑口的好奇心的驅使，還在酒家對於一碗飯的蕾物，是最熱心到望了，還在酒家對於門，劇飾風景，一幅白布上寫「愛國之門」四字，他了這個「門」，在採捷運的遺像下，娉娟正正的獨游三個古碗，絳紅，成鳳的愛國情恩眷儲心中，樓便添紅，還有今天，明天，我們...

記者踏上英京酒家的時候，已經是下午四時許，過了規定吃炒飯的時間了，而，在感寬敞的茶室裡的一落裏，張舖著蕎零白布，長方形的茶室裡的一落裏，設計了一碗大型的愛國飯，內有醒腸紅腸，鴨肉叉燒，又燒，叉燒，雞六寮，赫清白米一斤，裝六寮，赫清白米一斤，裝一張容白，斷出一百元買飯祭一個次柔攬糟的炒飯，便添足地大得十分粉來盛在那夾，正反映著夕陽得十分粉來盛在那夾，正反映著夕陽養夕陽的飯粉，捧了一碗鷊糟的炒飯，於一個次柔攬糟的炒飯，便添足地大得十分粉來盛在那夾，但女招待一點也不是選個碗子的漢子，便添足地大得一復久的漢子，便添足地大。

記者等他吃飽後，趁機問他一句：「你也買了飯祭嗎？」

「不！」他與眼登了，伸手去向一個納地設，他便拿了還孩子給我，常時我很失望。

選酒家，一天的工夫，已今天的廣舍不見的一碗酒地的石蜓賄，是為當炒飯的一碗愛國飯。

浮陶圖花天酒地的石蜓賄，今天的廣舍不見的一碗愛國飯，記者便好奇地問他們的選酒家，但大多數是由那幾碗炒飯，但大多數是由那幾碗炒飯，不吃又慌可惜，笑著說：

附近的欲女也碗飯吃愛國，共實有五十個飯碗飯祭，來謳國愛國故事，在我國已經很多的愛國故事，在我國已經很多，但自此衛慰想到那回此蕭落的發生的，却令人百思莫解了，深圳的愛國情，濱洲苦冷暖自己去年夜們的感謝，已類有了第一天的成績，據記者調查所得，各酒家的飯便添紅，還有今天，明天，我們的愛國僑胞誕管防中，的美滿的收穫。

■ 報紙上關於樂仙酒家三個古碗的報道

年珍藏的名貴古董，平常很少拿出。為了愛國，他用這三隻碗特別設計了一款大型的愛國飯。其中有淡水鮮蝦肉四兩、雞肉粒四兩、叉燒粒四兩、雞蛋六隻、絲苗白米一斤。酒家門前貼了一張告示，只要出一百元買飯券一張，就有權享受這頓愛國飯。8月2日，這獨特的愛國飯終被一位無名氏買了去，飯券的號碼是"〇七六一"，樂仙的老闆親自用名貴的古碗為他盛飯。

"一碗飯運動"的時間是8月1日至3日。為了多做貢獻，龍泉茶室將截止時間延至10日；天燕酒家宣佈延至15日。樂仙酒家和小祇園酒家將活動延長到一個月。樂仙酒家的老闆龐永棠，除了認捐炒飯三千碗之外，還代銷飯券八百張。小祇園酒家的老闆歐陽藻裳，除捐助炒飯七百碗外，特別墊出八百元領飯券四百張，向熟悉的顧客推銷，並撥出一部分贈送給僧侶。

在香港各界的共同努力下，"一碗飯運動"出售餐券和捐款的純收入為兩萬兩千一百四十四元九角五分港元和六百一十五元法幣。英國賑華會香港分會將這筆善款湊足為兩萬五千元港幣，全部捐給"工合"國際委員會。當然，"一碗飯運動"的成績絕不僅僅是捐了多少碗炒飯，籌了多少款，更重要的在於，它點燃了人們心中愛國的火焰。正像當時香港報紙所評價的："這個有着積極意義的救濟傷難運動，在香港僑胞愛國史上將佔着最光輝的一頁！"

■ 保衛中國同盟成員廖夢醒（左一）與英國記者貝特蘭（左二）在灣仔東方小祇園酒家吃炒飯

9月1日下午，

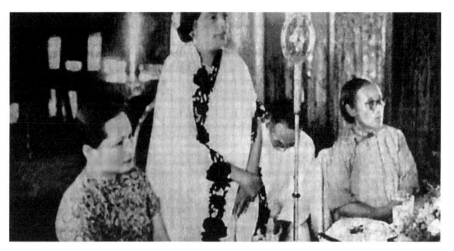

■ 1941 年 9 月 1 日，宋慶齡出席"一碗飯運動"結束典禮。中立者為印度國大黨成員瑪拉黛
芙夫人，右為何香凝

宋慶齡親自主持的"一碗飯運動"結束典禮在英京酒家舉行。何香凝在會
上致詞，她說："在這短暫的期間，能夠得到這樣的美滿成績，去救濟正在
水深火熱中的國內傷難同胞，真是值得我們萬分的感謝。""希望能夠從這
一運動，喚醒全港的同胞、全國的同胞，以及全世界的人士，徹底地認清
法西斯侵略者的罪惡，共同為反對法西斯而奮鬥到底。"

　　宋慶齡向認捐炒飯的十三家酒家餐室分別贈送了由她親筆書寫的"愛
國模範"錦旗；向英京、小祇園、樂仙三家業主高福申、歐陽藻裳、龐永
棠贈送了特別獎 —— 複製的孫中山先生的遺墨"努力前進"。何香凝向個
人捐款最多的唐譚美、韋少伯等六人分別贈送了象牙筷一雙，上刻"保衛
中國同盟贈送，紀念一碗飯運動"。勸捐最多的馬坤等也得到了紀念品。

　　香港的"一碗飯運動"至今已近八十年。抗日戰爭那段艱難歲月成為
遙遠的歷史。但是，當我們回望這一運動時，仍不禁懷着深深的敬意。

　　作為一個愛國運動，"一碗飯運動"旗幟鮮明地樹立起民族利益至上
的危機意識、愛國光榮的榮辱觀和甘苦與共的互助精神。

　　作為慈善救濟活動，"一碗飯運動"是一個具有教科書意義的典型案

■ 三個飽含愛國
深情的碗成為宋
慶齡故居的重要
展品

例。從"助人自助"的活動立意、與每個人日常生活息息相關的項目定位、多種形式的十分成功的宣傳發動一直到周全縝密的組織工作。宋慶齡作為一位公益大師，通過這一運動教給了我們很多很多。

十年前，為寫一篇關於"一碗飯運動"的文章，我翻閱當年的香港報紙。當看到有關樂仙酒家擺出三隻古碗的報道時，突然想到，在宋慶齡收藏的物品中也有三隻顏色鮮豔的碗。由於沒有任何文物信息的記錄，每次見到這三隻碗，我都會覺得莫名其妙。宋慶齡雖然喜歡收藏瓷器，但那都是傳統的中國瓷，這三隻碗卻是美國的產品。奇怪的是，這三隻碗雖沒有任何說明，卻始終被宋慶齡帶在身邊，顯然有着特殊的意義。我的印象中，這三隻碗的顏色與報道中的敘述是完全一致的。於是，我將碗調出，經過對照，確認其為"一碗飯運動"中的物品。至於樂仙酒家的業主、熱心於"一碗飯運動"的龐永棠先生是怎樣把這三隻碗送給宋慶齡的，我們已無從知曉。

這三隻碗被宋慶齡帶在身邊，因為它們盛滿了宋慶齡對"一碗飯運動"的懷念、對熱心救國助人的朋友們的懷念、對香港那段難忘生活的懷念。

2009 年 3 月，這三隻碗故地重遊，與我一起到香港參加了《清菊雅石──宋慶齡文物珍品展》。此後，它們又作為重要文物，永久地陳列在北京宋慶齡故居的展廳裡。

宋慶齡與 "小先生"

■ 宋慶齡教兒童福利站的小朋友識字

1945 年 10 月 23 日，宋慶齡寫信給她的朋友格雷斯。她一反平時斯文、沉穩的風格，劈頭就寫了這樣兩句話："立即收拾行李動身，目的地上海！我激動得幾乎連信都寫不下去了。"即將返回家鄉的欣喜溢於言表，真有杜甫"漫捲詩書喜欲狂"的味道。

那是七年零一個月的漫長離別！宋慶齡忘不了當年趁着夜色，躲避日軍崗哨，悄悄登船的情景。是日本的侵略，迫使她離開自己的出生地、摯愛的家鄉——上海。為了趕走侵略者，她奔赴香港；此後又在香港機場被日軍佔領的最後關頭撤退到重慶。終於，她和全中國人民一起迎來了抗戰的勝利。

在陪都，宋慶齡見證了國共兩黨的談判。當蔣介石和毛澤東的手握到一起的時候，她也和全國人民一樣期盼着和平真的能夠降臨到這塊多災多難的土地上。

現在，宋慶齡終於可以回家了。11 月 8 日，她由重慶飛抵上海，暫居靖江路四十五號。

然而，時隔不久，她的心情就發生了變化。"中國的戰後，並不是一個值得大肆歡慶的時期，善後和重建工作帶來了很多問題，也出現很多現實和迫切的需要。"這是回到上海三個月後宋慶齡對現實的評價。國共之間的不斷摩擦，令她十分憂心。不出

■ 快速縮水的金圓券。（1948 年 11 月報紙刊登的米谷所作的時事漫畫。）

"金圓券：'這難道是我昨晚脫下的鞋子嗎？'"

187

宋慶齡所料，1946 年 6 月，全面內戰爆發，經濟形勢迅速惡化，通貨膨脹直線上升，中國人民被拋入了最悲慘的境地。

1947 年到 1949 年是中國艱難的兩年，對於上海來說必須加上一個"更"字。

內戰開始一年後的 1947 年 5 月，美國駐華大使向華盛頓報告：上海發生了搶米風潮，因為米價已上漲了六倍。這只是講一年之中的漲幅。如果以 1936 年為基數，這時上海的米價已增高八萬倍。老百姓的日子過不下去了。就連宋慶齡本人的日子也過得很緊。1947 年 7 月，她在一封信中寫道："今天黑市上一美元可換七百五十萬元法幣。隔一天就漲一次，所以，像我們這樣手上沒有黃金的人來說，生活是非常、非常艱難的。一隻雞賣到三百萬，所以除非我們被請去赴宴或我們宴請別人，雞是難得見到的。最便宜的豆腐是大多數人的主要食品，現在也要八萬元一磅。米是三千萬一擔，像我這樣的家庭只夠吃一個月。我們現在在食品裡都不放糖了。"

到了 1948 年 8 月，美國大使在給華盛頓的報告中不再使用具體數字，只是說通貨膨脹以"天文數字上升"，政府印鈔廠連印製鈔票都來不及。此時，上海物價已是戰前的三百九十萬倍。8 月，蔣經國雄心勃勃來到上海，着手整頓不像話的通貨膨脹。8 月 19 日，國民黨政府宣佈發行金圓券代替法幣，兌換率是金圓券一元換法幣三百萬元，金圓券四元換美元一元。同時宣佈禁止任何私人持有金、銀、外幣，由政府按官價全部強制收購。金圓券原定發行限額為二十億元，但到 10 月 1 日發行額已超過一百億元。11 月 6 日，蔣經國的金融整頓宣告失敗，這位"被老虎打敗了的武松"灰溜溜地回到杭州。此後物價的飛漲更如脫韁的野馬，令人瞠目結舌。到上海解放前夕，金圓券與美元的比價達到了一千萬元換一美元。這種政府明目張膽地把老百姓的積蓄徹底搶光的情況，在歷史上是罕見的。宋慶齡說："我們目前正在經歷一個異常艱難的時期。我們中一些有先見之明的人曾試圖避免這一情況的發生，然而歷史仍然選擇了這條破壞性的道路。"

行走在上海的街頭，令宋慶齡觸目驚心的是"每週有數千飢病交迫的難民湧入上海"。特別是"數千兒童流落街頭以乞討為生。疾病與死亡率在青少年中達到驚人的比例"。這使她無法忍受。1947 年 2 月，在《〈黑母雞〉中譯本序》中，宋慶齡寫道：

"（戰爭）帶給人類許多災難，而帶給兒童們以特別多的災難。他們失去了保護，他們失去了溫暖，他們缺少着食糧 —— 物質的和精神的。然而，他們幼小的身體和心靈，是多麼迫切需要這些東西的培育和滋養啊。

"我們不能讓這新的一代被遺忘，儘管世界還是充滿着火藥氣，若干地方繼續在遭受好戰者的破壞和蹂躪。我們須要從斷垣殘壁下，街頭巷角裡，以至飢餓寒冷的鄉村中，把這些被遺忘的孩子們找出來，給他們以他們所迫切需要的東西。"

她一面竭盡全力籌款籌物，推動對戰災兒童的救助；一面在考慮解決兒童文化教育問題的良方。

1947 年 4 月，宋慶齡在中國福利基金會創辦的上海兒童圖書閱覽室的基礎上成立了第一兒童福利站。7 月，她委任馬崇儒為第一兒童福利站站長，支持他推動"小先生"活動。在同年的 10 月和 11 月，中國福利基金會又陸續成立了第二、第三兒童福利

■ 1946 年 10 月 12 日，兒童圖書閱覽室開幕，小讀者在鐵皮房前

189

■ 宋慶齡在識字班給孩子們講解國內外大事

站，全面推行"小先生"制。

馬崇儒原是陶行知在上海郊區主辦的山海鄉村實驗學校的校長，一直致力於推廣"小先生"活動。陶行知提倡的"小先生"制，主張"即知即傳"，"學會了趕快去教人，教了又來做學生"，也就是通過學生教學生的方式來解決師資不足的困難。

兒童福利站的"小先生"主要是從附近的公立小學學生中挑選的。這些孩子大多出身貧苦，中國福利基金會要幫助他們支付學費，使他們能夠繼續上學，同時經過訓練，由這些小學生擔任識字班的"小先生"。也有些熱心公益的中學生，是從閱覽室的義務服務員轉為擔任"小先生"的。這些"小先生"最大的十七八歲，最小的十二三歲。識字班的學生則全部是從上海街頭的失學兒童中招收的。

"小先生"的大本營是中國福利基金會在上海的三個兒童福利站。這三個福利站都設在圓頂的鐵皮活動房子裡，每個鐵皮房的面積約為一百平方

■ 宋慶齡在建造中的兒童福利站工地視察

米。這些鐵皮房屋原是第二次世界大戰期間為美軍設計製造的，後來作為剩餘物資，經宋慶齡爭取，由當時國民政府行政院救濟總署工業善後處分配給中國福利基金會。

■ 鐵皮房中的識字班

鐵皮房夏天十分悶熱，條件艱苦，但在當時已經是孩子們的天堂。它不僅是識字班，還承擔着許多其他的功能。這裡是窮人看病的保健站，是救濟物資的發放站，是兒童劇團的排練場，是兒童圖書閱覽室，所以每天人們川流不息。到了下午，這裡就成為大教室，貧苦的孩子們分成初、中、高三種程度，依次在這裡上課，每班的學生都在五十人左右。在這裡講課的是教師，一些較大的孩子充當助教。在這裡學習的學生們，走出教室就是掃盲識字班的“小先生”。

三個兒童福利站都選擇設在上海勞動人民聚居的街區。“識字班”的教育對象是貧困失學兒童。他們中有童工，有撿垃圾、撿煤渣的拾荒者，有賣報的，有擦皮鞋的，有流落街頭的孤兒、難童。因為要去當學徒或工人，不知甚麼時候，他們的學習就會突然中斷。現有的教科書無法適應這種不確定性。所以，教師們有針對性地編寫了四冊教科書，供兩年使用，一冊讀一個學期，內容都是實用的知識。這套識字課本叫做《老少通》，既適合不同年齡的兒童學習，也可用於成人掃盲。宋慶齡曾經説：通過

■ 宋慶齡在圖書閱覽室指導孩子們讀書

掃盲班兩年的學習，"我們能教會他們 3 'r's，加上衛生知識和一些歷史地理常識，我想這是一件了不起的事"。所謂"3 'r's"，是英文 reading（讀）、writing（寫）、arithmetic（算）的省寫，因為這三個單詞中都有"r"。

識字班的學生們走出福利站的教室，就成為受尊重的老師。他們在自己家裡，在弄堂口，在墳墓旁，在當地的理髮攤旁邊，在任何空閒地點，把學到的知識教給不如他們的人。他們驕傲地在身後的牆上、樹上插起一面"識字班"的三角小旗，掛上小黑板，隨處都是課堂，三五個學生就可以開課。這樣，三個兒童福利站的三百

■ "小先生"在鐵皮房內接受地理知識培訓

■ 第三兒童福利站的家庭識字班在街頭授課

名"小先生"可以直接給兩千多上不起學的兒童甚至成人實施掃盲。

許多"小先生"都來自貧窮的家庭，所以他們很能體會窮人家的甘苦。參加"識字班"的人情況各不相同，有的早晨要先去上工，有的家裡住着需要晚起的老人或病人，有的要操持繁重的家務，許多家庭裡又沒有電燈，所以上課時間既不能太早也不能太晚，只能靈活地插空子。在定下上課時間後，準時開課也是很難的。因為絕大部分的家庭都沒有時鐘。"小先生"往往要跑到附近有時鐘的地方，看了時間，再急急忙忙地跑回來，開始給學生們上課。但是不管有多少困難，宋慶齡欣慰地說："家庭掃盲班正在迅速增加，我們認為這是在今日中國消滅文盲最經濟、最有效的辦法。"

在兒童福利站裡讀書的孩子是幸運的，每星期有三天每人能喝到一杯牛奶，兩次分發花生米或糖。在收到救濟衣服時，每個孩子可以領到一套。"小先生"可以多領一套，作為他們義務工作的酬勞。

然而，要維持和擴展"小先生"制，在當時幾乎是無法完成的任務。孩子們需要的不過是最基本的生存條件和最簡單的文具。但是當物價漲幅達到幾百萬倍後，一支普通的鉛筆也有了幾年前黃金珠寶的價格，何況要使用它們的是一貧如洗的街頭失學兒童。

為了滿足"小先生"的需要，宋慶齡不得不千方百計地向國內外籌募款物。

　　她多次組織京劇、歌舞、電影義演，先後舉辦了三次兒童福利舞會。宋慶齡動員大家出去賣票，她自己也直接銷售了一部分。1947 年 10 月，第二屆兒童福利舞會前，她在寫給王安娜的信中說："叫賣了三百八十張票之後，我的聲帶都快撕裂了。"第三次舞會是 1948 年 11 月 20 日在上海的大理石大廈舉辦的，入場券每張售價五十元。她寫信給一些著名人士，甚至包括外國領事館，請他們帶更多的人來參加。

　　為了能籌措到更多的款物，宋慶齡不停地給海外的團體和朋友寫信，不厭其煩地解釋這項工作的意義。在給一位

■ 活躍在上海街頭的識字班

■ 堅守在陋室中的識字班

美籍華人婦女的信中，宋慶齡寫道："我們開設的義務識字班已接納逾千名少年，要不然這些孩子就無法上學。由於我們應用了報道中提到的'小先生'制度，明年就能幫助好幾千名兒童了。然而我們的基金有限，目前識字班沒有鉛筆和紙，不知夫人能否勸使你的一些朋友設法幫助。上海物價之高，連最便宜的紙、鉛筆和蠟筆也令人無力購買。若你的朋友能捐贈筆記本、廉價打字紙、鉛筆和蠟筆，我們可保證物盡其用。"她寫信給外

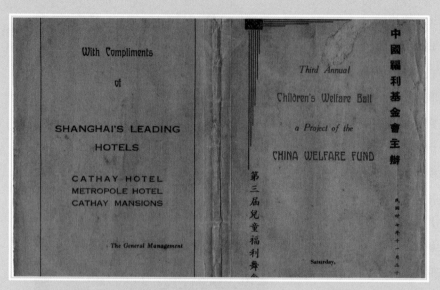

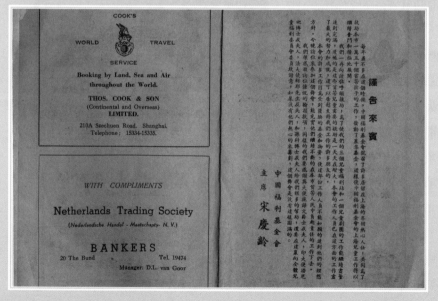

■ 中國福利基金會主辦第三屆兒童福利舞會的宣傳冊

■ 第三屆兒童福利舞會宣傳冊卷首刊登的宋慶齡撰寫的《謹告來賓》

國朋友，通報關於掃盲班的預算。她說："每年有相等於一千六百美元的款項就足夠維持為兩千名青少年辦班。……每個兒童的教育費只需約八十美分……"她請求外商："如果貴公司能把中國福利基金會列入捐贈清單，每月給我們你昨天所捐數量的款項，我們就能保證四十三名兒童留在我們的掃盲班裡繼續學習，成長為'小先生'。"她建議舊金山的朋友"領養""小先生"，捐款為他們購買教科書和其他用品。她致信新西蘭內皮爾女子高中宿舍服務員聯誼會，感謝他們寄來的一百英鎊。她說："這筆捐款將使我們有可能在今年開辦十六個家庭識字班，每班由兩個'小先生'執教，有十至十五個幼童就讀。這意味着，上海大約有一百六十多位兒童將在他們一生中第一次接受教育，成為識字的人。"1949年3月，宋慶齡致函一位美國朋友，感謝他慷慨捐給"小先生"一百零五袋麵粉。信中寫道："培訓班裡的這些有才能的兒童來自上海最貧困的家庭。如果沒有最低需求的食品，他們就會落入非常困難的境地。"

宋慶齡更多收到的是小額捐款，有些是十美元或五美元，有些甚至只有兩美元；在捐來的物品中，有的是一些鉛筆，有的是少量的紙張和橡皮。但無論多麼微小的捐助，宋慶齡都要一一親筆回信，向捐贈人表示感謝，並負責任地說明他們捐出的款物用到了甚麼地方，起了甚麼作用。為了感謝美國一所社區學校捐贈的五本圖書，她甚至分別給捐贈者和轉遞者寫了感謝信。宋慶齡告訴捐贈者，她已將這五本兒童書籍轉給設在上海的三個兒童福利站，供使用福利站的五千名兒童閱讀。現在，我們可以見到的這一時期宋慶齡致捐贈者的親筆感謝信就有八十多件。因為信件在收信人手中，所以實際數量會大大高於這一數字。1948年6月21日，宋慶齡給捐贈者寫感謝信四封。同年11月4日，她又在一天之中寄出感謝信四封。而這八位朋友捐贈的總價值也不過在一百美元左右。宋慶齡是孫中山先生的夫人，是中國的"國母"。然而，為了窮孩子，她卻願意竭盡全力

地去做這些"小事"。她在用每一分精力，去為苦難中的孩子們爭取支援，哪怕是一支鉛筆、一張紙。

1947年底，中國福利基金會在上海的三個兒童福利站全部建成。雖然只是三棟簡易的鐵皮房，卻寄託了宋慶齡對未來的美好期盼。12月23日，她特地邀請兒童工作組負責人顧錦心和三個兒童福利站的站長到家中晚餐。

宋慶齡特別高興，親自做了菜餚，還不斷地給自己的部下揀菜送茶。當客人們談到"小先生"們主動團結周圍的小夥伴，教他們讀書寫字、出牆報、編演小節目、扭秧歌的時候，宋慶齡高興地笑了起來。她說："你們的工作很有成績，要使孩子們團結起來，覺悟起來，讓孩子們看到未來，成為未來的主人。你們這是為未來而工作，眼光要放遠些。"

宋慶齡滿懷深情地說："苦難深重的孩子們不能這樣被貧病所迫過早地凋謝下去。我們有許多為兒童謀福利的事情可做，要呼籲各界人士捐款獻物援助窮苦兒童。當然，更主要的是組織和教育兒童，鼓舞他們為爭取解放和建設未來而奮鬥。我們的工作意義重大，也是大有希望的。我們要有開拓精神，把事情做得越來越活躍。"停了一下，她又鄭重地說："我要提醒你們，當前的形勢風雲變幻，大家都要注意安全，尤其是要注意小先生的安全，他們都將成為骨幹，成為有用之才。我說的這

■ "小先生"衛生服務隊

些話,我想你們是會懂得的。"

　　在此後兩年的時間裡,宋慶齡曾多次表達她對"小先生"的殷切希望。她說:"在今日中國,我們發現這是最現實、最有效的傳播文化的方法。這些'小先生'以負責任和自願的精神幫助他人,無疑將成長為現代中國未來的領導。""採用這種辦法,可使兒童負起社會責任,愛護和改進他們周圍的環境。""通過'小先生'制,我們相信我們正在提供一種方法可以訓練出許多未來的領袖 —— 那些關注並實行改善全國同胞生活標準工作綱領的人。""我們認為這是一種最實際的'助人自助'的方法:給他們工具,讓他們去鍛造中國光明的未來。"

　　"小先生"們沒有辜負宋慶齡的期望,他們將掃盲工作做得有聲有色,同時很好地使自己得到了鍛煉。上海解放前夕,他們集中到西摩路宋氏老宅,為迎接解放做準備。

　　5月25日,滬西區率先解放了,但戰爭還在繼續。此時,"小先生"們已經組織了宣傳隊走上街頭,寫標語、貼傳單、扭秧歌,盡情歡呼上海的新生。

　　兒童福利站就像一所大學校,培養出了一批革命骨幹。他們有的參軍南下,有的到工廠、學校當了領導幹部,有的繼續求學,日後成了工程師。

　　新中國成立了,苦難的歲月終於結束。當孩子們都可以走進學校大門的時候,識字班也失去了存在的必要,但這份記憶卻是永存的。

　　1955年1月,在慶祝解放五週年之際,宋慶齡發表了《第一個五年》一文,其中有這樣一段文字:"我國人民的生活比以前任何時候都更美好了。數以萬計的工農大眾參加文化學習,成千上萬的人在進一步地受教育。今年小學生有五千五百萬人。"在寫到這裡的時候,她一定會情不自禁地想起那些衣衫襤褸的"小先生",那些聚在街頭巷尾三角旗下的一雙雙渴求知識的眼睛。

照片中透出的平等

■ 宋慶齡和志願軍女代表姜淑華、劉秀珍，戲劇界女代表李再雯合影

■ 宋慶齡和志願軍女代表姜淑華、劉秀珍，戲劇界女代表李再雯、范瑞娟合影

1951 年 10 月 23 日至 11 月 1 日，政協全國委員會第三次會議在北京召開。會議期間，宋慶齡留下了與兩位志願軍代表和兩位戲劇界代表的合影照片。

　　照片送給宋慶齡之前，攝影者用鋼筆在其背面做了説明。一幅是："宋慶齡副主席和志願軍女代表姜淑華、劉秀珍，戲劇界代表小白玉霜、范瑞娟合影。"另一幅是："宋慶齡副主席和志願軍女代表姜淑華、劉秀珍，戲劇界女代表小白玉霜合影。"宋慶齡收下了這兩幅照片，但將兩處"小白玉霜"都劃掉，改成了"李再雯"。

　　宋慶齡時任中央

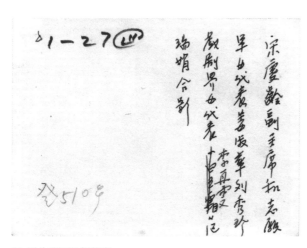

■ 照片背面的鋼筆字

人民政府副主席，是國家領導
人，年輕的志願軍女戰士在合
影時，隨意地將手搭在她的肩
上，她卻毫不在意，臉上還露
出會心的微笑。

　　小白玉霜是評劇演員李再
雯的藝名。評劇是從"蓮花落"
和"蹦蹦戲"演化而來的，原
本是純民間的藝術，難登大雅
之堂。李再雯出身很苦，五歲
隨父親從天津逃荒到北京，因
為家裡養不起，就把她賣給評
劇演員白玉霜做養女。她十四
歲登台，十六歲就擔任主演，
成為評劇新白派的創始人。由
於在各劇種中，評劇更便於表
現現代題材，新中國成立初期
湧現出了一批膾炙人口的評劇
現代戲。其中有李再雯主演的
《兄妹開荒》《農民淚》《九尾
狐》《千年冰河開了凍》《小女
婿》《羅漢錢》等。特別是《小
女婿》，在當時可以說是家喻
戶曉。小白玉霜所飾演的楊香
草的形象，也成為反對包辦婚

■ 李再雯（小白玉霜）劇照

■ 李再雯（小白玉霜）便裝照

■ 左：范瑞娟
劇照
■ 右：范瑞娟
便裝照

姻的藝術典型。

　　宋慶齡將"小白玉霜"改成"李再雯"，顯然是覺得，在政協會議中對代表以藝名相稱顯得不夠尊重。

　　范瑞娟是越劇范派的創始人，工小生，成功地飾演過梁山伯、焦仲卿、賈寶玉、文天祥、韓世忠、李秀成等等人物，代表作為《梁山伯與祝英台》。越劇也是宋慶齡喜歡的劇種。

　　1954年，上海電影製片廠將越劇《梁山伯與祝英台》拍攝成中國第一部彩色電影藝術片。袁雪芬飾演祝英台、范瑞娟飾演梁山伯。宋慶齡很喜歡這部影片。1956年1月，宋慶齡出訪巴基斯坦，曾特意邀請穆罕默德·阿里

■ 電影《梁山伯與祝英台》海報

■ 1949 年 9 月，宋慶齡同出席中國人民政治協商會議第一屆全體會議的女代表在中南海懷仁堂前合影。前排右起：羅叔章、廖夢醒、區夢覺、何香凝、宋慶齡、劉清揚、曹孟君、鄧穎超、李秀貞

總理和夫人到中國駐巴大使館觀看這部中國電影。

　　此前，在 1949 年 9 月的中國人民政治協商會議第一屆全體會議上，參加會議的女代表也曾經拍過一張合影。在七十個人的大合影中，坐在台階上的是資歷最深、威望最高的宋慶齡、何香凝、鄧穎超等領導人。

　　這些歷史瞬間，使人們真切地感到了"平等"的意義。

為陳毅送行

■ 1964 年 2 月，宋慶齡與周恩來、陳毅在昆明

陳毅是共和國十大元帥之一。

眾所周知，陳毅的革命資歷很深。1924年，孫中山改組國民黨、實行國共合作之後，陳毅就成為參加國民黨北京特別市黨部的共產黨三代表之一。其他兩位代表是李大釗和張國燾。

1941年，皖南事變爆發，葉挺被扣押、項英犧牲。中共中央決定由陳毅任代軍長、劉少奇任政委，重組新四軍。在這段最艱難的日子裡，宋慶齡盡全力支持着新四軍，但她一直沒有機會與陳毅謀面。

1949年5月12日，陳毅率領的第三野戰軍發起淞滬戰役。25日，上海解放。28日，上海市人民政府宣告成立，陳毅任市長。陳毅對宋慶齡十分景仰，但他萬萬沒有想到，正是他的部隊冒犯了宋慶齡。

抗戰勝利後，宋慶齡回到上海。國民政府安排她居住在靖江路四十五號。1948年夏天，進行了簡單的清理修繕後，宋慶齡搬回了她和孫中山的"老房子"香山路七號（即原莫利愛路二十九號）。但搬入不久，宋慶齡就發現這裡已不適宜居住。她說："我現在的房子快要塌了。特別是屋頂，樓上漏雨漏得很厲害，修了多少次也無濟於事。這房子太老了，木頭都腐爛了。工人不願意再去修屋頂，如果他們踩上去，怕整個屋頂都會塌下來。因此，他們請我盡快搬出去，以便他們着手修繕，把它改成一處紀念館。"

1949年初，國民政府將林森中路一八〇三號撥給宋慶齡居住。4、5月間，宋慶齡遷入了新居。當時，因為宋慶齡離開了香山路七號，上海曾謠傳她是躲到朋友家裡去了。在兵荒馬亂之際，很少有人知道林森中路的這處幽靜的院落已經是宋慶齡的寓所。

上海解放時，宋慶齡搬進新居還不到兩個月，剛剛進入上海的解放軍對此當然更是一無所知。5月27日，上海全市解放。第三野戰軍二十軍六〇師一七八團的一個營進駐林森中路。連長見到武康大樓對面有一所寬敞的房子，便指定一個排到那裡宿營。排長敲開門後準備帶部隊進駐。門房攔住他説："這裡不能住。"聽到這個答覆，排長很反感："連長命令我們住這裡，為甚麼不能住？"他強硬地説：如果下午四點前不把房子騰空，他就派士兵來搬走東西。在雙方爭執時，宋慶齡親自走下樓來，對戰士們説："我是宋慶齡。這裡是我的公館，你們部隊不能住。要住，請陳司令打電話給我。"連長聽到報告，為挽回影響，趕忙前來道歉賠罪。

得知這件事，陳毅非常生氣。他嚴厲地批評了師、團幹部，親自打電話向宋慶齡表示歉意，並派人前往宋慶齡住所慰問。

5月31日，陳毅與華東局書記饒漱石、鄧小平等專程到宋慶齡寓所賠禮道歉。敲開門後，僕人因不認識他們，堅決不予放入。無奈之下，陳毅只得請來宋慶齡的朋友史良。在史良的幫助下，陳毅一行才得以跨進大門，第一次見到了久仰的孫中山夫人宋慶齡。

陳毅把這件事看得很重。6月1日，他以華東局的名義向中共中央書面報告了這一情況。報告稱："孫夫人宋慶齡處，我們到後即決定首先拜訪。因她有點病，故遲了三天才見面。在此三天內，我們部隊因找房子（因她現住宅係國民黨政府行政院另撥的）曾進去麻煩了兩次，引起她一些誤會。昨日陳、饒、鄧與吳克堅、史良同往拜訪道歉，已檢討問題責任，我們已派衛兵在其住宅警衛。又據史良説，她現經濟困難，決定由潘漢年先送一百萬人民票給她，以後當陸續供給。"接到報告後，中共中央回覆上海市委：要保存孫中山先生在上海的舊居，以資紀念；從優供給宋慶齡的日常費用及實物。

1949年6月30日，中共中央華東局、中共上海市委舉行慶祝中國共產黨成立二十八週年大會。陳毅邀請宋慶齡參加。晚六時，陳毅在會場門口迎候宋慶齡，並親自引導她入席。宋慶齡在會上發表了題為《向中國共產黨致敬》的祝詞。

7月7日，宋慶齡又和陳毅等一起，出席上海各界紀念"七七"慶祝

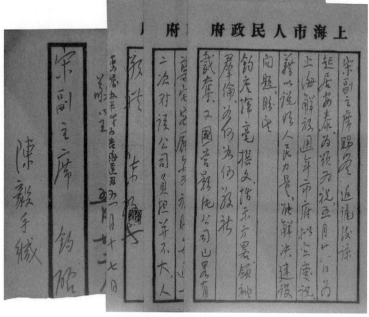

■ 1950 年 5 月 17 日，陳毅致宋慶齡信

解放大會，並在會上發表了講話。

　　陳毅知道，香山路七號孫中山故居的修繕和保護是宋慶齡最掛心的事。上海解放後資金緊張，亟待處理的問題堆積如山。在這種情況下，陳毅為首的上海市軍管會及市人民政府決定撥出一筆款項對孫中山故居進行維修。徵得宋慶齡同意後，工程於 8 月 19 日啟動。對此，宋慶齡當然是心存感激的。

■ 1952 年 6 月 1 日，宋慶齡與陳毅在上海逸園舉行的營火晚會上

　　陳毅很關心宋慶齡的生活，也了解宋

■ 1956 年 9 月 29 日，宋慶齡與陳毅歡迎來華訪問的印尼總統蘇加諾

■ 1956 年 10 月 3 日，蘇加諾、陳毅等在宋慶齡上海寓所花園

■ 宋慶齡與毛澤東、周恩來、張聞天、陳毅在中南海

慶齡的愛好。1950年5月17日，陳毅致信宋慶齡，為慶祝上海解放一週年向其約稿，並送去新疆友人遠道帶來的哈密瓜和白葡萄數斤。陳毅建議宋慶齡適當看些電影作為消遣。

1952年6月1日，為慶祝六一國際兒童節，上海市少年兒童在逸園舉行營火晚會。宋慶齡和陳毅、譚震林等出席晚會，觀看了中國福利會兒童劇團演出的廣場歌舞《為了幸福的明天》。

此後，宋慶齡與陳毅多次共同參加國事及外交活動。特別是在1956年，印度尼西亞總統蘇加諾來訪期間。從9月30日至10月12日，宋慶齡與陳毅一起參與了多次接待、宴請等活動。

1958年，陳毅兼任外交部部長。宋慶齡是與國外聯繫最多

■ 1962年1月6日，宋慶齡與周恩來、鄧穎超、陳毅在紀念《中國建設》創刊十週年招待會上

的新中國領導人之一，在外交方面起着無可替代的作用。因此，她和陳毅的聯繫也日益增多。

新中國成立伊始，為了加強國際宣傳，宋慶齡創辦了《中國建設》雜誌。1962年1月6日，《中國建設》雜誌社舉辦創刊十週年招待會和展覽會。宋慶齡、周恩來、陳毅、鄧穎超和廖承志等出席。周恩來對前來參觀的各界朋友說："這個展覽會很好，大家要給《中國建設》寫稿子！"宋慶齡和陳毅勉勵該雜誌社的工作人員："要用心學好外語。"之後，宋慶齡與

■ 1962 年 1 月 6 日，宋慶齡與陳毅為紀念《中國建設》創刊十週年與編輯部人員合影

周恩來、陳毅、鄧穎超等前往《中國建設》編輯部，接見全社工作人員及外國專家，並同他們合影留念。

　　1963 年是中國福利會成立二十五週年。6 月 14 日下午，中國福利會主席宋慶齡在北京後海北沿四十六號寓所舉行慶祝酒會。周恩來、朱德、

■ 1964 年 2 月 26 日，宋慶齡、周恩來、陳毅在錫蘭。前排右三為錫蘭總理西麗瑪沃・班達拉奈克夫人

董必武、何香凝、陳毅、聶榮臻等黨和國家領導人、相關方面負責人以及
國際友人出席了酒會。

1964 年，宋慶齡和陳毅更加頻繁地共同出現在外交活動中。2 月 26
日至 3 月 1 日，宋慶齡在周恩來和陳毅夫婦的陪同下出訪錫蘭。這次出訪
給宋慶齡留下了美好的記憶。上海寓所的客廳中，就擺放着她同周恩來、
陳毅即將出訪錫蘭時在昆明的合影。出於謙遜，她把合影中自己的肖像裁
掉了。

1966 年 11 月
12 日，紀念孫中山
誕辰一百週年的萬
人集會在北京人民
大會堂隆重舉行。
大會開始前，宋慶
齡同周恩來、陳毅
等一起接見了參加
大會的部分外國朋
友、華僑代表和港
澳人士。宋慶齡在

■ 紀念孫中山誕辰一百週年大會上，陳毅（前排左四）坐在宋慶
齡身後

大會上發表了長篇演講。這次大會一定給宋慶齡和陳毅都留下了深刻的印
象。因為，宋慶齡再一次在公眾場合發表講話，已是在 1972 年 9 月 5 日
的何香凝追悼會上；陳毅更是在飽受批判後，被打成“二月逆流”的黑幹
將，從政治舞台上徹底消失了。

1972 年 1 月 6 日二十三時五十五分，陳毅病逝，享年七十一歲。

8 日上午十時半，國務院機關事務管理局軍代表辦公室電話通知：“中
央請宋副委員長於今日下午三至六時間，到三〇一醫院向陳毅同志遺體告

別。"宋慶齡心情很沉重,剛一上汽車她就對秘書杜述周說:"真可惜,真可惜。"

三〇一醫院的太平間設在地下室,宋慶齡艱難地走下一層層台階。告別的房間不足十平方米,三面是洞開的大門,寒風直接從外面吹進來。陳毅的遺體上卻只蓋着一條薄薄的白布床單。宋慶齡的印象中,陳毅仍是那位心直口快、機智勇敢的元帥,仍是那位反應機敏、精力過人的外交家。但眼前的陳毅,卻已與她陰陽兩隔。

宋慶齡向陳毅遺體深深鞠躬,然後走向張茜。這位曾多次與陳毅一起陪同宋慶齡出訪、會客的光彩照人的外交部部長夫人,強忍着內心的悲痛,她雖然只有五十歲,卻已兩鬢染霜。宋慶齡與張茜緊緊擁抱,表達她的同情與安慰。

陳毅逝世時已不是黨和國家領導人,他的追悼會由中央軍委出面組織,參加人數為五百人。追悼會定於 1 月 10 日下午三時在八寶山革命烈士公墓舉行,而在此之前,沒有重要領導人在八寶山舉行追悼會的先例。

參加追悼會的名單已經敲定,作為國家領導人的宋慶齡和外國元首西哈努克親王都提出了參加陳毅追悼會的請求。

9 日晚,國管局辦公室電話通知宋慶齡的秘書杜述周:"關於陳毅同志的追悼會,在 7 日軍委向中央的報告上,中央批注:八寶山公墓氣候較冷,宋副委員長就不要去了。"杜秘書立即將中央的意見報告宋慶齡。宋慶齡聽到後的第一反應便是:"是不讓我參加,還是客氣?"雖然如此,面對中央決定,宋慶齡還是選擇接受。

根據這個通知,杜述周沒有做去八寶山的準備。正巧,住宅院內的電話線被下沉的房基壓壞,10 日這一天市電話局的工人來更換電纜。

下午一時三十分,正在午休的毛澤東突然起身,指示工作人員立即安排車輛,他表示要去八寶山參加陳毅的追悼會。得到這一消息,周恩來立

■ 作者在醫院病房中與杜述周交談

刻撥通了中央辦公廳的電話："我是周恩來。請馬上通知在京的政治局委員、候補委員，務必出席陳毅同志追悼會；通知宋慶齡副主席的秘書，通知人大、政協、國防委員會，凡是提出參加陳毅同志追悼會要求的，都能去參加。"擱下電話，周恩來便乘車趕往八寶山。

下午二時十四分，維修電話的工人把宋慶齡住宅切斷的電話線重新接通。就在這一刻，電話鈴突然響起來，把在場的人都嚇了一跳。來電話的是國務院值班室主任吳慶彤。他急匆匆地說："陳毅同志追悼會，偉大領袖毛主席來了，問宋副委員長來不來？"杜述周顧不上向宋慶齡請示，當即回答："去！肯定去！"

宋慶齡接到報告，立即下樓，乘車趕赴八寶山。宋慶齡抵達公墓，進入休息室後，提前到達的毛澤東正穿着長睡衣坐在沙發上。他起身與宋慶齡握手，並請宋坐在自己身旁。陳毅夫人張茜和家屬也都走來和宋慶齡握手。不一會兒，柬埔寨國家元首西哈努克親王和夫人莫尼克公主到了。宋慶齡便起身，將自己的座位讓給西哈努克親王。毛澤東向西哈努克通報了

■ 陳毅追悼會會場

"九一三"事件。他評價説："陳毅跟我吵過架，但我們在幾十年的相處中，一直合作得很好。……林彪是反對我的，陳毅是支持我的。"

追悼會開始，莫尼克公主攙扶着宋慶齡進入靈堂，與毛澤東、西哈努克等人並肩站在前排。

追悼會結束後，毛澤東堅持讓宋慶齡先上車。一再謙讓之後，宋慶齡走向自己的紅旗車，周恩來趕忙上前攙扶。這時，毛澤東似乎想起了甚麼，對江青説："你去，扶宋副主席上車。"

汽車啟動後，宋慶齡自言自語地説："毛主席，真聰明。"杜述周秘書曾經向我講起過這件往事，並揭示了其中的奧秘。據他回憶，在一次宴會上，江青祝酒時故意繞開了宋慶齡。這個小動作當然是十分失禮，甚至是帶有敵意的。應該是毛澤東知道了這件事，這次才讓她用攙扶的方式當眾向宋慶齡賠禮。

宋慶齡上海故居書房的牆上，至今還掛着一幅 1956 年宋慶齡與毛澤東、周恩來、張聞天、陳毅在中南海的合影。照片中，除了毛澤東略顯沉思外，其餘四個人的臉上都洋溢着燦爛的笑容。

在給友人的信中宋慶齡曾寫道："儘管我碰到許多困難，我還是要去參加陳毅的追悼會。我深深地景仰他，因為他是一個膽識過人、具有真誠性格的人。"

1974年國慶招待會

1949——1974

■ 1974 年國慶招待會請柬

宋慶齡與周恩來相識相知半個世紀。在過去的歲月裡，他們之間的過往是很多的。但在"文革"中，周恩來超乎尋常地忙碌，他的健康也亮起了紅燈。所以，在這個階段，宋慶齡與周恩來的接觸越來越少。

1972年9月5日，何香凝追悼大會在人民大會堂舉行，宋慶齡親致悼詞，周恩來出席。此後，周恩來曾多次打電話問候宋慶齡，對宋慶齡的醫療和日常起居中的問題也經常做出具體安排，但他們一直沒有再見面。當時，社會上悄悄流傳着周恩來生病的消息，宋慶齡當然對周恩來也更加牽掛。

■ 宋慶齡在何香凝追悼會上致悼詞

1974年8月2日清晨，宋慶齡突然出現面癱。第二天，病中的周恩來仍然十分周到地親自打來電話問候。經過一個多月的治療，宋慶齡的面癱已大致康復。她惦記着兩年沒有見面的周恩來，提出要在自家庭院的南湖中為周恩來打一條魚。9月20日，宋慶齡站在窗前看工作人員捕魚，第一次下網就捉到一條二十三點五斤重的大草魚。她很高興，指示秘書杜述周立刻把這條大魚送到中南海。當天下午，總理辦公室的秘書趙煒電話報告宋慶齡，魚收到了，並代表周恩來表示感謝。

新中國成立後，大多數年份都要舉行國慶招待會。建國之初的1950至1952年間，國慶招待會是以中央人民政府主席毛澤東的名義舉辦的。1954年政務院改為國務院，此後即改為以國務院總理周恩來的名義舉辦。

唯一的特例是 1964 年，這一
年是建國十五週年，9 月 30
日，由毛澤東、劉少奇、董必
武、宋慶齡、朱德、周恩來聯
名舉辦國慶招待會。1974 年
是建國二十五週年，按慣例要
隆重慶祝。

为庆祝中华人民共和国成立二十五周年
订于一九七四年九月三十日（星期一）下午
七时半在人民大会堂宴会厅举行招待会
请参加

周　恩　来

■ 招待會請柬內頁

　　9 月 27 日，宋慶齡接到
電話，她被邀請出席 30 日舉
行的國慶招待會。國管局局長在電話中解釋說，這次招待會規模空前，要
有四千五百人出席。考慮到宋慶齡的身體，他還特別說明，招待會時間不
會太長，約一個多小時。宋慶齡表示同意出席。

　　30 日晚，人民大會堂燈火通明。和所有與會者一樣，宋慶齡也在擔
心，長期抱病的周恩來總理是否能像以往那樣主持國慶招待會。

　　招待會開始時，周恩來的身影出現在宴會廳的入口處。人們欣喜若
狂，情不自禁地起立，長時間熱烈鼓掌。為了看清周恩來，不少中外來賓
不顧禮節，站到了椅子上。

　　周恩來穿着深藏青色中山裝，雖然身體消瘦、臉色蒼白，但他仍如人
們熟悉的那樣儀表堂堂、氣度非凡。主賓席是一個長桌，破天荒地安排了
六十三個人。周恩來在正中就坐，左側第七位是江青，右側第六位是宋慶
齡。這個“排座次”恐怕是周恩來很費了些腦筋的。因為在見報的黨和國
家領導人名單中，江青排在第七，宋慶齡則被排在第二十。

　　當周恩來走到話筒前準備致祝酒詞時，全場再次爆發出經久不息的
掌聲，人們似乎渴望用這種方式使周恩來留下的時間更長久些。等待了片
刻，周恩來雙手做向下壓的動作。在他的一再示意下，宴會廳裡才漸漸地

■ 招待會會場

平靜下來。周恩來的蘇北口音和溫暖的微笑，使人們如癡如醉。短短的祝酒詞，竟被不時爆發的熱烈掌聲打斷十餘次。有些根本不到斷句的地方，也被人們不適當地插入長時間的掌聲。

很多人並不知道，周恩來身患癌症已有兩年多，而此時他剛剛做完第二次手術。對他出席這次招待會，醫護人員是持反對意見的。但周恩來堅決地說：「我要出席這次招待會。」他心裡明白，這次相聚，很可能就是與大家的永別。

醫療組的妥協方案是：一、周恩來出席，但不講話；二、只講前面幾句話，後面的話由別人代唸講話稿；三、必須提前退席。

為了實現自己的願望，周恩來表示同意。

來到宴會廳，周恩來親自完成了他的祝酒。他舉杯提議：「請大家為中國各族人民大團結，為世界各國人民大團結乾杯！」他的祝辭將招待會的氣氛推到了高潮。為了照顧醫療組的感受，祝酒後周恩來沒有再次入席就座。他歉意地和臨近的賓客握手告別，提前退場。

最初，在給朋友的信裡，宋慶齡曾幾次表示：自己對出席這次招待會是很不情願的。她說：「當我被勸告去參加上月30日晚的慶典時，我被告

■ 周恩來在招待會上致祝酒詞

知我只要到到場就行了。""30 日我被'硬拉'去參加一次宴會,當時我的眼瞼還腫着呢。"所以持這樣的消極態度,是因為她預測周恩來難以出席。她不願意被當作一個"文革"中"大團結"的標誌。1974 年 10 月 5 日,倫敦《經濟學家》週刊的報道中說:"周參加了宴會,幾乎所有能夠抬得起頭來的中國領導人都出席了。六位八旬老人出現在主桌,包括八十八歲的國家代主席董必武,他已經有一年未見活動了;以及八十四歲的孫逸仙遺孀宋慶齡,自 1972 年以後只見到過她一次。"老朋友陳翰笙事後向宋慶齡提供了這份剪報。

　　能夠在國慶招待會上見到周恩來,宋慶齡又是驚喜又是心酸。

　　10 月 6 日,宋慶齡在給瑞士女教師奧爾加·李夫人的信中寫道:"雖然長期患病顯得清瘦,周作了一次極好的講演。有些客人站在他們的座位上,為了看清楚這位肩挑重擔而又拒絕一切誘惑的人。"

"Chou was joined at the banquet by virtually every Chinese leader capable of holding up his head. Six octogenarians turned up at the top table, including 88-year-old Tung Pi-wee, the acting head of state, who has not been visibly acting for a year, and 84-year-old Soong Ching-ling, the widow of Sun Yat-sen, who has been seen only once since 1972. Also present were Kang Sheng, the ailing politburo member whose main public activity during the past three years has been sending funeral wreaths, and several others who have been uncharacteristically inconspicuous lately."

(Page 37, The Economist, London, Oct. 5, 74)

■ 陳翰笙為宋慶齡抄錄的倫敦《經濟學家》週刊剪報

　　10 月 7 日,鄧穎超打來電話說:"國慶宴會看到您在主賓席很高興。外賓多,不便打招呼問好。回去累吧?聽總理講,看到您身體還好,很高興。"宋慶齡答:"謝謝親切慰問。想見面談幾句話,願望沒有達到。"

　　10 月 11 日,宋慶齡致信老朋友鄧廣殷:"我參加了二十五週年國慶宴會,有四千五百個賓客。總理說能看出我的眼睛因為面癱的緣故還有點腫。"

10 月 15 日，她又致信陳翰笙："我的眼皮仍然腫着，是我六個星期以來面癱的後遺症。但是我還是待在那裡堅持到了最後。我見到了總理。"

10 月 22 日，宋慶齡致信老朋友愛潑斯坦："在宴會上，我見到了總理。他很憔悴而且面帶倦容，但他以高亢的聲音，發表了一篇精彩的演講。當然他是做出了巨大的努力，表現他身體健康。但是他現在仍然在住院治療。"

應該説，1974 年的國慶招待會給宋慶齡留下了深刻的印象。遺憾的是，這也是周恩來生前與宋慶齡的最後一次近距離相見。此後的 1975 年 1 月 13 日，宋慶齡曾坐在全國人大四屆一次會議的主席台上，看到瘦骨嶙峋的周恩來發表《政府工作報告》的背影。宋慶齡再次見到周恩來，就是在北京醫院與他的遺體告別了。

宋慶齡一生中出席過多少次會議，恐怕是很難統計的。會議上發給與

■ 宋慶齡書房中放置重要物品的黑角櫃

■ 宋慶齡保存的《周總理在國慶二十五週年招待會上的祝酒詞》

會者的講話稿，她刻意收在身邊的並不多。特別是開幕詞、閉幕詞、祝酒詞之類的禮節性講稿，似乎更不具留存的價值。但是我們確實在宋慶齡的遺物中見到了一份祝酒詞。

這是《周總理在國慶二十五週年招待會上的祝酒詞》。這份祝酒詞十分簡短，包括標點也只有短短的四百二十字。這份十六開大小的講稿有一道摺痕，顯然是宋慶齡對摺之後放到衣袋裡帶回來的。當我找到它的時候，它放在宋慶齡書房的黑色角櫃裡。與它放在一起的有宋慶齡親筆書寫了書皮的《廣州蒙難記》，有毛澤東簽名送給宋慶齡的第一版《毛澤東選集》等等極具紀念意義的物品。

宋慶齡與宋子安

■ 宋慶齡保存的宋子安照片

宋家兄弟姐妹六人，宋慶齡排行第二。排行第六的弟弟宋子安生於
1907 年，比宋慶齡小十四歲。

　　1913 年 8 月，孫中山領導的"二次革命"失敗。為了躲避袁世凱的迫
害，也為了繼續幫助孫中山的革命，宋耀如偕全家流亡到日本。七歲的宋
子安也與父母同行。

　　1915 年，即宋慶齡嫁給孫中山的那年，宋耀如全家回到上海。幼年時
宋子安一直由母親倪太夫人照管。但此時，宋耀如身體已大不如前，腎病
日漸加重，倪太夫人也分身乏術。1917 年 8 月，宋子文、宋美齡自美國留
學歸來，倪太夫人就把宋子良、宋子安暫時委託給宋美齡照管。1918 年 5
月，宋耀如在上海病逝。

　　宋子安性情溫順、勤學苦讀，中學未畢業就考入了上海的聖約翰
大學。

　　1925 年 3 月，孫中山在北京病逝。4 月 21 日，倪太夫人、宋子文、
宋美齡、宋子安等，陪同沉浸在悲痛中的宋慶齡，一道前往南京勘察孫中
山墓址，並最終選定紫金山南坡的中茅山。

　　次年，宋子安自聖約翰大學畢業，隨即考入美國著名的哈佛大學，攻
讀經濟學碩士。

　　1926 年 4 月 16 日，宋慶齡在給美國同學阿莉的信中寫道："宋子安，
我們的小弟弟，將於今秋進哈佛大學。他將於 8 月赴美。起先我計劃與他
同去，但後來我決定最好還是等一等，因為今年在國內有許多事要做。"

　　1926 年秋，即將離開中國的時候，宋子安看到的是這樣一番景象：
已經去世的孫中山在全國民眾中威望空前；宋慶齡在國民黨內受到高度尊
崇，幾乎全票當選為中央執行委員；宋子文在國民政府財政部部長、國民
黨中央商民部部長的職位上做得風生水起；國民革命軍正式出師北伐；孔
祥熙全力以赴忙於孫中山陵墓的籌劃。總之，宋氏家族內部相互關懷、扶

持，國民黨士氣高漲，全國革命潮流澎湃。

宋子安在哈佛的歲月是稱心如意的。在研究生裡，他是最年輕的一位。他待人溫和有禮，是個中規中矩的好學生。同時他又受到師生的格外關照，因為他的哥哥宋子文是 1915 年畢業的哈佛大學的經濟學碩士（1917年哥倫比亞大學經濟學博士），回國後就任中央銀行行長和財政部部長，自然是一個為母校增光的典範。

宋子安在美國的兩年中，中國國內政局卻出現了令人瞠目的劇變。

隨着北伐的推進，國民政府按既定計劃北遷。1926 年底，宋慶齡、宋子文、孔祥熙等作為先遣人員離開廣州北上，調查和部署遷都事宜。1927年 1 月，國民政府明令以武漢為首都，開始在武漢正式辦公。宋慶齡、宋子文等均為中央黨政聯席會議成員。倪太夫人和宋藹齡、宋美齡結伴從上海來到漢口看望宋慶齡和宋子文，一家人其樂融融。3 月，孔祥熙就任國民政府實業部部長，更是錦上添花。

然而，1927 年 4 月 12 日，蔣介石在上海突然實施"清黨"，屠殺共產黨人和工農群眾。隨即，他在南京另立政府，形成寧漢對峙的局面。蔣介石的這一舉動，迫使在政局中佔有重要地位的宋氏家族作出反應。宋藹齡、孔祥熙、宋美齡迅速選擇了站在蔣介石一邊，宋子文在家族內外的強大壓力下，經過痛苦的掙扎，最終也加入了蔣介石的陣營。孔祥熙、宋美齡、宋子文、宋藹齡先後來到武漢爭取宋慶齡，倪太夫人也特意來信勸說宋慶齡回歸"家庭"，但執拗的宋慶齡沒有妥協。

7 月 15 日，汪精衛步蔣介石的後塵實施"分共"，武漢政府迅速右轉。事變發生的前一天，宋慶齡拒絕出席"分共"會議，並發表《為抗議違反孫中山的革命原則和政策的聲明》，痛斥國民黨領導人背叛孫中山、背叛工農，宣佈將不再參加"新政策的執行"。團結一致的宋氏家族分成了壁壘森嚴的兩個陣營，儘管在人數對比上是那樣懸殊。

8月23日，宋慶齡秘密啟程，流亡蘇聯。

12月，宋美齡嫁給了宋慶齡最不恥的蔣介石。

1928年上半年，宋子文就任南京政府財政部長；蔣介石任國民黨中央軍事委員會主席、國民革命軍總司令；孔祥熙就任工商部部長。

1928年6月下旬，宋子安獲得碩士學位。7月初，他從哈佛大學整裝回國。自離別上海到踏上歸途，時光僅僅走過了七百天，國和家對他來說都變得陌生了。想到二姐宋慶齡一人獨自流亡在外，宋子安特意繞道德國前去探望。見到幼弟學成歸國，宋慶齡心中有說不出的高興。她詳細詢問子安在美國學習和生活的情況，耐心地向子安講解了國內的政局。她還陪子安參觀了柏林大學（特別是該校的圖書館），遊覽了柏林最大的公園——蒂爾公園和其他一些名勝古蹟。當時與宋慶齡同在柏林的章克寫道："在宋子安與她在一起的五天裡，我在旁觀察到宋慶齡對宋子文和宋子安的感情是比較深厚的。她是多麼渴望她能和她的母親和這兩個弟弟經常在一起，敘天倫之樂啊！但因種種原因，這個願望很少得到實現，他們之間，分離的日子多於相聚的時光。"章克說："宋子安因急欲回上海，所以在柏林只住了五天，臨別時宋慶齡還親自陪他到漢堡市，送他登上赴上海的郵輪。"

從章克的文字看來，他並沒有陪同姐弟倆一起去漢堡，很可能只是聽宋慶齡的講述。因為事實上，宋慶齡與宋子安是一起離開德國的。他們7月12日抵達法國巴黎，其後又到歐洲的幾個國家遊覽。

1928年8月21日，宋慶齡在致楊杏佛的信中寫道："我們剛從布拉格回來。我與子安旅行了一個多月，先到巴黎去美國醫院作X光治療，再去瑞士湖間鎮這可愛的阿爾卑斯區，還去了奧國、捷克。……在旅途中我曾寄上幾張明信片，讓你了解我們訪問的國家。"從語氣中我們可以體會到宋慶齡在長期政治重壓下難得的輕鬆。根據她的敘述，宋子安7月6日或7日抵柏林，12日抵巴黎，8月21日回到柏林。這一次的結伴旅遊不僅

■ 宋慶齡致楊杏佛信

在姐弟二人之間是唯一的一次，即使在宋慶齡的一生中，這樣長時間的休閒，也是絕無僅有的。

由於缺乏足夠的生活費用，宋慶齡在德國的生活很是艱苦。章克每天中午會陪宋慶齡到中國餐館吃一份快餐（即由飯館事先準備好的一份菜餚和主食。大多是放在一隻橢圓形的盤子裡的大米飯、豬排或牛排和蔬菜。），每份一個馬克，外加二十分小賬。當時一馬克相當於一塊中國法幣。聽到這種情況，宋子安很為宋慶齡的健康擔憂。啟程回國前，他背着二姐將自己的餘款全部交給章克，用作二姐的生活補貼，並囑咐章克照料好二姐的生活，如生活中出現困難就立即給他寫信，他一定全力支持。

宋子安將宋慶齡在國外生活的最新情況帶給了國內的親屬，他也因此成為宋氏家族與宋慶齡溝通的最佳渠道。

1929年，中山陵建成，孫中山的國葬即將舉行。3月，國民黨第三次全國代表大會提議委派宋子安赴德國迎接宋慶齡回國（後改為“出關迎迓”），參加孫中山的奉安大典。5月17日，宋慶齡抵達瀋陽，宋子安和哥哥宋子良作為蔣介石和國民黨中央的代表在車站迎接。此後，子安又陪同宋慶齡抵達北平，舉行孫中山遺體改殮儀式，並全程陪同宋慶齡隨孫中

■ 1929 年 5 月 18 日，宋慶齡回國參加孫中山奉安大典。宋慶齡與宋子良、宋子安步出北平東車站

山靈櫬南下。奉安大典結束後不久，宋慶齡再度回到德國。

宋子安回國後，參與了宋子文推行的鹽稅改革，出任松江鹽務稽核所經理，後升任松江鹽運副使。為了打擊食鹽走私，宋子文加大了武裝緝私的力度，宋子安被任命為蘇屬鹽務緝私局局長。

1931 年 7 月，宋太夫人倪桂珍病逝。宋慶齡從德國匆匆趕回上海。兄弟姐妹終於又相聚一堂，只是他們的身邊再沒有了母親。

1932 年 8 月，宋藹齡、宋慶齡、宋子文、宋美齡、宋子良、宋子安一起，在上海萬國公墓宋氏墓地為父母宋耀如、倪桂珍營建合葬墓。建墓之前，他們對父親宋耀如墓做了最後祭掃。宋慶齡和宋子安在父親墓前合影。這張照片宋慶齡一直帶在身邊，並在照片背面親筆寫上"樹長萬代，葉落歸根"八個字，表達了自己將來要回歸宋氏墓地、期盼家族團圓的心願。宋慶齡去世後，這張合影保存在北京宋慶齡故居。而宋慶齡也是兄弟

■ 1932 年，宋慶齡與宋子安在父親宋耀如墓前

姐妹中唯一踐約的成員，死後安葬在上海宋氏墓地與父母相伴。

1934 年，中國建設銀行公司在上海成立，宋子文、宋子良、孔祥熙等被選為董事，孔祥熙任董事長，宋子文任執行董事，宋子良任總經理。初出茅廬的宋子安就任監察。數年後，宋子安接任總經理。此後，宋子安又擔任了廣東銀行的董事長。總體上看，宋子安與他的哥哥姐姐不同，他的活動基本上在自己所學金融專業的範圍內，而且始終追隨宋子文的腳步。

宋子安是宋氏家族中與政治距離最遠的一位。但身為家庭成員，他也身不由己地被捲入一些矛盾。

由於理念上的差異，宋子文與蔣介石曾多次發生衝突，甚至動手。為此，

■ 宋子文與宋子安

宋子文在政壇上起起落落。1943 年 10 月,在對史迪威的看法上,時任外交部部長的宋子文又與蔣介石發生了激烈的爭辯。兩人矛盾升級,蔣介石自此拒絕與宋子文見面。宋子安為郎舅之間的隔閡深深擔憂。11 月 6 日,他去見蔣介石,要求蔣召見宋子文。蔣介石評價宋子安"彼誠幼稚而天真之人也"。在政治鬥爭中,"幼稚而天真"不是讚譽之詞。顯然,蔣介石認為宋子安是不懂政治的。

1938 年春的一天,李雲到宋慶齡家做客。宋慶齡對她說:"昨天我的小弟子安來看我,對我說:'三姐(指宋美齡)來到香港,我們都聚在一起,三姐關照大家,任何事情不要告訴你。'我聽了很生氣,就對我的小弟說:'你不要對我說甚麼,我也不要聽。'我的小弟子安是和我比較好的,他還來告訴我一點消息。"

以上這兩件事都可以說明,宋子安不具備政治手腕,對政治也沒有甚麼興趣,他更關心的是家族的團結和睦。對於家族在政治上的分裂,他很痛心,但又無力解決。

1949 年下半年起,宋子安定居在美國舊金山。他仍然擔任廣東銀行董事長,經常往來於舊金山和香港之間。1954 年起,宋子安開始到台灣探望宋美齡和蔣介石,至 1966 年前後共達十一次。其中大多是與夫人和兩個兒子同行,每次到台都受到蔣介石夫婦的熱情接待。特別值得一提的是,宋子安促成了宋子文 1963 年的訪台。

因與蔣介石的多次反目,宋子文對其毫無好感。國民黨撤退到台灣之初,蔣介石曾邀請宋子文赴台,被宋拒絕。1963 年,宋子文到菲律賓辦事。2 月 4 日,他寫信給在美國家中的夫人張樂怡,表示將很快返回美國,問夫人能否到舊金山或洛杉磯與他會合,一起在加州灣區度過幾週。第二天宋子安抵達馬尼拉,與宋子文會面,代表蔣介石和宋美齡邀請宋子文訪台。宋子安成功地說服了宋子文。與子安會面後,宋子文改變了行

■ 宋子安一家

程。2月6日，他再次致函張樂怡，表示決定去台灣一至兩週，月底前回家。隨後，他即從馬尼拉前往台灣。這次宋子文與蔣介石夫婦的相聚是愉快的，因為他們已經沒有涉及任何政見分歧的必要。直到3月，宋子文才離開台灣，經菲律賓返抵紐約。宋子安也於當月離開台灣返回舊金山。顯然，宋子文的台灣之行是宋子安穿針引線的結果。這是1949年後宋子文唯一的台灣之行。宋子安肯定十分樂見自己的哥哥與姐夫的和解。

在宋子安為宋子文與蔣介石牽線的同時，一個與他感情最深的姐姐卻無奈地在中國大陸牽掛着他。前中國銀行香港分行經理鄭鐵如解

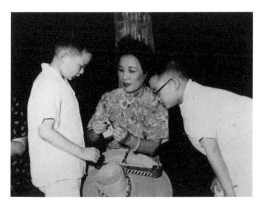

■ 1956年7月29日，宋美齡與宋子安之子宋伯熊、宋仲虎做遊戲

233

■ 1963 年 2 月，宋子文接受蔣介石、宋美齡邀請前往台灣小住。圖為宋子文（戴墨鏡者）與蔣介石、宋美齡一起視察。左一為蔣經國次子蔣孝武

放後曾多次見到宋慶齡。他說："我每次見到孫夫人，孫夫人總要探問宋子安先生的近況，如果我說得籠統，孫夫人就會叫我回港後再設法了解得詳細些，然後告訴她。"宋慶齡告訴鄭鐵如，小時候在兄弟姐妹中，她跟這位幼弟是最要好的。在向鄭鐵如談起宋子安時，她總是滿含深情。宋慶齡還曾託鄭鐵如帶口信給宋子安："他的二姐非常想念他，希望在有生之年能跟他見一次面。"當時中美沒有建交，宋慶齡不便去美國，因此希望宋子安能夠回國來一敘姐弟之情。

1969 年 2 月 25 日，宋子安赴香港參加廣東銀行開幕。當天，因腦溢血猝然離世，年僅六十二歲。宋藹齡、宋美齡赴舊金山參加了他的追悼儀式。宋子安最終安葬在美國加州阿拉米達縣奧克蘭的觀山公墓（Mountain View Cemetery）。

宋慶齡是怎樣得知這個消息，她又是如何處理的呢？宋慶齡的英文秘

書張珏寫過不少回憶宋慶
齡的文章，後來油印了文
集《往事不是一片雲》。
在敘述這件事時，張珏寫
道：當時宋慶齡"從外國
雜誌上看到宋子安去世的
消息，她親自擬了電報，
要我發出，表示哀悼。她
說宋子安在弟輩中是最了

■ 蔣介石與宋伯熊、宋仲虎在一起

解她的"。文集印出後，張珏曾送給宋慶齡的警衛秘書杜述周一冊。杜述
周在張珏的文章旁用紅筆做了一些批語。在上面所述的文字旁，杜述周寫
了這樣一段説明："給宋子安夫人的電報，是我到電報大樓拍發的。去時人
家説，未接到通知。過一會説國辦通知來了，發。我才知道是宋子安事。

出，表示哀悼。她说宋子安在弟辈中是最了解她的。有一次有一位姓赵
的人从山东来信问孔祥熙一家的消息，她让我回信说：问过了从美国来
的亲友，得到的回答都说不知道，可能孔家的后代都不在美国了。

宋庆龄名誉主席十分认真，迅速地处理日常的工作。这也培养了我
们在工作上认真对待，力求迅速，从不积压的好习惯。

在抢救她的生命的紧张日子里，病情起伏，她顽强地同病魔搏斗。
我强抑住无比的悲伤，学习她的坚强意志和顽强战斗的精神，歉歉地完
成自己应该做的工作。现在，她已经离开我们了。我想起过去她送我一
块衣料时曾说过的一句亲切的话："这是作为我们紧密合作的一件纪念
物。" 这样亲切的话音一遍又一遍地在我的耳际回响……

（原载《纪念宋庆龄特刊》，《中国
建设》中文版，1981年8月号。）

■ 杜述周在張珏文集《往事不是一片雲》油印本上的批注

當時和美國未建交，電報是發瑞士轉的。發報前告總理、鄧大姐，總理那（裡）通知電報大樓的。"這段經歷杜秘書印象很深，生前幾次向我講述過。愛潑斯坦曾就此發表議論說："她（指宋慶齡）為了要往美國發一個唁電，還得請周恩來和鄧穎超幫忙獲得特許——在那段緊張的時期，事情就是這樣的。"的確，當時舉國上下正在積極備戰，最大的敵人就是蘇修和美帝。

電報的內容究竟是甚麼？兩位秘書都沒有披露。好在電報原件現存北京宋慶齡故居，全文如下：

<u>URGENT</u>

        Attorney Mr. Peter S. Sommer

            625 Market St.

            San Francisco (USA)

Just received your airmail stop Please inform Mrs. Soong Tsan
my deepest shock and grief over our bereavement stop I wish to
renounce any bequests to me in favour of Ts-an's children.

                Soong Ching Ling

                Mrs. Sun Yat-sen

                1969-4-5日

■ 1969 年 4 月 5 日，宋慶齡發給 Peter S. Sommer 律師的電報

急件

致：Peter S. Sommer 律師

■ 宋子安去世前一年，宋伯熊大學畢業

美國舊金山市市場大街 (Market St.) 625 號

　　剛收到你的航空郵件。請向宋子安夫人轉達我喪親的巨大的震驚和深切的哀痛。我願放棄給我的任何遺產，將它們留給子安的子女。

宋慶齡

孫逸仙夫人

1969 年 4 月 5 日

　　從電報內容看，宋子安去世後宋慶齡接到了其律師的航空郵件。是律師通知她，宋子安已逝世，請她接收由宋子安代管的屬於她的遺產。由此看來，張珏關於宋慶齡通過外國雜誌得知這個消息的説法是存在疑問的。在電報中，宋慶齡請律師代其向宋子安夫人致哀，因為她不知道如何與之聯繫。

　　電報中提到的遺產問題，公眾過去從未聽説過。其實這筆遺產是有蛛絲馬跡可尋的。倪太夫人去世後，父母的遺產分給兄弟姐妹，其中也有宋慶齡一份，但當時因與家族其他成員政治立場不同，宋慶齡沒有接受這筆遺產。1939 年 3 月 5 日，為推動全民抗戰，重慶舉行了愛國獻金競賽。《申報》報導：宋美齡在婦女界集會上宣佈，其兄弟宋子文、宋子良、宋子安及其兩姊孫夫人宋慶齡及孔祥熙夫人宋藹齡，均各由遺產中捐出萬元。1978 年 8 月 26 日，宋慶齡在致陳翰笙的信中曾提到：1931 年她從德國帶病回上海參加母親葬禮時，胡蘭畦一路陪伴着她。回上海一週後，宋慶齡從母親的遺產中借了一些錢，讓胡蘭畦返回柏林讀書。以上這兩個事例都説明遺產是存在的，但宋慶齡沒有接受。在特殊情況下不得不使用時，她便以"借"的方式來變通處理。

　　2002 年，我們採訪了杜述周，在談到宋子安去世後的情況時，他説：

後來據宋慶齡身邊比較親近的人講，宋家分配財產，她大概分到六十多萬美元，可她沒拿，由宋子安代管着。當時這件事未引起我們的重視，所以沒有追問杜述周，宋慶齡究竟是跟哪個人說的。

對於宋子安的突然去世，宋慶齡痛心不已。

1971 年 2 月，她在致廖夢醒的信中寫道："我親愛的小弟，他身體很健康，卻在香港暴死，死因至今還沒有弄清楚。"

1979 年 4 月，宋慶齡致函楊孟東："最近聽上海的一個老朋友談起，子安（已故）的妻子婷婷嫁給一個埃及人！大約六七年前，我的親愛的小弟弟在香港突然去世之後，她就到美國斯坦福大學去唸書了。他們有兩個兒子，但我從來沒有見過他們，因為子安是戰時在美國結婚的。"

■ 1970 年，宋仲虎大學畢業

宋慶齡很想得到宋子安的照片，於是設法通過對外友協聯繫宋子安夫人胡其英。1979 年 9 月 5 日，胡其英終於從舊金山給宋慶齡來信。這封信寄到了中國人民對外友好協會。

親愛的孫夫人：

近日得知您想要子安及其家庭的照片。請允許我藉這個機會，對您在 1969 年子安去世後發來的親切的電報表示感謝。

附上十張照片。為了您可以詳細查閱，照片是按照片背面的年

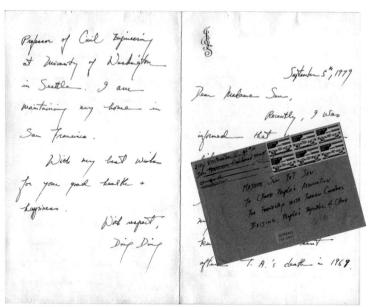

月為順序排列的。

因為不知道您的家庭住址，所以我將照片寄到您給我來信的地址。

第五和第六張照片是宋子安在兒童醫院的學習實驗室，裡邊有供醫生和醫務工作人員使用的醫療設備。第八和第九張照片，是在 De Young 紀念博物館的宋子安陳列室，那些發掘出的 Avery Brundage 先生久已湮沒的收藏品，將總會勾起對宋子安在舊金山的回憶。

當前，我們的大兒子羅尼 (Ronnie) 在紐約工作。小兒子利奧 (Leo) 在加利福尼亞經營他自己的礦泉水生意。去年，我到位於西雅圖的華盛頓大學的土木工程學教授穆罕默德‧謝里夫 (Mehmet Sherif) 那裡去了，但我家還留在舊金山。

祝您健康快樂

敬禮

婷婷

■ 宋仲虎、宋曹琍璇及子女在海南文昌宋耀如之母王氏墓前

　　她還在每張照片的背面用鋼筆做了說明。

　　胡其英是 1941 年 12 月 20 日與宋子安在美國舉行的婚禮，所以宋慶齡從未見過這位弟媳。

　　收到這封信的時候，宋子安離開人世已經整整十年。宋慶齡百感交集！她立即寫信給楊孟東："婷婷終於把子安的照片寄給我了。我真難以相信他已經離開了我們！他是我的多好的弟弟，他從不傷害任何人。對他的猝然去世，我止不住掉淚。現在我見到了婷婷本人的照片，我能理解為甚麼她同那埃及人結了婚。"宋慶齡把宋子安的照片放在身邊，以便可以隨時看到。此時，宋慶齡的健康狀況已經很差，幾乎每天都在同疾病抗爭。僅僅過了一年多，宋慶齡在北京病逝。宋子安夫人胡其英從舊金山向北京發來唁電："對我丈夫的姐姐逝世謹表示誠摯的哀悼。"

　　宋子安與胡其英膝下有兩個兒子 —— 長子宋伯熊、次子宋仲虎。由於宋子文與宋子良都沒有兒子，所以宋子文把子安的兒子看作宋氏家族共同的子嗣，兩個侄兒的中文名字也是他取的。

■ 作者在北京宋慶齡故居接待宋曹琍璇

　　現在，宋仲虎的夫人宋曹琍璇是美國史丹福大學胡佛研究所的訪問學者，負責閱看捐到那裡的蔣介石、宋子文、孔祥熙、蔣經國的私人檔案，並進行篩選分類，以便陸續將其公開。我們祝願她一切順利，能為海內外學者的研究提供更多依據。

宋慶齡與毛澤東

■ 1957 年 12 月 1 日，宋慶齡致
毛澤東書信信封

宋慶齡與毛澤東同年出生，但兩人的成長環境和生活軌跡卻截然不同。宋慶齡出生於一個有着濃厚西方文化背景的基督教家庭，十四歲就遠赴美國留學，對西方文明了解很深，她熟諳英語，英文水平遠遠高於中文。毛澤東則基本沒有離開過中國，他出生在農民家庭，而且始終保持着農民的本色。

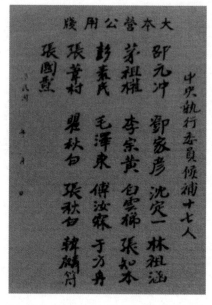

■ 1924 年 1 月，中國國民黨舉行第一次全國代表大會。孫中山手書中央候補執行委員名單，其中就有毛澤東

宋慶齡知道毛澤東的名字，應該是在 1924 年中國國民黨第一次全國代表大會上。當時，宋慶齡已經很深地介入了孫中山的工作；而在籌備"一大"時，毛澤東也已是中共的骨幹之一。孫中山提名的十七名候補中央執行委員名單中，毛澤東等七名中共黨員赫然在列。雖然宋慶齡並沒有出席這次大會，但她參與了大會的實際籌備工作。在"一大"上，毛澤東嶄露頭角，他"説話的熱情與精力充沛的姿態"引起了國民黨老人們的"面面相覷"。

1926 年 1 月，宋慶齡與毛澤東一起出席了在廣州舉行的國民黨第二次全國代表大會。兩人都在會上發表了講話。在這次大會上，宋慶齡當選為中央執行委員；毛澤東當選為中央候補執行委員，並在之後根據汪精衛的提議，繼續代理國民黨中央宣傳部部長。

1927 年，國民政府遷都武漢。在這一年的 1、2 月份，毛澤東考察了湖南湘潭等五個縣的農民運動，並就此寫出了《湖南農民運動考察報告》。

■ 1927 年 3 月，中國國民黨二屆三中全會在漢口召開。圖為部分與會者合影。前排右起：吳玉章、經亨頤、陳友仁、宋子文、宋慶齡、孫科、譚延闓、徐謙。中排：林伯渠（右二）、毛澤東（右三）、董必武（右九）。後排：鄧演達（右三）、惲代英（右四）

3 月，國民黨二屆三中全會舉行，宋慶齡被推選為五人主席團成員。在這次全會上，毛澤東多次發言，對農民運動做了生動而詳細的說明。在他的影響下，會議宣佈，土地是貧苦農民的 "核心問題"，而他們是革命的動力，黨將支持他們的鬥爭，直到 "土地問題完全解決" 為止。毛澤東的表現給宋慶齡留下了深刻的印象。他不同於其他官僚、軍閥，沒有個人利益的考慮，着眼於最底層的百姓；而他提出的土地問題，又與孫中山 "耕者有其田" 的主張相呼應。毛澤東腳踏實地的工作態度更是當時國民黨高層中無人可比的。

4 月 12 日，蔣介石在上海實行 "清共"，背棄了孫中山 "聯俄、聯共、扶助農工" 的政策。4 月 22 日，宋慶齡與毛澤東等四十人聯名發出《中央

■ 1927 年 4 月 22 日，宋慶齡、毛澤東等中央委員在漢口《民國日報》上發表宣言，聲討蔣介石發動四一二反革命政變

委員聯名討蔣》宣言，指出蔣介石是"總理之叛徒，本黨之敗類，民眾之蟊賊"，號召打倒蔣介石。

7 月 15 日，汪精衛為首的武漢政府發動"清共"政變後，宋慶齡領銜，與毛澤東等二十二名國民黨中央委員發表《中央委員宣言》，痛斥蔣介石、汪精衛背叛革命的行徑，表示"誓遵總理遺志奮鬥到底"。

第一次國共合作破裂後，共產黨發動了八一南昌起義，宋慶齡是七人主席團中的第一位；毛澤東則在湖南組織"秋收暴動"，建立了工農革命軍，開展武裝鬥爭。此後的十八年間，宋慶齡與毛澤東再未謀面，但她對毛澤東仍評價頗高。

為了繼續堅持孫中山的理想，宋慶齡毅然脫離了國民黨。對於中國"政治家"的爾虞我詐、爭權奪利、朝三暮四、眼光短淺，她十分失望。她曾說："除了孫逸仙博士以外，我從來就不信任中國的任何政治家。"

一次，斯諾問她："你現在還是不相信中國的任何政治家嗎？"宋慶齡搖了搖頭，然後她補充道："比起他人來，我對毛澤東還是信任的。"

抗戰爆發後，為挽救民族危亡，宋慶齡決定出面為國共兩黨斡旋，力圖再次促成國共合作。1936 年 1 月，她委託董健吾帶密信給毛澤東和周

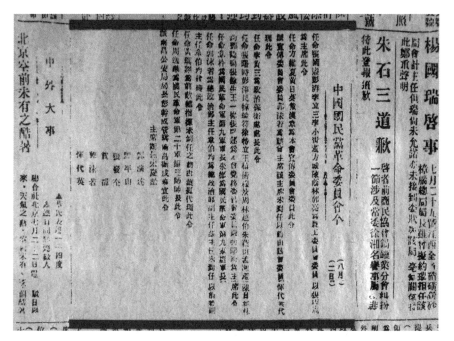

■ 1927 年 8 月 1 日，中國共產黨舉行南昌起義，由周恩來等二十五人組成革命委員會。宋慶齡當時雖在上海，仍被推選為七人主席團成員。這是當時南昌報紙上刊登的《中國國民黨革命委員會令》

恩來，傳達國民黨中央與中共談判的意願。3 月，董健吾帶回了毛澤東、周恩來給宋慶齡的回信，提出了國共談判的條件。同年 9 月，潘漢年受中共中央委派，到上海商談第二次國共合作。抵達上海後，他首先拜會宋慶齡，面呈毛澤東 9 月 18 日致宋慶齡的親筆信。信中說：

"武漢分別，忽近十年。每從報端及外來同志口中得知先生革命救國的言論行動，引起我們無限的敬愛。一九二七年後，真能繼續孫中山先生革命救國之精神的，只有先生與我們的同志們。"

1945 年 8 月 28 日，毛澤東與周恩來應蔣介石之邀抵達重慶。8 月 30 日，毛澤東專程到兩路口新村三號去看望宋慶齡。這說明了他對宋慶齡的尊重以及宋在他眼中的重要性。9 月 6 日，宋慶齡以保盟主席的名義宴請毛澤東、周恩來等人。9 月 9 日，宋慶齡又專程到桂園回訪毛澤東。

■ 1945 年 9 月 18 日，宋慶齡偕王安娜到重慶桂園看望毛澤東

　　1949 年 8 月 28 日，在毛澤東、周恩來等人的多次敦請下，宋慶齡來到北平參與籌劃建國。此後，她與毛澤東一起從事着重要的國務活動，彼此間更為了解，情誼與日俱增。

　　1950 年 5 月，宋慶齡準備返回上海，她在羅叔章的陪同下到毛澤東住處辭行。毛澤東留宋慶齡吃飯，席間只有四菜一湯，而且都是家常菜。遺憾的是菜的辣味太重，宋慶齡沒有吃好。毛澤東對此看在眼裡記在心上。吃飯時，兩人談論了一些國際問題。宋慶齡向毛澤東提到："斯特朗聽說還關在監牢裡。這是為甚麼？我知道她是個好人，她不但在本國，在國外都做了不少事，是一個馬列主義者，是個很有影響的人物。我認識她很久了。我想這事要請主席助一臂之力，應設法把她放出來。"不久，毛澤東就將斯特朗營救出來，安排她來華定居。

　　回到上海後，宋慶齡因工作勞累舊病復發，不能及時返回北京開會，她特意於 6 月 3 日給毛澤東寫信請假：

　　"在京暢聆讜論，深感萬分愉快。告別以來，倏忽二旬，想您最近身體健康，甚盼及時珍重，作充分休息。

　　"我返滬後即着手籌備救濟總會宣傳部工作，因事屬創舉，不得不周詳計劃，昕夕從事，刻無暇晷，致最近舊疾復發，正在診治之中，故本月恐未克來京開會，尚希見諒。"

　　得知宋慶齡身體不適，毛澤東非常掛念，立即叮囑上海市委的有關領

■《為新中國奮鬥》書影

導人前去探望。

當年 9 月底，宋慶齡從上海回到北京，毛澤東又請她去吃飯。羅叔章回憶："這次，主席請夫人吃的是西餐，陪同的人都是夫人熟悉的中央領導人。"

1952 年，宋慶齡將 1927 年以來發表的六十三篇文章、演講和聲明，彙編成《為新中國奮鬥》一書。出版後，宋慶齡即將書贈與毛澤東。

10 月 10 日，毛澤東親筆覆函致謝："承贈大著《為新中國奮鬥》，極為高興，謹致謝意。另承贈他物，亦已收到，並此致謝！"

宋慶齡把毛澤東當作值得尊重的朋友。看到自己喜歡的東西，她就會想到毛澤東。1952 年 12 月，宋慶齡去維也納參加"世界人民和平大會"，歸途中在莫斯科小住。與她一起出訪的姜椿芳有這樣一段回憶：當時他們在逛街時，買到了一種旅行鬧鐘。宋慶齡見這個鬧鐘外面套着皮盒子，放在枕邊也聽不見鐘走動的聲音，到點兒鬧起來聲音不大但又能聽得到。她很喜歡，就請隨行人員替她買了兩隻，一隻自己用，一隻送給毛澤東。

宋慶齡每次從上海到北京，都給毛澤東帶禮物，過年時也要送賀年卡。1956 年元旦，毛澤東收到了宋慶齡寄來的賀年卡。他很開心，於是提筆寫了一封有趣的回信。

親愛的大姐：

　　賀年片早已收到，甚為高興，深致感謝！江青到外國醫療去了，尚未回來。你好嗎？睡眠尚好吧。我仍如舊，十分能吃，七分能睡。最近幾年大概還不至於要見上帝，然而甚矣吾衰矣。望你好生寶養身體。

毛澤東
一九五六年一月廿六日

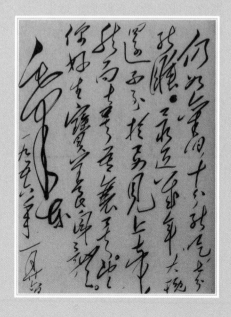

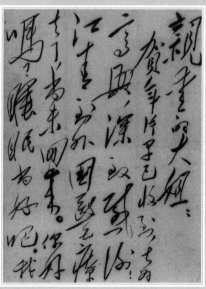

■ 1956 年 1 月 26 日，毛澤東致宋慶齡信

在二人共事的幾十年中，毛澤東對宋慶齡始終保持着遠遠超出其他人的特殊的尊重。

1957 年 11 月，毛澤東率領中國代表團赴蘇聯參加十月革命四十週年慶典。從莫斯科歸國時，毛澤東與宋慶齡同乘一架飛機。飛機只有一個頭等艙，辦公廳主任楊尚昆將它安排給了毛澤東。毛澤東則堅持讓宋慶齡坐頭等艙。宋慶齡極力推辭道："你是主席，你坐頭等艙。"毛澤東説："你是國母，應該你坐。"結果是宋慶齡坐頭等艙，毛澤東和其他人在外面的統艙裡休息。

當時在場的攝影師侯波向我講述這件往事時，特意在敘述了毛澤東的話後，加了三個字的解釋："開玩笑。"

孫中山是中華民國的國父，所以宋慶齡的國母也是民國的國母。新中國成立後，"國母"的稱謂就不再使用。宋慶齡本人是十分低調的，即使是民國時期，她也從未以國母自居。中華人民共和國成立後，只有這一次毛澤東用了這個稱謂。當然，這不僅僅是玩笑，也表示了毛澤東對宋慶齡在民主革命中所做貢獻的肯定。

■ 1957 年，中國代表團赴蘇聯參加慶祝十月革命四十週年活動。毛澤東、宋慶齡登機前與送行者告別

宋慶齡知道毛澤東有在床上看書的習慣，擔心床的靠背太硬，特意給毛澤東送去了一個鬆軟的鴨絨靠枕。兩人的生

■ 毛澤東、宋慶齡、鄧小平等與蘇方會談

活習慣差別畢竟太大，毛澤東完全無法適應軟軟的枕頭。1949 年 12 月第一次訪蘇時，蘇方為他準備了鴨絨枕頭。他用手按了一下說："這能睡覺？頭都看不見了。"隨即換上了從國內帶去的硬枕頭。這次見到宋慶齡送的靠枕，他當即婉言謝絕。來人走後，毛澤東忽然覺得不妥，趕忙派人追去。他收下這件禮物，而且始終把這個靠枕放在身邊，既沒有使用，也沒有上交。

從蘇聯回國後不久，毛澤東收到山東膠縣農民送來的三棵個頭特別大的白菜。他從中選了一棵重達二十七八斤的大白菜，派人送給宋慶齡。

收到這棵大白菜，宋慶齡非常高興，當即覆信毛澤東。

■ 韶山毛澤東舊居陳列館珍藏的宋慶齡送給毛澤東的鴨絨枕

敬愛的毛主席：

承惠贈山東大白菜已收領。這樣大的白菜是我出生後頭一次看到的。十分感謝！

您回來後一定很忙，希望您好好休息。

致以

敬禮！

宋慶齡

一九五七年十二月一日

　　1959 年 4 月，第二屆全國人民代表大會第一次全體會議即將舉行，中共中央擬提名宋慶齡為國家第一副主席。當時，宋慶齡已經六十六歲，不時受到風濕關節炎和神經痛的襲擾。所以，在正式提名前，毛澤東和劉少奇親自去看望她，希望她接受這一職務。宋慶齡曾將這件事告訴老朋友陳翰笙，並說，正因如此，她"不便推辭"。

　　在宋慶齡與毛澤東的合影中，有一幅始終沒有查到確切的時間和地點。陳翰笙的回憶提醒了我們。根據二人的年齡推測，這幅照片應當就是毛澤東親自出馬勸說宋慶齡擔任國家副主席的職務時拍攝的。時間是 1959 年 4 月 11 日至 14 日之間，地點是北京方巾巷四十四號宋

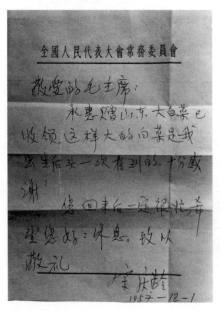

■ 1957 年 12 月 1 日，宋慶齡致毛澤東信

■ 1959 年 4 月，毛澤東到北京方巾巷四十四號寓所看望宋慶齡

慶齡寓所。

　　據周福明回憶，對黨和國家領
導人，毛澤東唯一直呼職務的只有
宋慶齡，見面就稱她“宋主席”。
20 世紀 60 年代，每逢重大節日去
天安門參加慶典，毛澤東先到達天
安門，下車總要等一下隨後的宋慶
齡，攙扶着她一起乘坐電梯，猶如
對待一位長者。

　　對於宋慶齡的健康冷暖，毛澤
東也總是關注着。1961 年 5 月 11
日，毛澤東在上海視察時，親自
到宋慶齡家中探望。宋的客廳在樓

■ 上海宋慶齡寓所樓梯上鋪用的毛澤東贈送
的梅花圖案地毯

255

■ 1959年4月15日，宋慶齡出席毛澤東主持召開的擴大的最高國務會議。前排左起：鄧小平、林伯渠、程潛；右起：沈鈞儒、黃炎培、李濟深、宋慶齡、班禪額爾德尼·確吉堅贊

下，臥室在二樓。為了讓年事已高的宋慶齡上下樓更安全，毛澤東贈送了一條織有梅花圖案的地毯，鋪在樓梯上。

1966年夏，“文化大革命”爆發。形勢的動盪，使宋慶齡憂心忡忡。她和毛澤東見面的機會越來越少，但她仍然關心和信任毛澤東。

1970年國慶節，毛澤東在西哈努克親王夫婦陪同下登上了天安門。在城樓上，他看到了久違的宋慶齡。此時，宋慶齡也看到了他。忽然，兩位老人同時朝對方走去，直到兩雙手緊緊握在一起。比起前些年，宋慶齡明顯地臃腫和衰老了。看着這位與中國共產黨榮辱與共幾十年的戰友，毛澤東的目光充滿了深情。這突如其來的一幕，使在場的所有人都停下腳步，自覺地與兩位難得會面的老友保持着距離。攝影師孟昭瑞迅速搶拍下了這個感人的瞬間。至於他們之間的對話，則沒有人知道。

林彪事件後，毛澤東健康狀況日趨惡化，但他始終沒有忘記這位“親愛的大姐”。1974年底，中共中央着手籌備召開第四屆全國人民代表大會。因四屆人大將不再設置國家主席的職務，身在長沙的毛澤東於11月下旬特意託人轉告周恩來：全國人大常委會的主要領導人在朱德、董必武之後，要安排宋慶齡。

1976 年 9 月 9 日，宋慶齡在上海的住宅中，從收音機裡聽到了毛澤東逝世的噩耗。她立刻請秘書安排回京，然後親自動手與保姆鍾興寶一起整理行裝。她不斷地重重歎氣，流着淚喃喃道："唉，國家又去了要緊人。"

第二天下午，宋慶齡乘專機趕回北京。不顧自己年邁多病，她在 11 日、12 日、17 日三次為毛澤東守靈。18 日，天安門廣場舉行毛澤東追悼大會。拄着拐杖的宋慶齡站立已經非常困難。起初，她還能斜靠着攙扶自己的杜述周勉力支撐，後來，由於過度悲傷和衰弱，她再也堅持不住，身體直往下墜。在場的黨和國家領導人急忙要人送來了一把椅子，她"撲通"一下坐了上去！就這樣，宋慶齡成了毛澤東追悼大會上唯一坐着與會的國家領導人。

周恩來、朱德、毛澤東相繼去世，使宋慶齡悲痛萬分。此後的半年時間裡，在給朋友的私人信件中，她不斷通過傾訴，緩解自己的壓力。這裡我僅摘錄其中的幾封：

"你可以想像我現在是一種甚麼樣的情緒。參加三個領導人的葬禮，他們都是我個人非常好的朋友。現在我無法得到迄今為止我所需要的任何幫助了。"（1976 年 9 月 20 日，致鄧廣殷）

"現在是個讓我們都很難過的時候。8 個月裡，領導我們走向強大和團結的三位最好的同志和朋友永遠離開了我們。毛主席為我們指明了道路。實際上，我們一定要，也必將嚴格按照這一路線走下去。"（1976 年 9 月 25 日，致鄧勤）

"當然，我們早就知道毛主席將要離我們而去，對於他的逝世我們無力回天，但是這一事實真的確實發生的時候讓人難以置信。我們有那麼多的歲月在中國革命中是聯繫在一起的。……現在我們認識到這樣一個事

257

實，那就是隨着我們年齡的增長，必須更加努力工作來鞏固毛澤東思想。"
（1976 年 11 月 3 日，致鄧廣殷）

"儘管我們知道毛主席的逝世就在眼前也不可避免，但是這個事實卻是悲痛得讓人難以相信的。9 個月內我們失去了很多有經驗的同志，他們都是不可取代的。"（1976 年 11 月 3 日，致鄧勤）

"我遲遲沒有動筆是因為我有很長一段時間心情很不好，聽到了一些不愉快的事情，因毛主席的逝世又無力回天 —— 光是這件事情已足使人難以承受。我們的主席的一生，在實質上是這一偉大時代革命鬥爭的歷史長卷。正如他自己所說，'人民英雄永垂不朽'，這實際上是他的墓誌銘。"
（1976 年 11 月 3 日，致愛潑斯坦）

"在遭遇一年內失去三個最好的朋友的極度悲痛經歷後，我的健康情

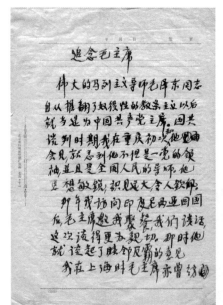
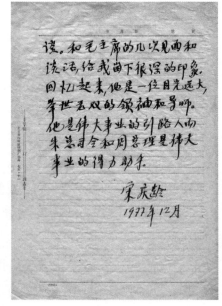

■ 宋慶齡《追念毛主席》手跡

258

況惡化。因此我來到上海，這裡似乎常常使我好受一些。"（1977 年 2 月 27 日，致米密）

　　"我非常遺憾在北京時沒能見到你和米勒夫人以及其他朋友們。那種場合太令人悲痛了，我只能把自己完全隔離起來。我們都知道人不能永生，但一年中失去我的三個好朋友真使我受不了！"（1977 年 3 月 1 日，致漢斯 · 米勒）

■ 宋慶齡與康克清及工作人員在毛澤東《水調歌頭 · 游泳》手跡前合影

　　"我正在看大量材料，發現許多美國的中國報道，其中有很好的關於毛主席和周總理的回憶文章。"（1977 年 4 月 9 日，致愛潑斯坦）

　　"一年之內失去三個極好的朋友是巨大的悲痛，毛主席、周恩來、朱德他們就像我的兄弟。"（1977 年 3 月 12 日，致楊孟東）

　　正如宋慶齡所說，她與毛澤東"有那麼多的歲月在中國革命中是聯繫在一起的"。

　　1977 年，出版社邀請宋慶齡寫一篇回憶毛澤東的文章。12 月 6 日，她就此致函陳翰笙，信中寫道："我想我可以寫一篇短文，談談我對他作為一個普通人的看法。我認為他是我有幸遇到過的最明智的人 —— 他的清晰的思想和教誨引導我們從勝利走向勝利，我們必須忠實遵守。"

　　宋慶齡所寫的這篇短文題為《追念毛主席》，在文中，她用"目光遠大，舉世無雙"這樣的詞彙評價了自己的這位戰友。

　　文章寫就，宋慶齡鄭重地用鋼筆謄寫了全文。這是她漫長的一生中，唯一一次用最規範的中文寫成的文章。

　　直至今日，宋慶齡在北京和上海住所的客廳裡，仍然懸掛着她親自挑選的孫中山和毛澤東的照片。在北京故居大餐廳的東牆上，還保留着一件大幅的毛澤東詞作《水調歌頭·游泳》的手跡。宋慶齡生前很喜歡以這幅草書作品為背景，與朋友們合影留念。

宋慶齡眼中的江青

■ 1966 年，宋慶齡與江青見面的後海北沿寓所小客廳

　　江青是毛澤東的夫人。雖然很長時間裡她沒有在政治舞台上露面，但宋慶齡對她是尊重的。

　　1949 年 8 月，宋慶齡來到北京，她給朋友們帶來了一些上海的特產。在她的禮單上，送給毛澤東的禮品前寫着："毛主席、江青大姐"。

　　第一次見面，江青給宋慶齡留下了不錯的印象。開國大典後，宋慶齡於 10 月 15 日離京返滬，毛澤東派江青到車站為她送行。後來在與別人談到江青時，宋慶齡稱讚她"有禮貌，討人喜歡"。

　　1956 年，宋慶齡在自己的住所舉行家宴，招待印度尼西亞總統蘇加諾，劉少奇夫婦和江青等出席作陪。宋慶齡對江青文雅的舉止、得體的服飾都表示了讚賞。愛潑斯坦曾寫道："據説就在那一天，江青要宋慶齡勸毛澤東穿西裝、打領帶，因為孫中山常穿西服，而且外國人總認為中共官員們的穿着太單調。"

■ 1956 年 11 月 3 日，宋慶齡在北京方巾巷寓所舉行家宴，招待印度尼西亞總統蘇加諾

　　1962 年 9 月，蘇加諾再次訪問中國，《人民日報》在頭版上刊登了毛澤東接見蘇加諾夫人的消息。人們在新聞照片中看到了略顯拘謹的江青。

與毛澤東結婚二十五年後，她終於出現在公眾場合。此後，江青開始插手文藝工作，並在意識形態領域中充當"哨兵"，專門從政治的角度上挑毛病、打棍子。

這時，江青的目空一切已經令人側目。在組織排演現代京劇的工作中，與江青有過接觸的北京市委常委、宣傳部部長李琪對江青的蠻橫和霸道忍無可忍。1966 年 3 月，在寫給市委的信中，李琪說："江青比西太后還壞。她主觀武斷，簡單粗暴，像奴隸主對待我。……江青如此胡來，我總有被殺頭的一天。"

1965 年，江青到上海指揮姚文元撰寫《評新編歷史劇〈海瑞罷官〉》。正是這篇文章的發表，引爆了一顆威力極大的政治炸彈，使中國陷入了十年內亂的深淵。

1966 年 5 月，江青成為中央文化革命小組的第一副組長。陳伯達這位掛名組長完全聽從江青的指揮。中央文革小組直接隸屬於中央政治局常委，實際上掌握了左右全國形勢的大權。此時的江青不僅走上了前台，而且陡然間呼風喚雨、權傾一時。她忙得不可開交，遊走於各大學，不停地組織各種大會，不停地表態、講話，到處煽風點火。8 月，紅衛兵運動興起，破舊立新的風暴席捲全國，出現了人心惶惶、秩序混亂、法紀蕩然、草菅人命的種種社會亂象。雖然宋慶齡對黨內的鬥爭並不了解，但她對形勢的發展很是擔心。

為了爭取宋慶齡的理解，毛澤東派江青專程來到後海北沿，向宋當面解釋"文化大革命"。此時，出現在宋宅小客廳裡的江青，完全顛覆了宋慶齡過去對她"舉止文雅，討人喜歡"的印象。這位意氣風發的"旗手"，用傲慢的口吻，大講紅衛兵的豐功偉績。宋慶齡表示："對紅衛兵的行動應該有所控制。不應傷害無辜。"聽到這句話，江青的臉立刻沉了下來。她認為以她的身份屈尊來看望宋慶齡，已經給了宋極大的面子，而宋慶齡居

■ 1966 年，宋慶齡與江青見面的後海北沿寓所小客廳

然如此不知進退。這次拜訪成為兩個人關係的轉折點。宋慶齡不喜歡眼前熱衷於奪權而變得張牙舞爪的江青，從此遠離了這個政治狂人。江青也無須再謹慎地隱藏自己長期以來對宋慶齡地位和聲望的妒忌。

擔任過江青秘書的閻長貴曾寫道："我感覺江青痛恨'兩個女人'，王光美和宋慶齡。都是'第一夫人'，但是江青並沒有這麼風光過。"

作為國家主席的夫人，王光美曾隨劉少奇出訪。毛澤東則很少出國，即使在國內進行的一些國務活動，毛澤東也從不讓江青露面。所以江青對王光美嫉妒得牙根癢。閻長貴說："清華大學造反派批鬥王光美那天，讓她穿旗袍、戴項鍊，那是江青的主意。那天她還跟我們工作人員講，你們去看看嘛！"

說到宋慶齡，她在國內外的崇高威望是江青無法企及的。過去，江青對宋只能表現出尊重。"文革"開始後，情況就大不相同了。1966 年 11

月，孫中山誕辰一百週年時，人民出版社
出版了《宋慶齡選集》，書名是周恩來題
寫的。見到這本書，江青當眾失態，把書
扔到地上用腳踩，並說："總理真是！還
給她題字。"她對宋慶齡已經毫不掩飾地
從嫉妒演變成仇恨。

　　江青對宋慶齡的這種特殊的態度，
局外人看得清清楚楚。《宋家王朝》的作
者斯特林·西格雷夫在談及晚年宋慶齡時

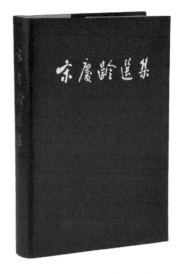

■ 1966 年 11 月人民出版社出版的
《宋慶齡選集》

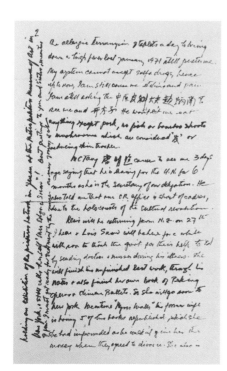

■ 1972 年 3 月 24 日，宋慶齡在致陳翰笙的
信中將"文革"稱為"浩劫"

說："她的主要反對者是毛澤東主席
的夫人。每次提到宋慶齡的時候，
都稱她是中國地位最高的婦女，毛
夫人對此顯然感到不滿。"

　　在長達十年的"文化大革命"
中，江青沒有放過任何能夠發揮
作用的機會，攪得神州大地烏煙瘴
氣。從開始階段的煽風點火，挑動
派仗，到拋出"文攻武衛"的口號
掀起武鬥，她都竭盡全力。為了從
根本上打倒劉少奇，她親自主持
"專案組"的工作，拼湊、捏造證

據，給劉少奇扣上叛徒的帽子。她多次發動針對周恩來的運動，給周施加了極大的壓力。她製造大量冤案，給黨和國家帶來不可彌補的損失。

宋慶齡雖然深居簡出，但對"文革"造成的破壞非常清楚。大批幹部被迫害，使她十分憂慮。1972 年 3 月 24 日，她致信老朋友陳翰笙："唐明照三天前來看我，說他將去聯合國六個月，擔任我們代表團的秘書長。他還告訴我，由於文化大革命的浩劫，我們的《中國建設》缺少幹部。"使用"浩劫"這個詞來評價"文革"，宋慶齡比中央的正式結論早了整整六年。

被關在"政治籠子"裡幾十年的江青終於爆發了。"文革"十年中，她的倒行逆施幾乎無往不勝。江青成為一個令人不寒而慄的惡魔。她已經把自己凌駕於毛澤東之外的所有人之上。

1967 年初，老一輩革命家們忍無可忍，不滿的情緒終於在幾次會議上連續集體爆發。他們的正義之舉卻被定性為"二月逆流"。2 月 16 日，"大鬧懷仁堂"的第二天，餘怒未消的譚震林在給林彪的信中指稱江青："真比武則天還兇！"為了討好，林彪把這封信交給了毛澤東。事後，毛澤東對林彪說："江青哪能比武則天呢，她沒有武則天的本事！"

譚震林不顧身家性命的指斥，本應讓江青有所收斂，但此後江青卻更加自我膨脹，忘乎所以。1972 年，美國學者羅克珊‧維特克來華訪問。江青立刻抓住這個機會，主動向維特克發出邀請。於是，維特克先後在北京和廣州對她做了長時間的採訪。回國後，維特克根據江青的談話，整理出版了《紅都女皇 —— 江青同志》一書。這分明是江青自己在為譚震林的評價做注腳。

1975 年，得知江青私自接受維特克採訪後，毛澤東大怒，斥責江青"孤陋寡聞，愚昧無知"，要把她"攆出政治局，分道揚鑣"。當時"紅都女皇"已經被傳得沸沸揚揚。這一年的年底，宋慶齡在房間裡摔了一跤。她在給愛潑斯坦的信中說："我再次滑倒了，現正在治療中，（雖然我不想像某人那樣成為'××女皇')不過我還是希望能活着再次見到你們。"
幾年後,宋慶齡終於有機會"拜讀"了這本書,她的評價是:"對我而言,
女作家和她的'女英雄'除了狂妄自大外一無是處。"當然,宋慶齡認為
該書也不是完全無用,因為其中"無論如何,還是有很多關於她的討厭的
第一手故事"。

宋慶齡很看不得江青的飛揚跋扈。1974年5月10日,曾經響應"保
衛中國同盟"的號召,多次捐款支援抗戰的老朋友、美籍華人李兆煥來看
望宋慶齡。在茶敘中,他主動表示願意給宋慶齡提供任何幫助。宋慶齡提
出,希望拍一部正面反映中國形象的電影。李兆煥馬上回應說,可以由他
提供資金並挑選技術人員來中國拍攝。能在世界上正面宣傳中國,宋慶齡
十分高興,她當場表示願意親自擔任這個攝製班子的助理。李兆煥告辭
後,很快就有人提醒宋慶齡,電影是江青把持的地盤。6月4日,懊惱的
宋慶齡就這件事寫信給陳翰笙,表示:"哦,後來我被告知我侵入了主席夫
人的禁地!我不該觸犯她!!"

這一年的9月30日,宋慶齡出席了國慶招待會,國內的女主賓,除
了宋慶齡只有江青。在10月23日給陳翰笙的信中,宋慶齡寫道:"江青從
天津為她自己定做了一百件衣服!她希望我們所有的人都穿襯衫和裙子,
可我認為我們目前的這種服裝風格看上去並不舒服。作為文藝界的頭,我
猜想她大概要婦女們的穿着更有女人味兒些。哦,既然她現在需要接待
'第一夫人',我認為她必須穿得比以前多一些。"後來,江青曾在全國強
行推廣她認可的被稱為"江青服"的女式裙裝,但由於其服裝設計既不好
看也不實用,無法被人們接受,只得不了了之。這件事大概很多過來人還
留有印象。

宋慶齡最為痛恨的,是江青及其同夥對周恩來的迫害。

1975年11月底,宋慶齡突然打電話給正在北京醫院住院養病的陳翰

笙，約他到寓所來談一談。陳翰笙一進門，宋慶齡就憂心忡忡地對他說：
"我告訴你一個很不好的情況，周恩來同志病情嚴重，而江青還闖進醫院
撒潑……"

1976 年 1 月，周恩來逝世，宋慶齡悲痛萬分。3 月 9 日，她在給廖夢
醒的信中，談及鄧穎超的堅強。她寫道："每個人都在分擔她的損失，除了
'可怕的四人幫'以外。只要時機一到，他們必將得到應有的懲罰。"當時
的政治環境十分險惡，幾乎沒有人敢提到"四人幫"這幾個字。

1977 年 4 月，在給鄧廣殷的信中，宋慶齡又一次提到周恩來和江青：
"隨信寄去我為已故的總理寫的紀念文章的中文譯稿。他是每個人的朋
友。江青恨他，因為他總是批評她那些不光彩的行為。"

在 1978 年給楊孟東的一封信中，宋慶齡還惋惜地說：要不是"江青
這幫傢伙進行破壞，不讓他得到必要的藥物治療"，人民敬愛的周恩來總
理可能不會那麼早去世。

1978 年 11 月 2 日，宋慶齡前往八寶山參加了原總理辦公室主任齊燕
銘的追悼會。兩天後她致函陳翰笙："這麼一位能幹的人過早地離開了我
們，真是叫人傷心。但我知道，在他被隔離的那些日子裡，他一定受盡了
精神上的折磨！這一定是那個寡婦幹的，因為他同總理關係很密切。"

1976 年，周恩來、朱德、毛澤東相繼去世。宋慶齡在 9 月 25 日致鄧
勤的信中寫道："現在是個讓我們都很難過的時候。八個月裡面，領導我們
走向強大和團結的三位最好的同志和朋友永遠離開了我們。毛主席為我們
指明了道路。實際上，我們一定要，也必將嚴格按照這一路線走下去。當
然，人民已經覺醒，即使是基層也知道誰是誰，甚麼是甚麼。"宋慶齡最
後的這兩句話，表達了她對"文化大革命"的判斷。她認為，十年內亂是
"四人幫"特別是江青的罪過。她把江青一夥與毛澤東做了區別。

的確，在"文革"中，江青發揮了極其惡劣的作用。她在接過每個"左"的政策後，總是盡力向左再推一把，使其變得更加荒謬。毛澤東也曾多次批評過江青，說她"有野心但沒有能力"；說她自己想當黨的主席，要組閣（當後台老闆），而且"迫不及待"。他還提醒江青"積怨甚多"，"你有特權，我死了，看你怎麼辦"？毛澤東非常清楚，江青幾乎受到所有人一致的厭惡。她虛榮心強、自私狹隘、貪戀權力、倨傲無禮。

■ 1976 年 9 月 25 日，宋慶齡致鄧勒信

江青實在是扶不上台面的人。"文革"十年中她表演得十分充分——攪渾水、打悶棍、造謠扯謊、撒潑耍賴，樣樣登峰造極。毛澤東在去世前不久，也已經對其非常討厭。一次，在與基辛格的交談中毛突然說：中國是一個窮國，但是"我們過剩的東西是女人"。如果美國想進口一些，他會很高興的，那樣他們那裡就會出亂子，而讓中國安寧起來。毛澤東的這番話使基辛格完全摸不到頭腦。

1974 年 7 月，在政治局會議上，毛澤東公開表達了對江青的不滿。他說：她"不代表我，她代表她自己"。毛澤東還第一次把江青和王洪文、張春橋、姚文元稱為"四人小宗派"。這就是留在歷史上的"四人幫"的由來。宋慶齡對"四人幫"恨之入骨，而且，她始終認為江青是其中的首惡。

■ 1977年6月26日，宋慶齡致鄧廣殷信

出乎宋慶齡意料之外的是，江青一夥那樣快就從權力的頂峰上跌落下來。她興奮得不能自已。

1976年11月3日，宋慶齡致信愛潑斯坦："快活起來，艾培！現在是那些'橫行夫人'的最好時節。如果你和邱茉莉這個時候能來，你們一定要嚐嚐我們南方的特別風味。放鬆一下吧！"她以螃蟹來諷刺曾橫行一時的江青。在全民吃螃蟹的高潮中，宋慶齡與眾不同地把流行的"三公一母"改為"一母三公"，突出了江青在其中的作用。

1977年後，年邁體衰的宋慶齡心情大好。

9月5日，宋慶齡設晚宴招待來訪的《紐約時報》副主編、作家索爾茲伯里。宋慶齡並不特別喜歡北京，而更喜歡她住了多年的上海。可上海正是"四人幫"活動的中心。宴會上聊起這個話題，宋慶齡講了個冷笑話。她說："我在上海住的時間太長了，因此我的朋友給我開玩笑，說我是五人幫。"在記錄了這件事後，索爾茲伯里寫道："實際上這並不是很可笑的玩笑，因為大家都知道，江青是激烈反對她的。"

270

在給朋友們的信中，宋慶齡盡情地表達了自己對江青和"四人幫"的仇恨，抒發了自己面對勝利的歡欣鼓舞。她說：

"特別令人高興的是，'四人幫'已被監禁。總有一天會拍一部有關他們的電影。"

"毛和周的路線堅不可摧，這使我欣慰！他們兩位都是如此具有遠見，即使是'可怕的四人幫'也休想使我們轉向，哪怕只有一天！當然，有些以各種不同方式進行破壞的跡象，但這些都只是暫時的。"

"凱瑟克爵士和夫人來喝下午茶，……他們問了許多關於聲名狼藉的女皇江青的問題，但是我沒有說很多，因為我不想在國外的媒體上被引用。"

"你有沒有看到關於江青的消息？即我們已故主席的那位缺德的老婆。隨信寄上《時報》上有關她的剪報，不必還我。"

"四人幫被捕後，噢，我們快樂地歡呼、跳舞、歌唱。"

"四人幫就是惡毒的狐鼠之徒。但是我們重拳猛擊清除了他們。他們計劃了十年的野心和他們的醜行現在已經盡人皆知。"

"我想你一定聽說了我們這裡近年來的動盪不安——這都是由於一個自大狂患者和她那一幫人的貪婪惡毒所造成的！這些人現在已無權再製造麻煩了。人民痛恨這些人，知道怎樣去彌補我們所遭受的損失。"

"那部關於江青這條可怕的毒蛇的大作已經寄到。她是如此妄自尊大！你將和我一樣感到驚奇。一個女人，在她那種環境裡，怎麼能變成這麼卑鄙的賣國賊？"

"昨天晚上全城歡騰，黨的十屆三中全會選舉鄧小平再度擔任要職，因為江青和她的三個黑幫頭子已經永久地被掃進了歷史的垃圾堆。他們對國家和人民犯下了滔天罪行。他們是叛徒，造成了人民的無盡痛苦。"

"下次你來的時候，我想帶你去北海公園，江青那個惡魔般的女人之前把它關閉了，她想把公園變成她的私人跑馬場！"

"最近因為參加人民代表大會那些長時間的會議，我感到精疲力竭。……不論怎樣，我很高興，因為我們的內部敵人終於被抓起來了，中國終於能夠向它的目標奮進了。一個統一戰線已成為現實，在你的有生之年，你一定能親眼看到一個現代的、強大的社會主義中國。"

"'四人幫'用盡一切手段想要摧毀我們的事業，但我們想方設法維持了下來 —— 除了為兒童和家長們所喜愛的《兒童時代》，但它現在也復刊了。"

1977 年 12 月 6 日，在致陳翰笙的信中，宋慶齡讚揚毛澤東"是我有幸遇到過的最明智的人"。但在這段文字後面，宋慶齡加了一個括號，其中提出了一個她百思不得其解的疑問："但我感到困惑的是，他為甚麼不一舉斷絕他和江青的關係，以防止她製造麻煩？"

1978 年，"四人幫"的罪行被大量地揭露、公開，這加深了宋慶齡對江青一夥的仇恨。她說："當我讀到我們的同胞在受苦受難的材料時，我的血都要沸騰了。"一生文雅的宋慶齡，向朋友控訴了"那個無恥到極點的婊子江青所炮製的'文化革命'"。

中華人民共和國成立三十週年前夕，宋慶齡在《人民日報》上發表了一篇充滿激情的文章 ——《人民的意志是不可戰勝

■ 1977 年 12 月 6 日，宋慶齡在致陳翰笙信中，就江青問題提出質疑

的》。文中寫道：

"人們還記得，在解放後的最初幾年裡，我們的工業、農業、科學文化教育事業，以驚人的速度突飛猛進。意氣風發的幾億人民在社會主義道路上團結前進的腳步聲，使全世界為之注目，為之驚異，從而對中國人民另眼相看。

"前途是光明的，道路是曲折的。奔騰的江河總還有險灘暗礁。不幸的是，我們的革命航船幾乎被險灘暗礁所傾覆。從六十年代中期到七十年代中期的十年中，妄想篡權復辟的陰謀家、野心家林彪、'四人幫'之流，推行一條極左路線，使大批老幹部、知識分子和人民群眾遭到了殘酷的迫害，使我們的國民經濟走到了崩潰的邊緣，使我們的科學技術本來同世界先進水平縮小了的距離又拉大了。總之，我們的國家遭到了一場浩劫，我們的建設進程至少被推遲了二十年。中國革命處於危難之中。這是多麼慘痛的教訓！"

在這篇文章中，宋慶齡特別指出，"四人幫"推行的是"最黑暗、最愚昧的法西斯文化專制主義"。她的這種提法十分深刻。

宋慶齡認為："一切野心家、陰謀家都沒有能夠、也不可能戰勝九億人民的堅強意志。而且這些野心家、陰謀家，沒有一個不是在人民的鋼鐵意志面前碰得頭破血流。過去是這樣，今後仍將是這樣。我堅信，人民的意志是不可戰勝的。"

1980 年 11 月，宋慶齡終於等到了對"四人幫"的審判。平日裡，因為擔心傷害眼睛，她很少看電視。而在審判"四人幫"的日子裡，她幾乎每天都準時坐到電視機前，收看中央電視台轉播的審判實況。

12 月 4 日，她寫信給德國的老友王安娜："你一定通過電視關注着這裡正在進行的大審判，這些激進派很快就要被宣判了。毋庸置疑，江、張將被槍斃，這是全中國人民的共同願望。江幹盡了壞事，她幹的最大壞事

■ 宋慶齡臥室中的電視機

就是玷污了她丈夫的名譽，説甚麼她所做的一切都得到了他的‘首肯’！她也許以為這樣説自己就可免遭極刑？一個多麼可怕的女人！”

　　審判進行中的 1981 年 1 月 7 日，宋慶齡撰文：“在審判林彪，江青反革命集團十名主犯期間，我正在從事寫作。我們耳聞目睹了法庭上出示的一樁樁鐵證。那些無可爭辯的事實和詳盡的材料，證實了這一夥罪魁禍首是如何把我們的國家和事業推到了毀滅的邊緣。在審判過程中，我們還了解到他們是如何誣陷、迫害一些最優秀的革命家和一大批好同志的。起訴書上列舉的受害者姓名如此之多，以致一個外國作家稱之為‘姓名之林’。其實，豈止如此，這簡直是血和淚的海洋。幾乎每個中國人都因其中的一些名字回憶起他們的音容笑貌而悲痛萬分。”

　　對於江青最終沒有被槍斃，宋慶齡肯定感到心有不甘。她的心情正像她說過的一句話：“黨對這種缺德的娘兒們真是太仁慈了！”

　　在宋慶齡八十八年的生涯中，她幾乎沒有爆過粗口。可惜的是，她沒能保持“晚節”。對江青，她使用了所有她知道的、卻從來難以啟齒的惡言惡語。

　　有時罵人也是釋放惡劣心情的有效方法，這一點我們是很容易理解的。

宋慶齡與陳賡

■ 陳賡

中國軍隊將領中，陳賡無疑是頗具傳奇色彩的一位。他曾是在戰場上衝鋒陷陣的驍將，曾是在龍潭虎穴中出生入死的優秀的秘密工作者，曾是指揮數十萬大軍的智勇雙全的統帥。在近四十年的革命生涯中，宋慶齡對陳賡關懷備至，他們之間始終保持着真切的情誼。

陳賡 1922 年加入中國共產黨。1923 年，按照黨組織的安排，他前往廣州學習軍事。這一年，孫中山在蘇俄的幫助下創辦了黃埔軍官學校。陳賡率先離開陸軍講武學校考入黃埔軍校，成為黃埔一期學生。

在軍校，陳賡曾親耳聆聽過孫中山先生的演講，參加過孫中山指揮的平息廣州商團暴亂的戰鬥。黃埔軍校裡有一間孫中山的辦公室。孫中山有時會在那裡找一些學生談話。1923 年底到 1924 年，為了改組國民黨，孫中山積極尋求共產黨

■ 黃埔時期的陳賡

的幫助。陳賡的夫人傅涯回憶：國民黨“一大”前後，孫中山在這間辦公室裡和二十歲的陳賡談過話。也就是那時，陳賡認識了孫夫人宋慶齡。雖然當時的經費很困難，孫中山仍然資助了陳賡一些錢，讓他去開展革命活動。陳賡把這些錢全部上交，作為共產黨的活動經費。

1925 年 3 月，孫中山先生在北京病逝。叛軍陳炯明認為時機已到，蠢蠢欲動。於是，國民革命軍發動“二次東征”討伐陳炯明。10 月 11 日，國

民革命軍強攻陳炯明的老巢惠州。陳賡奮不顧身衝在最前面,不料一顆子彈打進他的右腳。陳賡彎下腰,自己用手把子彈摳出後繼續衝鋒。

由於作戰英勇,陳賡率領的連隊被調去擔任總指揮蔣介石的警衛連。10月27日,國民革命軍分兵攻擊陳炯明。周恩來與何應欽率第一師攻打海豐。蔣介石的總指揮部則與第三師一起行動。走到華陽,第三師遭遇陳炯明的主力林虎部,甫經交手便全師潰散。蔣介石親自跑到前線督戰也無濟於事。蔣羞愧難當,表示要殺身成仁。陳賡力勸他不要自殺。陳賡說:"這個部隊的軍官不是黃埔軍校訓練出來的,不是你的學生。我們撤退到安全地點,再收攏部隊,還可以再打。"聽了陳賡的勸慰,蔣介石放棄了自殺的念頭,但由於緊張,哆嗦得連路都不能走了。眼看敵人越來越近,情況危急,陳賡背起蔣介石就跑。他一口氣跑到河邊,把蔣介石送上了一條船,然後立即回轉身組織部隊頂住追擊的敵人,掩護蔣介石過河。就這樣,陳賡救了蔣介石一命。為了保證蔣介石的安全,陳賡又自告奮勇去請救兵。當時,他在打惠州時負了傷的腳還沒有痊癒。但他咬緊牙關,用了一夜半天的時間,獨自一人翻越大山,以堅強的毅力連續奔跑一百六十里路找到周恩來。此時,陳賡的雙腳已是血肉模糊。周恩來立即派兵接回了蔣介石。這件事轟動了東征軍和黃埔軍校。

黃埔軍校第一期有六百多名學生,他們公推出"黃埔三傑"。這三人不僅學習成績出類拔萃,作戰身先士卒,各方面起表率作用,而且都有與眾不同的長項,即所謂:"蔣先雲的筆,賀衷寒的嘴,靈不過陳賡的腿。"但誰也不會想到,陳賡的這兩條備受讚美的腿,日後會是那樣多災多難。

1927年上海的四一二政變和武漢的七一五政變,宣告了第一次國共合作的破裂。7月27日,陳賡隨周恩來秘密抵達南昌。8月1日,南昌起義爆發,打響了武裝反抗國民黨反動派的第一槍。陳賡負責保護中央軍委領導人的安全，還參與了接收銀行等工作。

起義軍撤離南昌時，陳賡所在的第三師準備打回廣東，重新發動革命。8 月 24 日，陳賡率領的一營作為先頭部隊，挺進到江西與福建交界處的會昌，與敵人接了火。陳賡率兵從正面進攻，一口氣奪下三個山頭，但因兩翼策應部隊沒有及時趕到，陳賡的一個營陷入敵人四個團的包圍。從早上八時鏖戰至中午，陳賡所率營彈盡糧絕。於是，他決定自己帶領小分隊掩護部隊撤退。堅持到下午一時，敵人的機槍擊中陳賡，他左腿三處中彈，膝蓋骨和脛骨、腓骨都被打斷，完全不能行動。為了對付敵人搜索，他脫掉軍衣，把腿上湧出的鮮血抹了自己一臉一身，並順山坡滾到一條雜草叢生的小溝裡，屏住呼吸裝死，瞞過了敵人。幾個小時後，葉挺的部隊反攻上來，陳賡才得以獲救。

陳賡被送進福建長汀的福音醫院。當時他因失血過多，面色焦黃，身體非常虛弱，傷口已經感染。院長傅連暲用"保守療法"，留下了他的傷腿。陳賡拖着傷腿隨軍南下，不料在汕頭與部隊失去了聯繫。在好心人的幫助下，他幾次僥倖逃脫搜捕，經過近兩個月的輾轉流亡，終於回到上海。陳賡通過他的妻子王根英（1939 年 3 月 8 日，在抗日根據地反掃蕩戰鬥中壯烈犧牲。）與中共中央接上關係，又在組織的幫助下，住進了牛惠霖骨科醫院。

牛惠霖大夫看他的穿着打扮和傷情，懷疑他是壞人，可能是作案時受的傷，不很樂意為他治療。陳賡編了一套假話作"解釋"，仍不能騙過牛大夫。陳賡感到這位醫生很正直，索性把自己的真名實姓告訴了他。牛惠霖和他的弟弟牛惠生都是著名的骨科醫生，而且是宋慶齡的表兄弟。牛惠霖隨即把陳賡的姓名告訴了宋慶齡。宋慶齡當然心知肚明，便囑咐牛氏兄弟，一定要想方設法治好陳賡的腿，還親自前往醫院探望。陳賡的腿傷是十分嚴重的。傅涯幾次講述這段經歷時都曾比畫着告訴我，陳賡的腳可以從正前方拿到大腿上來，也就是説，他的小腿徹底被打斷了。雖然傅連暲全力保住了這條腿，但由於條件的限制，當時被打斷的骨頭並沒有接好，以後又經過長時間的流亡，傷勢更加惡化，按照常規非截肢不可。在宋慶齡的關照下，牛氏兄弟盡其所能，重新把陳賡的斷骨接了起來，並採用當時最先進的技術，千方百計地保住了這條腿。

牛惠霖骨科醫院當時在上海很有名氣，許多國民黨軍官和高層人士都來這裡看病或住院。為了避免暴露身份，陳賡總是躲在病房裡閉門不出。後來，一個國民黨軍隊的團長住進了他的隔壁，此人恰好也是黃埔軍校的畢業生。一個偶然的機會，他的馬弁認出了陳賡，那個團長馬上就過來找陳賡攀談。陳賡把那人應付走，感到大事不好，於是急忙找人將自己背出醫院逃走。

一天，牛惠霖在街上遇見了陳賡，忙問他為甚麼出院也不和他打個招呼。陳賡告以實情後，牛惠霖彎下腰摸着他的傷腿説："我擔心你的癒合情況。你要多注意休息，避免再出意外。"

經過一段時間的休養，1928 年 4 月，陳賡遵照指示，化名為王庸，留在上海從事中共中央的保衛工作。1930 年，張克俠在上海見到陳賡，曾問起他腿傷的復原情況，他立刻當場表演起來，一會縱身跳躍，一會又下蹲屈腿，顯示他的傷腿已經痊癒。

1931 年，陳賡奉命到鄂豫皖蘇區工作。第二年秋天，在第四次反圍攻的戰鬥中，擔任紅四方面軍參謀長的陳賡右腿膝蓋又負重傷。上級決定讓他回上海，向臨時中央彙報鄂豫皖紅區的工作，同時醫治腿傷。

到上海後，陳賡再次找到牛惠霖骨科醫院。牛惠霖將他安置在最好的房間，還請幾位專家來會診。他把陳賡受傷的骨頭都整好形，用石膏固定，經過近三個月的治療，陳賡的腿傷痊癒了。雖然兩次療傷，陳賡與牛惠霖之間已經非常熟悉，但由於地下工作的紀律，牛惠霖只知道陳賡的名字，對於其他情況只能猜測。陳賡出院前，牛惠霖才開口問道："你是紅軍高級軍官吧？"陳賡正想否認，牛惠霖接着說："我是骨科大夫，還分不清工傷和彈傷嗎？我不是共產黨員，但我佩服你們共產黨為國為民的精神。這次住院就不收你的錢了。"當然，後來黨組織還是替陳賡支付了一筆費用。

牛惠霖、牛惠生兄弟的精心治療，使陳賡保住了腿，得以繼續為革命奔走了三十多年。對陳賡來說，牛氏兄弟為他做的一切，的確是再珍貴不過了。1949年，陳賡在渡江戰役前曾表示，解放上海後他一定要去探望牛惠霖大夫。但當他回到上海時，牛大夫已故去。陳賡站在上海街頭對傅涯說："我的這個傷腿，就是在宋慶齡的表兄弟牛惠霖、牛惠生的醫院裡治療的。到現在我還能保持這樣，真不錯啊！"陳賡生前沒有得到當面感謝牛氏兄弟的機會，他的妻子和兒女對陳賡的恩人始終懷着感恩之情。直到傅涯去世後，他們的子女還在設法尋找牛惠霖的後裔，希望能夠當面表達他們的謝意。

1933年3月，中共中央指示陳賡到江西中央蘇區工作。離開上海的前一天，由於叛徒的出賣，陳賡被捕。關押他的地方是老閘巡捕房，巡捕房裡有一位探長認識陳賡，便悄悄地將他被捕的消息通知了共產黨。

3月29日，宋慶齡和蔡元培等召開中國民權保障同盟會議，決議"檢查租界及華界監獄待遇政治犯之情形"。

陳賡在關押中態度十分強硬。一次工部局英國特務蘭普遜提審，打了陳賡一個耳光。過了兩天，蘭普遜又來找陳賡，很客氣地說："陳先生，我們對待政治犯一向很文明，你有甚麼要求可以提。"陳賡知道他要要花招，沒有理睬。沒過多久，管監的人來帶陳賡，說有人要見他。陳賡出來

Erwin, Please answer that I'd near written letters directly to 方未敫 同志 but tried to rescue him, so I knew he was a very fine party man. Twice he wrote letters to the party through me (via indirect channels) which I forwarded through secret contacts for him. Once I visited the prison in Soochow, where Comrade Chen Keng 陈庚 was and smuggled a note to him from the party. While there I peeped into the iron-barred windows of the prisoner's cells and saw several political prisoners - Perhaps I saw 方同志 also but could did not identify any one there. Naturally, I was

■ 宋慶齡晚年關於營救陳賡的回憶手跡

一看，眼前竟然是宋慶齡，她身旁還站着一批中外記者。

"監獄待你怎麼樣？"宋慶齡問。

蘭普遜搶先回答："我們一向優待政治犯。"

"他們虐待政治犯，還打人罵人。"陳賡對蘭普遜説，"就是你打了我的耳光，我表示強烈抗議！"

"大家都聽到了！"孫夫人説，"公共租界巡捕房虐待政治犯，請新聞界主持正義。陳賡不是犯人，是愛國者，他擁護中山先生的三大政策最堅決。我要求釋放他！"

3 月 30 日上午，宋慶齡又一次主持召開中國民權保障同盟臨時執行委員會會議，討論營救陳賡等人的辦法。她還與蔡元培一起出面委託上海著名律師吳凱聲博士為此案辯護。

3 月 31 日，租界法庭開庭審判陳賡等人的案件。在一場事先安排好的審判鬧劇後，法庭宣佈陳賡等人"有罪"，並將其引渡給上海市公安局。於是，陳賡等人的營救變得更加困難了。

雖然在預料之中，對於這一結果宋慶齡仍然怒不可遏。第二天，她發表了《告中國人民——號召大家一致起來保護被捕的革命者》的聲明。她指斥這次審判是一幕"醜惡的滑稽劇"，"是中國政府與帝國主義分子狼狽為奸、壓迫中國人民的反帝抗日戰士的鮮明例證"。她讚揚羅登賢、廖承志、陳賡等人"不是罪犯，而是中國人民最高尚的代表人物"。"他們全都是中國人民應該為之驕傲的典型。"她"號召全中國人民起來要求釋放他們，要求不使他們遭受酷刑與死亡"。

4月2日，宋慶齡與蔡元培聯名致電汪精衛等人，指出引渡是違法的，要求"由正式法院審判，勿用軍法刑訊"。

4月3日，中國民權保障同盟再次舉行會議，投票選舉宋慶齡等為代表赴南京營救陳賡等人。

4月4日，宋慶齡與楊杏佛、沈鈞儒、伊羅生、吳凱聲赴南京，5日凌晨抵達後，即在飯店會見汪精衛，要求釋放陳賡等人。宋慶齡還親自找到蔣介石説："陳賡是黃埔軍校的學生，東江之役一直跟着你打仗，你打了敗仗還是陳賡救了你一命，不然你也活不到今天。現在你

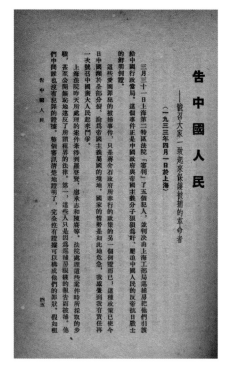

■ 宋慶齡發表的聲明：《告中國人民 —— 號召大家一致起來保護被捕的革命者》

要殺他，簡直是忘恩負義。你天天説的禮義廉恥哪裡去了？！"蔣介石理屈詞窮，俯首無言。

當晚，宋慶齡一行帶着新聞記者，來到南京警備衛戍司令部探視陳賡等人。得知這一消息，監獄當局急忙把陳賡調到寬敞、乾淨的房間，換了新囚衣，還做了一些虛假的佈置。據當時報紙的報道，宋慶齡進了監獄大門就問："陳賡在哪裡？我是來看他的。他是我的老朋友，孫中山先生活着的時候也很喜歡他。東征時，他救過蔣總司令的命。"記者也寫到了陳賡的情況："陳賡是獨自在一間牢房裡，臉上長了一層鬍子……他那黑眼從孔

中閃着光出來。"

　　陳賡見到宋慶齡，當場揭露了監獄當局製造的假象，細數監獄裡的黑暗和殘暴，及自己受到的拷打和非人待遇。在探望中，宋慶齡還躲過特務的監視，巧妙地代中共投給陳賡一張字條，陳賡也機警地立刻將字條踩在腳下。就這樣，宋慶齡為陳賡等人接通了組織關係。

　　宋慶齡緊鑼密鼓的營救，使蔣介石十分為難，於是把陳賡弄到南昌行營，親自出面勸他脫離共產黨。勸說失敗後，又改用軟化的辦法，把陳賡送到一個小樓裡軟禁。當時雖有四五個看守，但是允許陳賡到街上活動。

■ 1935 年 10 月長征結束後，陳賡任紅一師師長，重新活躍在戰場上

　　陳賡見有機可乘，便同組織取得聯繫，在兩名直接負責營救他的同志的協助下，逃離了監禁。1933 年 5 月底，陳賡離開南京抵達上海，不久被派往江西中央蘇區。

　　1949 年 7 月 1 日，剛剛解放的上海隆重舉行中共建黨二十八週年慶祝大會，宋慶齡發表了熱情洋溢的講話。會上，宋慶齡出其不意地見到了陳賡，這使她由衷地感到高興。

　　幾天後，宋慶齡設家宴招待陳賡和夫人傅涯，暢敘了分別十六年間的經歷。此後，陳賡率軍一路南下，一直打到雲南。解放戰爭結束後，他代表中共中央赴越南參與指揮援越抗法；從越南歸來，他又北上朝鮮，參加抗美援朝，擔任中國人民志願軍副司令員。

1953 年 7 月，朝鮮停戰後陳賡終於回到祖國。宋慶齡親自去飯店訂製點心，到果園買回葡萄，邀請陳賡和傅涯到她家做客。那天宋慶齡非常高興，與陳賡談朝鮮戰爭，和傅涯談婦女工作。陳賡發現宋慶齡喜歡聽戰鬥故事，對部隊的英雄模範非常敬佩。回家後，陳賡就為宋慶齡準備了幾十枚各式各樣的戰役紀念章和英模代表會議紀念章。當時，陳賡正在籌辦哈爾濱軍事工程學院，必須立即離開北京，便囑咐傅涯代他把這些紀念章轉送給宋慶齡。

宋慶齡在住所的客廳裡熱情地接待了傅涯，高興地收下了這份特殊的禮物。她撫摸着紀念章，一枚一枚地仔細欣賞。見此情景，傅涯十分感慨。

傅涯清楚地記得，1944 年她和陳賡同時患病住在延安和平醫院。那時，由於開展大生產運動，衣食方面的困難克服了，但缺醫少藥的現象仍然很嚴重。從前方撤下來的傷病員經常得不到及時有效的治療。正在這時，宋慶齡把從世界各地募集來的大批物資運往陝北根據地。載着各種藥品和醫療器械的汽車陸續開來，不僅為醫院解決了燃眉之急，還給前方轉送了不少醫療物資。為了表達感激之情，住院的傷病員給宋慶齡寫了感謝信。信寫在一塊兩尺多長的白綢子上，陳賡和傅涯都在上面簽了名。

■ 1953 年，陳賡贈給宋慶齡的紀念章

陳賡和傅涯經常談起宋慶齡

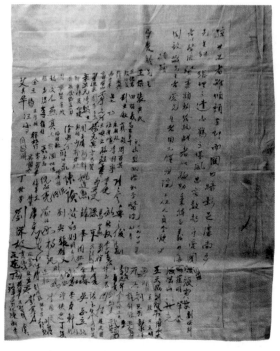

對中國革命的貢獻。她為困難中的共產黨送藥品，送器材，送經費，介紹醫生，營救戰友；從長征、抗戰、解放戰爭，一直到抗美援朝，從未間斷過。望着仔細端詳每一枚紀念章的宋慶齡，傅涯很自然地想到：宋慶齡雖然沒有直接在戰場上消滅敵人，但這每一枚紀念章裡，都凝結着她的心血和熱忱。

陳賡對宋慶齡是十分尊重的。每次宋慶齡從外地返京，陳賡只要在北京，必親自到飛機場或火車站去迎接。有一次，陳賡午覺睡過了頭，耽誤了接機的時間，他非常發愁，緊鎖眉頭問保健醫生張愈："你説我該怎麼向師母（指宋慶齡）做檢討呢？"張愈安慰陳賡説："憑你們的友誼，宋慶齡副主席不會不高興。"後來，凡是新來的秘書、副官，陳賡都要交代：只要有宋慶齡來京的消息，一定要提醒他去機場或車站，千萬不能耽誤迎接。

由於長期緊張的戰鬥和工作，1957 年 12 月，陳賡心肌梗塞發作了。宋慶齡知道後，派人把她的親筆信和一束鮮花送到北京醫院。她在信中寫道："我離京前一天聽説你生病，很想去探望你，但據悉醫生不讓探病，致驚擾病人，因而未果。特致函慰問，並希望你好好休養，早復健康。"陳賡對此十分感動，病情稍有好轉，便讓傅涯去向宋慶齡當面彙報。宋慶齡詳細地詢問了陳賡的病況，囑咐傅涯一定要照顧好陳賡，讓他注意休息。

1961 年初，陳賡到上海治病，恰好宋慶齡也在上海。春節前夕，她熱情地邀請陳賡一家到自己家中做客，並讓廖夢醒專程到丁香花園去接陳賡一家，以示鄭重。

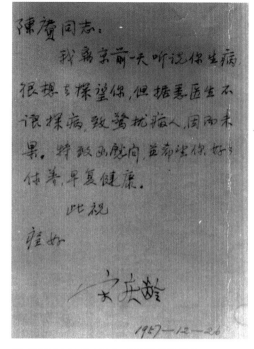

■ 1957 年 12 月 26 日，宋慶齡致陳賡信

廖夢醒一進陳賡的屋門，就對前來迎接的傅涯說："孫夫人很惦記陳賡大將和你的身體情況。"她又看看傅涯："你最好化妝，塗一點口紅、畫一點眉毛。我有時去見她忘了擦口紅，她就會送給你一個。她說不化妝像生病一樣。"傅涯是當兵出身，從來不化妝，聽了廖夢醒的話，她第一次簡單地做了修飾。

在宋慶齡家裡，老朋友談天說地，共敘友情，十分愉快。但誰也不會想到，這是陳賡最後一次到宋慶齡家做客。

一天，廖夢醒突然來到陳賡的住處，進門就說："孫夫人問你是不是生病了。"原來，陳賡到華東醫院做檢查，正好被宋慶齡從樓上看到。看着陳賡一瘸一拐地走進醫院的樓門，宋慶齡很着急，問："陳賡是不是又犯病了？"所以立刻派廖夢醒來問候。

■ 1959　　陳廣一家在北京靈境胡同寓所

3 月 12 日，是孫中山逝世三十六週年紀念日。為了表達對這位偉大的革命先行者的懷念和敬仰之情，陳賡將一個花籃送到宋慶齡的寓所。宋慶齡回信表示感謝，並囑咐："氣候不正，希陳賡同志多加保重！"可是，僅僅四天後的 3 月 16 日，陳賡心臟病復發，永遠離開了這個世界。

宋慶齡身邊的工作人員聽到這一噩耗後，沒有告訴宋慶齡。他們知道宋慶齡與陳賡之間的深厚友誼，想盡可能先瞞住她。他們扣下了刊登訃告的報紙，並且給收音機製造了故障。但事情是瞞不住的，宋慶齡得悉陳賡死訊後，痛哭失聲。

3 月 17 日下午，傅涯剛剛護送陳賡骨灰回到北京就接到宋慶齡從上海發來的唁電："陳賡同志為中國人民的解放事業獻出了畢生的精力，立下了卓越的功勳。陳賡同志的軀體雖逝，而精神永存。"但這一過於正式的唁電並不能真正表達宋慶齡的深切悲痛。

得知陳賡去世的消息，廖夢醒立即奔赴陳賡在上海的住所，但已是人去樓空，於是她又趕到機場為陳賡送行。回來後，廖夢醒思緒萬千。她説："他是為黨的事業貢獻了一切精力積勞成疾而死的。這在黨和國家，是個大損失。像他這樣的猛將中國是很少的。在我，是失去一個最能關心我的老朋友。我傷心透了，回來就發燒，一日未起床。"廖夢醒把自己的悲痛告訴了宋慶齡。

3 月 19 日，宋慶齡覆信廖夢醒：

■ 1961 年，廖夢醒在上海華東醫院

Dearest Cynthia:

Although I could not write sooner yet my thoughts have been with you constantly. I do not know how to comfort you in the loss we have just suffered in the sudden death of our good and great comrade and friend, Chen Keng. It is a hard blow and I feel much depressed. It gives me a sense of frustration. Why should good people die in the bloom of life?

Chen Keng never spared himself in working for our Cause. He was indeed a model communist in every way.

I feel so depressed and my acute insomnia prevents me from writing more at length. I think of you constantly and hope that your pains have not been worse these days. Take good care of yourself and know that I shall write when I am in a better frame of mind.

   With deep affection and thoughts.

March 19th

Always,
SCL

■ 1961 年 3 月 19 日，宋慶齡致廖夢醒信最親愛的辛西婭：

　　儘管未能很快提筆寫信，但我一直十分掛念你。我們的好同志和偉大的朋友陳賡突然去世，在如此巨大的損失之中，我真不知該如何安慰你。這個打擊真是太大了。使我悲傷至極。我感到心力交瘁。為甚麼好人總是在英年謝世而去呢？

　　陳賡為我們共同的事業，鞠躬盡瘁，他在各個方面都堪稱一個共產黨人的楷模。

　　我難過萬分，嚴重的失眠使我無法寫長信。我想念你，並希望這些日子你不致比我更痛苦。善自珍重。一俟心境好些，我會給你寫信的。

　　深深的愛和思念。

宋慶齡

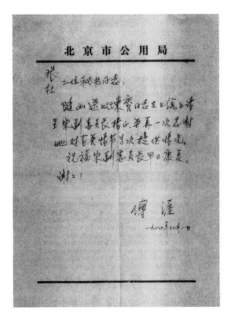

■ 1980 年 12 月 1 日，傅涯致宋慶齡秘書信

　　陳賡逝世後，傅涯開始着手整理陳賡的遺作和別人撰寫的紀念陳賡的文章。在記述陳賡早年與孫中山、宋慶齡交往的片斷時，傅涯遇到不清楚的地方常去請教宋慶齡。儘管宋慶齡年事已高，而且擔負着繁重的領導工作，但她總是有問必答，從不拖延。

　　為了安慰傅涯，宋慶齡還曾邀請她到家中吃飯。見面時，宋慶齡拿出一塊手織的毛藍布對傅涯說："你看，這還是你們送給我的呢。"

■ 作者與宋慶齡故居原主任張愛榮（右）到靈境胡同寓所看望陳賡夫人傅涯

　　後來，宋慶齡用這塊布做了一件衣服，作為對陳賡永遠的紀念。

宋慶齡與葉恭綽

■ 1931 年的葉恭綽

■ 中山陵區中的"仰止亭"

　　在南京中山陵東側的小山上，有一座形制古樸的亭子。這是整個陵區中唯一一處個人捐建的建築——"仰止亭"。

　　亭前，中山陵園文物處豎立的刻石上有如下文字："仰止亭，為正方

■ 葉恭綽墓

形，邊長五米，高六點七米，鋼筋混凝土結構。朱紅色立柱，藍色琉璃瓦鋪頂，檐椽、雀替、藻井、額枋均施彩繪。仰止亭是曾任北洋政府交通部長的葉恭綽先生捐建的，一九三二年秋落成。葉恭綽先生去世後，即葬於此亭的西側。"

"仰止亭"以西不遠處有一方平臥的墓碑，上書："仰止亭捐建者葉恭綽先生之墓。"下方刻有墓主生卒年份"1881—1968"。

"仰止亭"及葉恭綽墓與萬眾矚目的中山陵距離很近，但知道的人並不多。至於葉恭綽其人其事更是很少被人提起。為甚麼葉恭綽能夠安葬在中山陵墓區呢？這與他同孫中山宋慶齡幾十年的交往密不可分。

葉恭綽和孫中山同是廣東人。葉籍貫為番禺，孫籍貫為香山，兩

■ 十八歲時的葉恭綽

地相距僅百里。葉恭綽出身書香門第，家道殷實。他自京師大學堂畢業取得功名，做了近兩年的教師後，便進入清朝衙門裡做官。民國建立，葉恭綽又繼續在北洋政府做官。

民國成立之初的 1912 年，孫、葉兩人便為實現"鐵路救國"夢攜手前行，自此相識相知。

1922 年 6 月 16 日，粵軍總司令陳炯明發動叛亂，孫中山僥倖脫險。在之後討伐陳炯明的日子裡，善於理財的葉恭綽又盡力幫助孫中山擺脫捉襟見肘的財政窘迫。他擔任過孫中山廣州政權的財政部部長兼理廣東財政廳廳長、鹽務督辦、中央銀行董事，代理過大本營建設部部長。

1923 年 10 月 5 日，直系軍閥曹錕通過賄選當上總統。8 日，孫中山頒佈討伐曹錕令，並致電天津段祺瑞、奉天張作霖、浙江盧永祥，"約共討賊"。11 月 25 日，孫中山派葉恭綽赴上海、瀋陽，聯絡盧永祥、張作

霖，從事建立反直三角同盟的工作。

1924 年 9 月，孫中山籌備北伐。10 日，正式派葉恭綽為其駐浙江代表，隨時就北伐事宜與浙奉方面磋商。

1924 年 10 月 23 日，馮玉祥發動北京政變，電邀孫中山到北京共商國是。11 月 13 日，孫中山離廣州北上。24 日，段祺瑞宣佈就任中華民國臨時執政，組織政府，葉恭綽被任命為交通總長。據葉恭綽回憶，孫中山北上時曾有三次電報給他，但葉都沒有收到。這無疑使他對自己的使命難以把握。

12 月 4 日上午十一時四十五分，孫中山、宋慶齡等乘坐的"北嶺丸"抵達天津法租界利昌碼頭。葉恭綽上船迎接，與孫中山等握手寒暄。下午，孫中山即拜會張作霖。孫、張會見時葉恭綽在座。

葉恭綽是奉孫中山的派遣到北方來聯繫段祺瑞、張作霖的。但這時，由於成了段祺瑞政府的閣員之一，他已身不由己。12 月 18 日，葉恭綽與許世英作為段祺瑞的代表來見孫中山。孫中山當面怒斥段祺瑞所謂的"外崇國信"。看着病榻上憤怒的孫中山，葉恭綽的痛心與無奈是局外人難以感受的。

1924 年 12 月 31 日，孫中山在宋慶齡的照顧下，扶病進京。葉恭綽到前門火車站迎接。此後，孫中山的病情每況愈下。

1925 年 3 月 12 日上午九時三十分，孫中山病逝於北京鐵獅子胡

■ 1921 年的葉恭綽。此後他協助孫中山工作至 1925 年

■ 1912 年 8 月 29 日，孫中山在北京出席廣東公會歡迎會時留影。右二為葉恭綽

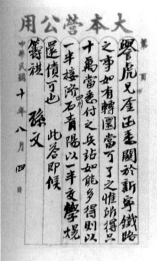

■ 1921 年 8 月 4 日，孫中山致葉恭綽信

同行轅。臨終時，葉恭綽侍立床側，送了孫中山最後一程。

對於孫中山的逝世，葉恭綽十分悲痛。他手擬兩副輓聯：

　　一生超是非毀譽禍福而前行，萬古雲霄終獨往；
　　舉世正困辱憔悴悲哀而無告，八方風雨適安歸。

　　人道先生未死，
　　我惟知己難忘。

孫中山的逝世，使葉恭綽對自己的人生道路重新做了思考。這年 11 月，他便離開了段祺瑞政府。

1929 年，中山陵竣工。6 月 1 日，葉恭綽以親故資格到南京參加孫中山葬禮。"是日，由江邊執紼步行至陵墓，感愴不已。"

奉安後，陵園的建設仍需完善。當時陵園事務由林森總管。因為葉恭綽對建築頗有研究，又與孫中山私交很深，林森便經常與葉恭綽商議各種

■《葉遐庵年譜》中的仰止亭和中山陵藏經樓

建設計劃。其間，葉恭綽提出要在陵墓左側的小土山上捐建一座紀念亭。他的這一意願獲得批准。1930 年 9 月，陵園管理委員會決定將建亭的工程交由他自辦。一年後，小亭建成，"仿古式而用新法，名曰仰止亭。環亭植梅花及松數千株，與靈堂相映帶，為陵園之一景"。

當時國民政府主席林森拿出政府經費結餘，準備在陵園建一藏經樓，託葉恭綽代為策劃。葉恭綽介紹工程師盧奉璋擔任設計監工，自己則從中指導一切。結果

■ 1947 年的葉恭綽

僅用三十餘萬元，就建成了一座莊嚴宏大的建築。葉恭綽又廣徵典籍，用以充實藏品。可是這項工作還沒有完成就遭遇了戰爭，樓遭半毀，書亦盡失。

離開孫中山之後，葉恭綽在段祺瑞政府做了一年的交通總長。1931年，他又在國民政府中擔任了短時間的鐵道部部長。從此便遠遠離開了他曾左右逢源的政壇，開始將精力投入文化事業。"曾經滄海難為水"，與孫中山的合作，使他無法再接受其他領袖。孫中山吸引他的是救國救民的誠心，是心底無私的品格。

1934年，葉恭綽又將其保存的孫中山寫給他的信件，以《總理遺墨》為書名影印出版，為後人研究孫中山提供了第一手資料。

1956年是孫中山誕辰九十週年。全國政協決定成立紀念籌備委員會。宋慶齡等八十七人為委員，周恩來任主任。

紀念孫中山，宋慶齡當然十分欣慰，但她也存有遺憾。首先此事事先並未與她商量，致使整個紀念活動期間她都不在北京。其次，紀念籌備委員會和《孫中山全集》編輯委員會的組成沒有徵求她的意見。在給朋友的信中她寫道："關於兩會的成員，我無可奉告。"顯然，她對人選是有些意見的。其中，宋慶齡特別提到了沒有被選入兩個委員會的葉恭綽。她說："葉恭綽是孫博士的好朋友，他非常愛戴並尊敬孫博士。我認為可以請他撰寫《孫中山畫傳》。孫博士和我都非常欣賞他的中文書法。"當時，宋慶齡是政協副主席，葉恭綽則是政協常委。如果徵求了宋慶齡的意見，沒有道理不讓葉恭綽參與孫中山誕辰的紀念籌備。

1966年，"文化大革命"爆發。作為從清朝的"三品頂戴"到袁世凱、段祺瑞為首的北洋政府"要員"，葉恭綽自然被當成名副其實的"封建餘孽""反動官僚"遭到批鬥。那些發動者和參與者，少數人是別有用心，大

■ 1948
年 6 月，
葉恭綽題
贈宋慶齡
《中山陵藏
經樓圖》

多數年輕人則是對複雜的歷史現象缺乏了解。葉恭綽對此當然萬分委屈而又哭訴無門。得知這件黑白顛倒的事，宋慶齡很是生氣，可她無法左右大形勢，只能派身邊的工作人員給葉恭綽送去二百元錢，以為安慰。這哪裡是區區二百元錢，這是宋慶齡在非常時期做出的一個鄭重的政治表態！葉恭綽感動得老淚縱橫。他說："孫夫人的心意我領了，但這錢不能收，因為夫人也是靠工資生活，沒有財產。"葉夫人思前想後，認為卻之不恭，勸說葉恭綽收下。面對前來的工作人員，葉恭綽激動地說："孫中山先生是一個腳踏實地、不屈不撓的人，我追隨中山先生多年，希望死後埋在'仰止亭'，到九泉之下能見到中山先生。請將此意轉告孫夫人。"聽到工作人員的彙報，宋慶齡給葉恭綽覆了信。她的表態是葉恭綽在人世間得到的最後安慰。

1968 年 8 月 6 日，葉恭綽在北京逝世。1969 年 12 月 30 日，葉恭綽夫人鍾啟明致信宋慶齡，報告了葉恭綽去世的消息，並追憶了葉恭綽和孫中山的友誼。信的最後，她就葉恭綽的安葬提出意見，希望得到宋慶齡的支持：

我們初步計擬：

一、墳墓安葬地點：中山陵園仰止亭後距離一丈二尺地方。

二、墳墓為小小圓墩式，高僅三尺。碑高也三尺。碑文分三直行：右邊一行："仰止亭捐建者"六個字；中行："葉恭綽先生之墓"七個較大的字；左邊一行："中央文史館館長章士釗題"十一個字。

如認為圓墩式不適合，擬改為平臥豎碑式或平臥平碑式。墳身高僅八寸，長三尺四寸，寬二尺。碑文仍前。

三、時間：一九七〇年四月初。

四、工程請由中山陵園管理單位代辦，工料費照付。

1970 年 1 月 9 日，宋慶齡覆函鍾啟明："我同意這樣做，希望能在今年四月份實現。"並關切地問道："知道你身體不好，把骨灰盒安葬南京，有親屬幫你料理否？能有辦法買到飛機票去南京？乘坐飛機，可能對你行動上方便些。"

1 月 16 日，鍾啟明致函宋慶齡："捧讀一月九日賜札，萬分感激涕零！先夫葉先生安葬陵園仰止亭後一事，承您同意，當遵命務期於今年四月份實現。我自鋸去一腿後，又患手術後遺留症等慢性病，行動困難，不能親赴南京辦理安葬。關於計擬安葬事務和整理遺著編選菁華印行等工作，深得先夫親密學生茅以升、陳其英等同志幫忙。將來擬推陳其英同志負責赴南京辦理安葬事宜。"

1 月 21 日，宋慶齡覆函："知道安葬葉先生事和整理遺著等工作，有人幫忙，感到放心。""現由郵局匯你一百元備用。因有負擔，不能多匯。只能匯奉此數，表我心意。"宋慶齡還在信中囑咐葉夫人安排好自己的生活，注意身體。收到匯款後，鍾啟明於 1 月 27 日致函宋慶齡表示感謝。

3 月 20 日，鍾啟明致函宋慶齡報告葉恭綽安葬一事的進展，信中寫道："為求符合簡單、樸素、堅固原則，經商定將墳墓縮小為橫長二尺四寸，寬一尺六寸，前高八寸、後高一尺八寸。碑文由左至右分三行：中行'葉恭綽先生之墓'七個字，上行'仰止亭捐建者'六個字，下行'1881—1968'八個阿拉伯字。碑仰臥在墳身上。"

4 月中旬，葉恭綽墓終於如期完工。28 日，鍾啟明致函宋慶齡："查仰止亭後與東邊均沒有餘地，唯西邊有較多空地，墳墓就在西邊。工程進行甚順利，經於四月中旬完工。茲檢附照片一套八張，敬請賜閱。此次葉先生得以安葬中山陵園，全賴鼎力支持，不僅我終身感激；即葉先生的學生們的衷心銘感！"

5 月 4 日，宋慶齡覆函："知葉恭綽先生安葬中山陵園仰止亭旁一事，

宋仰眠逝

宋副主席：
　　当一九七〇年末临，衷心敬祝
您身体健康。
　　我是叶恭绰先生的爱人，兹有关叶先生一件大事奉陈。
　　先夫叶恭绰先生于一九六八年八月六日去世，至深哀痛！
　　先夫于一九二三年四月左右孙中山先生邀请，到广州就任革命政府大本营财政部长兼建设部长。他向来在北方做事，与孙先生没有什么关系，未参加过同盟会和国民党，承孙中山先生特殊信任，感戴知己，终身难忘。孙中山先生安葬南京，他在中山陵园建造仰止亭，以志景仰。当时声明百年后附葬仰止亭，表示至死追随孙先生。他于一九二八年七月间病重时，郑重嘱托老友章士钊先生等，死后将骨灰附葬中山陵园仰止亭。他去世后，由周总理派中央直属口军代表山将骨灰回多院机关事务管理局局长友、全国政协王建栋、文政会关德立四同志陪吏，将遗体送东郊火葬场火化，骨灰由家属领回。我当时向高同志提出，叶先生遗嘱附葬陵园仰止亭事，高同志以现时正忙于斗争，地政，过了一个时期再为文政会关同志也是相同的意见。现已一年多了，叶先生的骨灰尽早入土为安。我想这四个单位现时派出专人办这事，可能还有不便，只好由家属自行办理。至所有安葬费用，由家属自行

筹措，不用政府，只要求准照四个单位中拟办一单位出具一封介绍书省革命委员会付给公函，由家属派专人率骨灰到南京办理安葬这件大事，拟定初步计划：
　　一、坟墓葬地是中山陵园仰止亭右面距离一丈二尺地方。
　　二、坟墓为十字圆墩式，高仅三尺，碑高七尺，碑文分三直行，右边一行"仰止亭墓道右方丈"九字，中行"叶恭绰先生之墓"七个较次的字，左边一行"中央文史馆、长章士钊题"十一个字。
　　（如义务商圆墩式不足念以改政府外墙石碑式或平卧平碑式。坟墓高仅八寸，长三尺四寸，宽二尺，碑文仿前。
　　三、时间一九七〇年四月底。
　　四、工程请由中山陵园经理单位代办，工料费到付。
以上计划是否适宜，敬恳
参核夕给示宝贵意见，切盼
鼎力玉成，死生均感戴！
　　谨致
革命敬礼
　　　　　　　　　叶钟启明 1969.12.30.
地址...东口球金场二条30号（...）

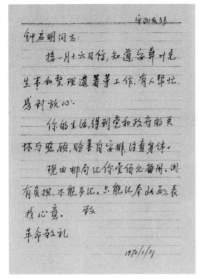

■ 1970 年 1 月 21 日，宋慶齡復鍾啟明
函（底稿）

■ 1970 年 5 月 4 日，宋慶齡覆鍾啟明
函（底稿）

如期辦妥，實現了葉先生的遺囑。這是我應該盡力的事，何必言謝。""附
來照片一一看過。現在寄還，請收到後，好好保存。"

在短短一百二十天裡，兩人往返函件八封。對朋友的事情，宋慶齡是
非常盡心的。

這些信函，揭示了葉恭綽墓修建的過程，包括選址、墓與碑的形制、
經辦人等。至於碑上的題字，因沒有署名，曾有人傳說是宋慶齡所題。現
可以確認是章士釗手筆。

安葬於中山陵，使葉恭綽如願以償，也使宋慶齡得到了寬慰。

時隔近六年，1976 年 1 月，鍾啟明致函宋慶齡："久未書信問候，行
動又多不便，希請見諒。悉知身體康泰，甚釋懷念。葉恭綽先生生前所錄
《全清詞鈔》手稿已由中華書局付印。茲敬上一套四冊，請惠存。年節即
臨，順頌春祺。"

收到贈書後，宋慶齡覆函表示感謝。宋慶齡對詩詞沒有研究，但每當
在書房裡看到這部書時，她一定會睹物思人。

宋慶齡與中國共產黨

■ 1956 年 9 月 26 日，宋慶齡在中共八大上致詞

　　1981 年 6 月 3 日，首都各界近萬人聚集在人民大會堂，悼念國家名譽主席宋慶齡。鄧小平在悼詞中回顧了宋慶齡與中國共產黨共同走過的幾十年歷程。他說：＂中國共產黨和黨的領袖毛澤東、周恩來、劉少奇等同志，很早以前就把她當作自己的親密的戰友、同志和可敬的無產階級先鋒戰士。宋慶齡同志逝世以前不久，被接收為中國共產黨正式黨員，實現了她長時期來的夙願。這是宋慶齡同志的光榮，也是中國共產黨的光榮。＂他盛讚宋慶齡為＂中國共產黨優秀黨員＂。

　　自 1927 年大革命失敗，宋慶齡就堅定地同中國共產黨站在一起。她認為只有中共才能實現孫中山的理想，所以竭盡全力為黨工作，並期望成為其中的一員。

　　1925 年，孫中山與廖仲愷先後去世。國民黨右派背叛了＂聯俄、聯

■ 中共中央政治局接收宋慶齡入黨的決定（1981 年 5 月 16 日《人民日報》）

共、扶助農工"的三大政策，國共合作徹底破裂。作為孫中山與廖仲愷的夫人，宋慶齡、何香凝公開譴責國民黨右派，聲明堅持三大政策。在殘酷的鬥爭中，為提防國民黨當權派斬草除根，何香凝將女兒廖夢醒送往法國，將兒子廖承志送往德國。宋慶齡則於 1927 年 8 月流亡歐洲。

1928 年 7 月，宋慶齡來到法國，約廖夢醒到自己的住處見面。談話間，宋慶齡詢問廖夢醒是不是共產黨員。當時，廖夢醒雖已與共產黨員李少石訂婚，但還未入黨，所以回答："不是。"宋慶齡說："當共產黨是件好事，你何必否認？"廖夢醒在回憶這一段經歷時說："可見，當時她對黨已很有認識。"

李雲是中共應宋慶齡之邀，派到宋身邊工作的聯絡員。1937 年七七事變後的一天，宋慶齡與她談了一些事情後，突然輕聲

■ 1928 年的廖夢醒

問道："我算不算黨員？"李雲無法答覆這個問題，只好笑着敷衍過去。回到家中，李雲就宋慶齡提出的問題請示潘漢年與馮雪峰。潘漢年說："孫夫人堅定不移地與我黨合作，她用她的特殊身份、特殊地位，起到了特殊作用，任何人也替代不了的。她的入黨問題，必須中央來考慮。明天，你就對夫人說：'你和共產黨員一樣。'這樣回答比較妥帖。"馮雪峰也同意這個意見。

第二天，李雲見到宋慶齡，按照潘漢年的意見答覆了她。宋慶齡聽罷異常高興。辦完事情後，李雲準備告辭，宋慶齡卻堅持挽留她："你從來不肯在我這裡用飯的，今天一定要在這裡吃一頓便飯。"

宋慶齡一生中，只在 1957 年 4 月 25 日正式提出過一次入黨申請。這

■ 作者在上海採訪李雲

天，蘇聯最高蘇維埃主席伏羅希洛夫去杭州，宋慶齡同劉少奇等一起前往上海龍華機場為其送行。下午，劉少奇和夫人王光美到淮海路寓所看望宋慶齡。談話中，他們議起了中共正在開展的整風運動。劉少奇說：“孫中山先生很有才華和魄力，獻身革命幾十年如一日，之所以沒有成功，就因為沒有一個好的黨。”宋慶齡表示非常贊同這一見解。劉少奇又

■ 1957 年 11 月，宋慶齡作為中國代表團成員，赴莫斯科參加慶祝十月革命四十週年活動。前排左起：郭沫若、毛澤東、蘇聯最高蘇維埃主席伏羅希洛夫、宋慶齡

■ 1957 年 11 月 16 日，毛澤東在《社會主義國家共產黨、工人黨代表會議宣言》上簽字。前排左起：鄧小平、毛澤東、宋慶齡、烏蘭夫

說："我們黨吸取了這個教訓，才領導革命成功了。現在，我們號召群眾幫助我們整風，目的就是使我們黨更好。"宋慶齡興奮地說："黨中央採取這個態度很好，我相信黨一定會越來越好。"她稍停片刻後，很懇切地提出："我希望參加共產黨。"聞聽此言，劉少奇很高興，但他非常慎重地表示："這是一件大事情，我將轉報黨中央和毛主席。"這次談話，王光美在場。由於宋慶齡的上海地方話不好懂而英語很好，劉少奇說話有湖南口音；於是，王光美就用英語和普通話為他們翻譯。

　　4 月 28 日，劉少奇和周恩來一起到淮海路寓所看望宋慶齡。劉少奇告訴她："黨中央認真地討論了你的入黨要求，從現在的情況看，你暫時留在黨外對革命所起的作用更大些。你雖然沒有入黨，我們黨的一切大事，我們都隨時告訴你，你都可以參與。"聽到這個答覆，宋慶齡的心情很不平靜。她有些失望，眼睛裡閃着淚光，但點了點頭表示理解。

　　1981 年初，宋慶齡病勢日漸沉重，開始持續不斷地發燒。

■ 1979 年 6 月 28 日，宋慶齡與王光美親切會面，互致問候

　　宋慶齡的是不習慣住院的。一生中，她唯一的一次住院是 1936 年在上海做闌尾切除手術。她生病的次數不算少，但治療都是在其住宅進行。如果必須去醫院進行全面體檢或做耗時較長的檢查，她會自帶一頓中飯，晚上一定要回到家中。

　　宋慶齡極不願意其他人進入她的臥室。所以，在後海居住期間，醫生的治療通常是在一層的按摩間進行。1981 年，宋慶齡病情嚴重後，二層的書房臨時安置了一張床。白天，醫生的治療和領導、朋友的探望都在這裡。直到病情十分嚴重時，醫務人員才不得不進入她的臥室，晝夜監護。

　　病情危殆之際，宋慶齡並不認為自己將要很快走到生命的終點。直到進入最後的昏迷前，她也沒有失去希望，仍然覺得自己會好起來。去世前的幾十天裡，她還在準備接待客人，準備親自整理孫中山先生的文物，準備迎接期待已久的安逸的退休生活。

　　3 月 3 日，她致信上海住宅管理員周和康："有關房屋要改名的事，請你用我的名（宋慶齡），因為我過了五月就想回家退休。"

5月9日，她指示秘書杜述周到友誼商店買了三十二把扇子。其中二十二把作為公事接待的禮品，另外十把自己付費，準備送給私人朋友。

病重期間，她多次與沈粹縝談到自己深深思念的上海。她說：那裡有孫中山的故居，上海住宅還有中山先生的許多衣物，過去都是由李燕娥負責定期晾曬，現在李姐故去，只得由她自己動手了。她與沈粹縝相約，等身體稍好後，請沈幫自己一起整理孫中山的衣物。

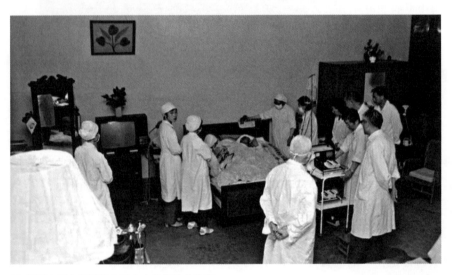

■ 醫療小組在宋慶齡的臥室中進行搶救治療

按慣例，黨和國家領導人的健康狀況是保密的。宋慶齡長時間沒有露面，大家私下都在猜測她的身體或許出現了問題。然而，5月8日，宋慶齡在人民大會堂出席了加拿大維多利亞大學授予她榮譽法學博士學位的授贈典禮。她神情一如往日，並用英語發表了二十分鐘的講話。王光美看到電視新聞，覺得宋慶齡身體很好，十分高興。幾天後，她打電話給宋慶齡的保健大夫顧承敏，詢問宋慶齡是否能接見幾位來自國外的客人。顧大夫回覆："她的情況不好，已經幾次病危。客人見不了，你要見快來！"王光美聞訊，立刻趕往宋慶齡後海寓所看望。

那是 5 月 15 日早晨，當時宋慶齡病情嚴重，間斷地出現神志不清，已經幾乎不能說話。

王光美心情十分沉重。她想起 1957 年劉少奇、周恩來告知宋慶齡中央暫不批准她入黨的往事，清楚地記得宋慶齡當時難過的樣子。王光美當即決定，要全力爭取在宋慶齡臨終之前讓她實現這個心願。但此事必須首先取得中央的認可。

■ 作者採訪王光美

於是，王光美驅車趕赴中南海面見中共中央總書記胡耀邦。當時胡正在瀛台會客。王光美就先到勤政殿，把車停在那兒，等他出來。兩人會面後，王光美對胡耀邦說："我剛剛去看了宋慶齡，她已經病危。我想向黨報告一件事，宋慶齡同志曾經向少奇同志提出要求入黨，當時中央意見她暫時不入黨為好，也是少奇同志答覆她的。這事的經過我都在場。能不能在她現在還明白的時候同意她入黨，給她一個安慰？如果中央同意，我可以去當面問她一下。"胡耀邦説："可以問。"

得到這個答覆，王光美立即再次回到後海。當時探望領導人是有規定的。於是，她給宋慶齡的秘書杜述周寫了一個條子："杜秘書，你向宋副委員長説一下，我再跟她談一次話，只要一兩分鐘。"

這次宋慶齡很清醒，一見面就認出了王光美。當時，王光美身上帶着在美國學習的女兒劉平平剛寄來的一張英文母親卡，恰好沒有寫上款。她把這張卡送給了宋慶齡，宋看到後很高興。王光美説："少奇同志在世的時候，我知道當時黨中央很信任你，對你評價很高。現在小平同志、耀邦同志等也都對你有很高的評價。當年你曾當面向少奇同志提出過入黨要求，不知道你現在是不是還有這個要求？如果有，我立刻報告黨中央。"宋慶齡"嗯"了一聲，點點頭。

見到她還有入黨要求，王光美趕緊跑下樓，通過杜秘書直接要通了胡耀邦的電話，她告訴胡："我剛才問了，宋慶齡同志要求入黨！"胡耀邦説："好。這件事你就辦到這兒，以後的事我們辦。"

王光美離開後，鄧穎超和彭真來到宋慶齡的寓所。鄧穎超在回憶中寫道："彭真同志和我去看你，向你陳述了黨幾十年來都把你作為同志看待，我們了解入黨是你長期以來的宿願，説明我們要向黨中央報告。你睜開眼睛望着我們，輕聲答覆：'好。'"這顯然是中央在了解了宋慶齡入黨的意願後，再次由組織出面對她的要求進行的證實。從這一安排可以看出，中央對宋慶齡的入黨問題是十分慎重的。

當天下午，中共中央政治局舉行緊急會議，一致決定接收宋慶齡為中共正式黨員。會議結束後，廖承志和中共中央組織部部長宋任窮來到後海寓所，在宋慶齡的病榻前宣佈了批准她入黨的決定。我曾採訪過時任國務院機關事務管理局副局長的汪志敏。他説，宣佈入黨決定時他也在場。

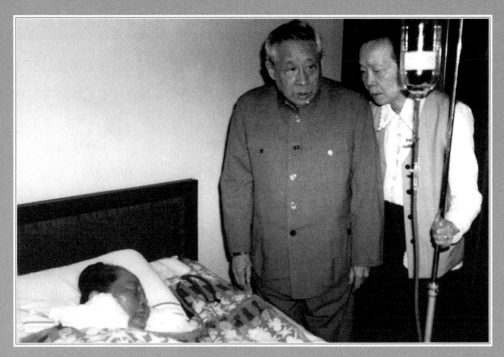

图 | 严承志夫妇在宋庆龄病榻旁

第二天上午十時，鄧小平來到宋慶齡的病榻前，表示熱烈歡迎她加入中國共產黨，並就此向她致以祝賀。

5月20日上午九時十五分至九時三十五分，中共中央總書記胡耀邦等黨和國家主要領導人一同來到宋慶齡病榻前。當時，宋慶齡情況不好，一直處於昏睡中，所以他們只是探望，與宋之間沒有進行任何對話。

當天下午，宋慶齡神志清醒，廖承志與宋進行了長達二十分鐘的談話。宋慶齡對他說的第一句話是："你們為我所做的一切，我很感謝。"廖承志說："宋主席談的'你們為我所做的一切'，自然是包括她成為正式黨員，和國家榮譽主席的稱號，這是十分明白的了。"

2002年，我們去採訪汪志敏，他因身體健康狀況不佳，表達已不夠連貫。汪志敏說："她很早提出來要入黨……她一直想加入共產黨。""彌留之際才討論通過了。……這次確實入了，這是真的。"

我還曾向顧承敏大夫和吳慶年護士長了解情況。王光美與宋慶齡談入黨問題時，她們都在現場。我問："當時宋慶齡有同意的表示嗎？"她們一致證明說，是有肯定的表示。宣佈入黨決定時，她們二位也都在場。顧承敏回憶，當時宋任窮主要是講："你多年提出的這個願望，現在經中央討論，同意接收你為中共正式黨員。"她還說，宣佈這個決定時，杜秘書在現場錄了音。

宋慶齡是一位極特殊的黨員。她與中國共產黨合作的時間，超過了黨內許多領袖的黨齡；她對中國共產黨做出的貢獻更是難以估量的。

宋慶齡與常熟

■ 建國初期的宋慶齡

■ 王四酒家今貌

2006 年 10 月，我應邀前往常熟參加虞山少年宮成立五十週年慶祝活動。在此期間，我曾赴"王四酒家"用餐，在走廊的宣傳欄裡看到了有關宋慶齡、宋美齡在酒家用餐的介紹。這使我十分驚異，因為所有關於宋慶齡的編年中，都沒有這件事的記錄。少年宮的老主任陸士賢同志見我很感興趣，在我返京後，給我寄來了相關資料。

1947 年 10 月 19 日，宋氏姐妹由上海淞滬警備司令部司令宣鐵吾、行政院新聞局副局長曾虛白、名醫曾耀仲（曾虛白之弟）、孔祥熙長子孔令侃等人陪同，從上海乘汽車，於中午十二時抵常熟，到虞山北麓千年名剎興福寺遊覽。為了避免擾民，此事沒有通報常熟縣政府。

■ 興福禪寺

興福寺曾名大慈寺、破山寺。唐代詩人常建在這裡所作的《題破山寺後禪院》，成為人們吟唱千年的名篇："清晨入古寺，初日照高林。曲徑通幽處，禪房花木深。山光悅鳥性，潭影空

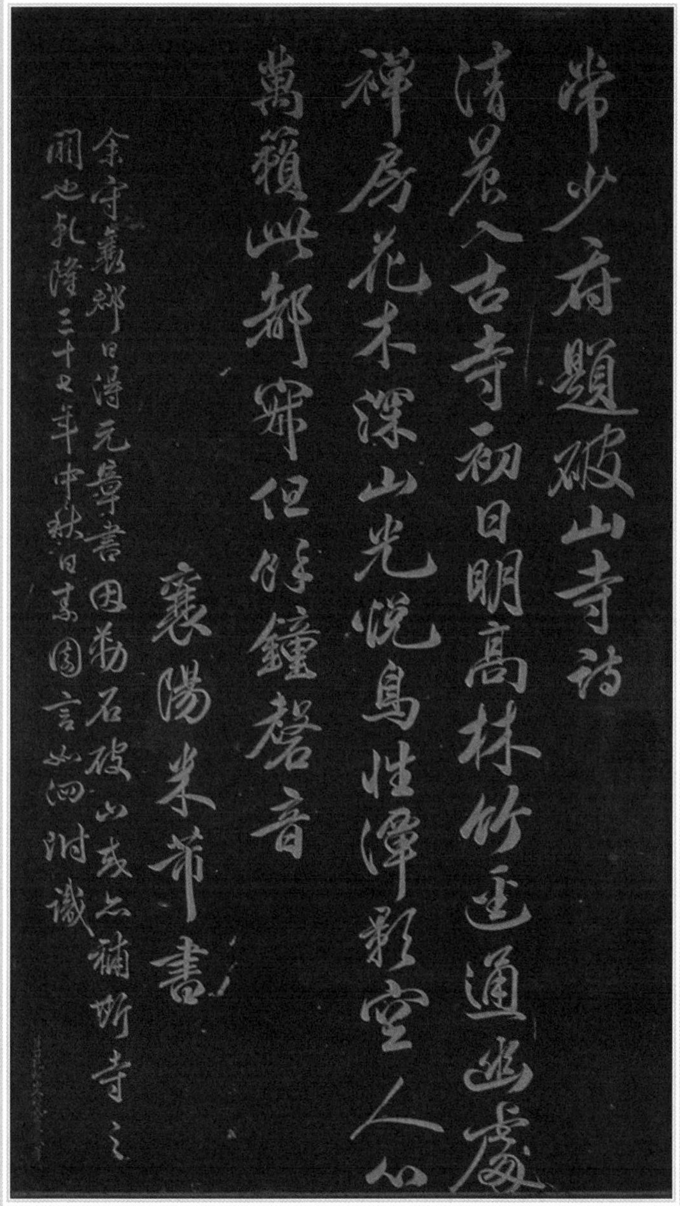

常少府題破山寺詩

清晨入古寺初日明高林竹逕通幽處

禪房花木深山光悅鳥性潭影空人心

萬籟此都寂但餘鐘磬音

襄陽米芾書

余守襄郧日得元章書因勒石破山或云之補刻寺之闕也乾隆三十又年中秋日某圖言如泗附識

■ 興福寺中的常建詩碑

人心。萬籟此俱寂，但餘鐘磬音。"

隨着這首詩的傳播，興福寺聲名大振，成為與杭州靈隱寺、常州天寧寺、鎮江金山寺齊名的江南四大名剎之一。寺內古木參天，勝跡眾多。曾氏兄弟自幼生長於常熟，而且是清末四大譴責小說之一《孽海花》作者曾樸的公子，文學功底很深。一路上，他們介紹名勝古蹟、掌故軼聞，宋氏姐妹聽得興趣盎然。

出興福寺，一行人便到附近的王四酒家進餐。這是一家創辦於清光緒年間的名店，烹飪技藝精湛，所用菜蔬新鮮，自釀的桂花白酒更是風味獨特，所以總是顧客盈門。孔令侃與王四酒家主人王化民有過交往，事先已囑咐其準備三桌上等酒菜，但沒有說明來賓的身份。這天恰逢週日，秋高氣爽，王四酒家更是座無虛席。孔令侃找到店主，店裡卻騰不出一張空桌。王化民只得表示歉意，請他們先在附近散步，過一會兒再入席用餐。好在大家遊興未盡，便到附近山麓觀賞景色。

那天，宋氏姐妹頭戴寬邊草帽，身穿白色襯衫，絨線馬夾，外罩淺灰外套及深灰西裝褲，足蹬黑色皮鞋，莊重中帶着幾分休閒。唯一的不同是，宋美齡的馬夾為紅色，宋慶齡的為黑色。二十分鐘後，一行人折返王四酒家，但仍無空位，只得再往各處遊覽。如此往返三次，還是無法入席。不得已，孔令侃將來賓的真實身份透露給店主。王化民得悉，急忙招呼夥計，在林間一處叫彎背楓楊樹的草坪上設置餐桌，並請自己的母親邵銀寶親自侍奉。片刻之間，松樹蕈油、燻魚醉蝦、荷葉煨雞、冰糖葫蘆、桂花栗羹等當地名菜、名點擺了滿滿一桌。宋氏姐妹一邊眺賞秋林山色，一邊品嚐美肴佳釀，不斷讚歎"想不到這小地方有這麼好吃的菜"。宣鐵吾、孔令侃等隨行人員則在王四酒家樓上分坐數桌用餐。下午二時五十分，宋氏姐妹一行盡興散席，依依不捨地告別虞山美景，登車返滬。

這應該是宋氏姐妹一生中最後一次攜手的休閒之游。其中是否具有政治的含義，已經無人知曉。此前的幾天，宋慶齡曾應宋美齡之邀，同遊杭州。在那次行程中，宋美齡問宋慶齡："共產黨的底牌到底是甚麼？"也就是說，共產黨需要甚麼條件才會停止日趨凌厲的攻勢。宋慶齡回答："我不是共產黨員，不了解。"政治鬥爭使姐妹間的交往也變得不再那麼輕鬆。

宋氏姐妹的常熟之行見報後，引來了當地一些長者對宋藹齡在常熟的追憶。1936 年秋，宋藹齡到常熟，曾興趣盎然地一口氣遊覽了虞山上下、城內城外的清涼寺、興福寺、維摩寺、慧日寺等四大古剎。

宋藹齡、宋美齡相繼離開大陸後，宋慶齡與常熟的聯繫仍在繼續。

1951 年，宋慶齡聽到了常熟群眾對當地處理案件中一些不當做法的反映。4 月 7 日，她即致函常熟縣縣長韓培信：

韓縣長培信同志：

　　告訴你幾件事如後，據貴縣人士在途中談及種種，地方幹部為文化水準過低，對民間着手處理工作不合上級理論去做，缺點者隨便被押人及敲打人，拿無根據的材料去處理人，或者稍有疑問人亦去被押等情。但政務院明文規定，應將各種不同的人，搜集準確的事實材料方可去被押或簽死刑人。今後的辦法，迅速加以將區鄉幹部統統教育，切不可如此玩弄手段，否則對國家有不利和民間的大大反應。勿責。

　　此佈

宋慶齡手啟

一九五一年四月七日

被押或處死者應有根據及證明人等方可實行。又及。

接到來信後，縣委立即對信上所反映的問題作了認真的調查。當時新中國成立不久，社會情況比較複雜，少數幹部在工作中確實存在違反政策、簡單粗暴、強迫命令的傾向。對此，縣委迅速予以了堅決糾正和嚴肅處理。

宋慶齡時任中央人民政府副主席，日理萬機，但她始終把這件關乎依法行政和群眾利益的"小事"掛在心上。後來到蘇州視察工作時，她還專門將韓培信找去，當面詢問常熟群眾反映的那件事的處理情況。對於韓培信的彙報，宋慶齡頻頻點頭，表示滿意。

當時，為了把婦女從家庭中解放出來，常熟縣婦聯計劃建立第一個托兒所，但苦於沒有資金。婦聯幹部陸鈺想到宋慶齡一貫關心婦女兒童福利事業，便去上海向中國福利會求援。之後，根據中福會的要求，又報送了建三開間、二層樓，總面積二百平方米房屋的圖紙和所需資金預算。

■ 2006 年 10 月，在"宋樓"前留影。左起：少年之家原主任吳之棋、少年之家原主任陸士賢、作者。右一為時任少年宮主任董亞琴

1951 年底，常熟縣人民政府收到了中國福利會寄來的一張批准書，十六開紙，豎印着"人民幣貳億陸仟萬圓"（折合新幣制二萬六千元）六個大字，款項匯至江蘇省人民政府辦公廳，以便監管使用。該筆款項是從宋慶齡 1951 年獲得的"鞏固國際

和平"斯大林國際獎金中撥付的。這件事在常熟街頭傳開了,人們都說:宋主席有一顆金子般的心,把自己獲得的獎金,全部用在了兒童婦女的福利事業上。1952 年底,一幢精緻的小樓竣工,成了常熟城裡的新景觀。人們習慣地稱之為"宋樓"。

1964 年 4 月,托兒所因房屋不敷使用而外遷,常熟縣人民政府把"宋樓"撥給虞山鎮少年之家使用,並作了如下說明:"那裡的一幢精緻的小樓房,是宋慶齡所獲國際和平獎金中

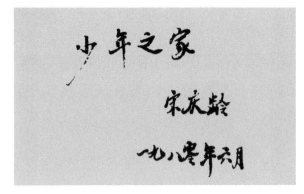

■ 1980 年 6 月,宋慶齡為常熟少年之家題名手跡

■ 1980 年 6 月,宋慶齡為常熟少年之家題詞手跡

的二億六千萬元(舊幣制)援建的。此房只能用於兒少事業,不宜給其他性質的單位。"

"文化大革命"開始後,少年之家被其他單位佔用。1978 年,虞山鎮政府和縣文化教育局在原址隔壁為少年之家建造了一幢五百平方米的三層

樓，作為對 "宋樓" 的置換和補償。原少年之家的負責人陸士賢主持籌建工作。

1980 年兒童節前夕，陸士賢寫信給宋慶齡，講述了少年之家的演變，請她給新的少年之家題詞。沒有想到，6 月 16 日少年之家籌建處就收到了宋慶齡的親筆題詞：

> 願少年兒童樹新風，遵紀守法，有健康的身體，有知識，有志氣，為祖國作貢獻。

■ 2006 年的常熟少年宮

共青團虞山鎮委大受鼓舞，再次寫信，請宋慶齡為 "少年之家" 題匾。不到十天，宋慶齡親筆書寫的 "少年之家" 四個大字就從北京寄來了。在常熟小朋友的心中，宋慶齡真像自己的奶奶一樣有求必應。

2006 年，我在參加常熟少年宮成立慶典時，建議恢復 "少年之家" 的名字。我告訴常熟的同志們：

宋慶齡在中國少兒事業中創造了幾個第一：第一個婦幼保健機構 —— 國際和平婦幼保健院；第一個少年宮 —— 中國福利會上海少年宮；第一個少兒劇團 —— 中國福利會兒童藝術劇院；第一個兒童劇場；第一本新中國創辦的少兒刊物 ——《兒童時代》。今後在這個名單中要加上一個少年之家，就是常熟的少年之家，這是全國唯一的一座宋慶齡捐資建造、親筆題字的少年之家。

2014 年 5 月，我再一次來到常熟，少年之家已經完成了第九次遷址。現在的少年之家，佔地面積一萬一千一百平方米，可使用建築面積達六千多平方米。作為校外教育機構，少年之家設有興趣活動項目四十多個，全年參加各類培訓班的少年兒童近三萬人次。在國際和全國性比賽中，常熟少年之家的孩子們屢屢榮獲金獎。

我問起"宋樓"的情況，遺憾地得知，它在城市改造中已被拆除。但宋慶齡的關愛，將永遠留在常熟人民的心裡，留在常熟一代代孩子的心裡。

■ 2014 年的常熟少年之家

刻在石頭上的宣言

■ 1924 年 11 月 28 日，宋慶齡在日本神戶發表關於婦女解放的演說

後海北沿四十六號是宋慶齡在北京的最後一處住宅。

從東大門進園，向左一轉便是一帶土山，山上有一座扇面形狀的亭子名為"箑亭"。山路入口處，立着一對並不太引人注意的抱鼓石。

剛到故居工作時，我就覺得這對抱鼓石非常特別。它安放在清朝攝政王府的花園裡，但從石質看，不是那麼古老；從雕工上看，卻又相當細膩，不像當下的作品那樣粗陋。

仔細端詳這對抱鼓石，疑問就更多了。抱鼓石的頂部是一對獅子，這在老年頭兒的石雕作品中再常見不過；但我們通常看到的石獅總是一雄一雌；雄獅在左，右足踩着一個繡球；雌獅在右，左足下有一隻幼獅。據說，這表示雄獅在外大權獨攬，雌獅負責養育後代，意味着"男主外，女主內"。可是我們面前的這對石獅卻大不相同。左邊的獅子右足踩着繡球，下邊有三隻活潑的幼獅在嬉戲玩耍；右邊的獅子左足下同樣踩着一個繡球，下邊有四隻幼獅。其寓意非常明顯，即無論雌雄，都要擔負社會責任，也都要承擔對後代的培育。這種造型的石獅子此前我從未見過。

■ 抱鼓石上的獅子

從那時起，我就時時留意各處的石雕。除了北京，外省的城市鄉村、台港澳地區，甚至亞洲、歐美各國的華人聚居區，只要見到石獅子，我就用相機拍下來。發現了我這個與眾不同的癖好後，身邊的同事們常常為我提供石獅子的信息。我女兒在旅遊途中，也幫我拍回了不少石獅子的影像。十幾年過去，我收集的石獅子數不勝數，但是始終沒有找到哪怕一對與此類似的獅子。於是我開始猜測，它們應該是專屬於宋慶齡的石獅子。

2012 年，宋慶齡生前身邊工作人員安茂成回到宋慶齡故居參加活動。我專門問起這對抱鼓石。安茂成告訴我，抱鼓石的確是宋慶齡個人的，購置的時間在 1959 年之後。當時因為修建北京火車站，宋慶齡從方巾巷四十四號遷居北海西河沿八號（今前海西街十八號）。在西河沿，宋慶齡買下了這對抱鼓石作為花園裡的點綴。安茂成當時隸屬於國務院機關事務管理局服務處，常常要到宋慶齡的住宅去整理園林花草。他曾聽到有的工作人員為了這對抱鼓石私下裡抱怨："× 秘書淨讓首長瞎花錢，買這沒用的東西！"看來，宋慶齡是真心喜歡這對抱鼓石，她不但自己出錢買下，1963 年從前海遷往後海時，還專門帶上了這對石雕。

160　　THE WESLEYAN

THE MODERN CHINESE WOMEN

HE Chinese women of the higher classes long before Christianity ever penetrated China, received an education. They were tutored in literature, poetry and music. Unfortunately, there were few women who were fortunate enough to be the daughters of nobles, therefore, these privileges of learning were accorded to few. As for their position in society, the women of China, whether belonging to the high or middle class, did not enjoy much freedom in the Occidental sense. They lived in seclusion, away from the society of men, except of course the immediate members of their families. But seclusion was not so bad, after all, to the Chinese women, who are naturally domestic and timid, and who possess a spirit of contentedness hardly to be found elsewhere. They received and paid calls, and in their homes they were loved and respected. Indeed, what more could they wish?

Since Christianity has been introduced, Chinese women occupy, undeniably, a higher pedestal, socially and educationally, than before. Education is no longer confined to any one class. In addition to literature, poetry and music, the various private and mission schools, add science, mathematics and athletics to their curricula. Witnessing the splendid results of these schools, and realizing that "the hand that rocks the cradle governs the nation," the government is establishing schools all over the country, and education is being made compulsory. The Commissioner of Education in 1907 gave competitive examination for girls to be sent abroad for education, and to fill the scholarships offered by Wellesley. The result of that examination convinced the men that girls are not inferior to the boys in mental abilities, therefore annually the Government selects a number of girls from all the provinces, by means of competitive examinations, to fill the so-called Indemnity Scholarships in the United States. The Government is not alone in doing all she can for the higher education of women, for

■《威斯里安》校刊上刊登的《現代中國婦女》一文首頁

宋慶齡始終密切關注着婦女解放問題，自己也一直身體力行地進行着婦女解放的實踐。

1907 年，在維新大潮的推動下，清朝政府的教育部門首次為派遣女學生出國留學舉行擇優錄取的考試。宋慶齡以優異的成績，成為全國四名取得留學資格的女生之一。

1913 年，就讀於美國威斯里安女子學院的宋慶齡在校刊上發表了《現代中國婦女》一文。文中，她評價中國婦女的特點是"生性溫順軟弱,一心只管家務,一心追求家庭樂趣"。宋慶齡感歎:"她們所具有的那種滿足現狀的心理,在其他地方是難以找到的。"但是,作為一個即將完成學業的留學生,她也滿懷信心地宣稱:"我們深信,用不着一個世紀的時間,中國婦女也將成為同男人們地位相等、平起平坐的夥伴。"

宋慶齡極力主張女子要和男子一樣參與政治和其他公共事務。幸運的是,孫中山也有同樣的想法。宋慶齡曾說:"孫中山不僅為中國政治經濟之革命家,並為婦女界之革命家,所至之地,無不提倡階級自由、男女平等。"

1921年10月,孫中山準備率兵北伐,宋慶齡要求與他一道出征。當時封建傳統思想仍然十分濃厚,人們普遍認為,軍旅中有女人會使兵氣不揚,不利於戰事。聽到傳言,廖仲愷於10月13日急忙趕到總統府。廖對孫中山說:"中西方的習俗是完全不同的。歐洲軍隊中有婦女一起出征是很正常的。但是中國軍隊絕對不容許婦女隨軍,因為會影響士氣。先生是首次出師北伐,對這件事應該慎重考慮。"孫中山反駁:"韓世忠在黃天蕩大破金兀朮,就得到了夫人梁紅玉親自擊鼓助戰,這證明中國軍隊並不是不許婦女隨軍的,也不見得就會影響士氣。女人在軍中兵氣不揚的說法是

■ 1922年5月6日,孫中山赴廣東韶關督師北伐,宋慶齡率領紅十字會員多人從行。圖為孫中山、宋慶齡一行在韶關

腐儒見解，毫無根據。"廖仲愷堅持己見爭辯道："梁紅玉擊鼓助戰，是歷史上的特例，所以才流傳到今天。現在中國習慣上仍以婦女不隨軍為原則。因為在環境艱苦的戰場上，婦女隨軍會使士兵發生反感，不能不加考慮。"孫中山最終接受了廖仲愷的建議。

但事情到這裡並未完結。宋慶齡認準的事情是一定要做到的，何況這的確是歧視婦女的"腐儒見解"。15 日，孫中山出兵廣西；17 日，率部抵達梧州。24 日，宋慶齡即由廣州抵梧州與孫中山會合。11 月 15 日，孫中山出發前往桂林，宋慶齡則乘船返回廣州。但她並非就此放棄隨軍，而是去完善準備工作。《申報》稱："孫夫人亦志切從軍，將由梧抵粵，備行裝再赴桂林。"12 月 6 日，宋慶齡率紅十字會會員離開廣州。21 日，孫中山親到陽朔迎接宋慶齡一行。一直到 1922 年 4 月 19 日，宋慶齡才再次返回廣州，而三天後孫中山也回到廣州。他們只是在為下一階段的大戰做準備。5 月 6 日，孫中山離開廣州赴韶關督師北伐。這一次，他們不再做任何哪怕是形式上的妥協。宋慶齡率領紅十字會會員，與大軍一道出發。

1924 年 11 月，宋慶齡陪同孫中山北上商討國是。途經日本時，她在神戶高等女子學校第一次獨立發表演說，主題就是婦女解放。不幸的是，僅僅百天後孫中山就溘然辭世。

訣別孫中山之後的五十多年裡，宋慶齡堅持充分重視婦女權益、真正實現男女平等的主張。她說："我最可憐的就是我們的婦女同胞，受了國際上重重壓迫之外，還要多受一層男女不平等的壓迫。""中國婦女是世界上最受壓迫的國家裡最受壓迫的階層。""婦女在社會上及政治上都淪落到奴隸的地步，充其量也不過是二等公民。竭力把婦女鎖在家庭工作的牢籠裡，把婦女看做不配學習或工作的下等人。""中國革命主要任務之一是要使兩萬萬以上的婦女從半封建的、中世紀的社會意識和習慣中解放出來。"她要求婦女自強，不要"只知道做賢妻良母"，僅僅在家庭中"養育兒女與料理家庭瑣事"。她大聲疾呼："我全國親愛的姊妹啊,你們可以覺悟了,自己的權利是要靠自己奮鬥來作代價的,指望別人恩賜是靠不住的。"

1942 年 7 月,在艱苦卓絕的抗日戰爭中,宋慶齡為美國紐約的《亞細亞》雜誌寫了一篇長文 ——《中國婦女爭取自由的鬥爭》。她從古代的花木蘭、梁紅玉、蔡文姬、李清照,講到現代的秋瑾、何香凝、鄧穎超、蔡暢;從傑出的婦女領袖,講到千千萬萬戰鬥在民族解放第一線的婦女。她回憶起民國成立後,當國民黨婦女領袖唐群英和張昭漢在國會中提出男女平等的議案時,反動派操縱的多數輕而易舉地把提案否決;回憶起大革命失敗後,大批積極投身革命的先進婦女被屠殺的慘景;回憶起國民黨"裁去曾對它的勝利大有貢獻的婦女部",不讓婦女參加政治和行政工作,造成的婦女解放運動的倒退。她也歌頌了為爭獨立、爭解放、爭民主、爭平等,婦女們捨生忘死、前仆後繼的動人事跡。宋慶齡的這篇長文,是中國第一部婦女解放運動的簡史。

1949 年 3 月,中國婦女第一次全國代表大會在北京舉行,全國民主婦女聯合會宣告成立。從那時起,宋慶齡連續三十二年被推舉為全國婦聯的名譽主席,是中國當之無愧的最傑出的婦女領袖。

新中國成立時,作為根本大法的中國人民政治協商會議共同綱領第六條規定:"中華人民共和國廢除束縛婦女的封建制度。婦女在政治的、經濟的、文化教育的、社會生活的各方面,均有與男子平等的權利。"婦女的權利終於有了法律的保障。讓宋慶齡倍感欣慰的是,"在通過這根本大法的會議中,婦女代表竟佔全數十分之一"。

但宋慶齡是清醒的,作為婦女解放運動的推動者,她隨時發現存在的問題。1953 年,她說:"我們在鏟除男女不平等的封建關係方面已有了偉大的進步。"同時她指出:"首先就男尊女卑的觀點來說,它是根深蒂固的,而且在思想行動之中隨時會表現出來。這種缺點需要反覆不斷地教育來改正，而不是立刻可以根絕的。其次，婦女們到處都受到家庭繁重工作的束縛。不僅使她們無法參加生產，甚至阻礙了她們的發展，使她們既不能隨着社會的前進而前進，又不能依照社會對於公民的要求來使自己前進。"

1979年，已經八十六歲高齡的宋慶齡仍然密切關注着婦女的處境。她說："沒有生產力的極大提高，權利上的平等不可能成為事實上的平等，包括從繁重的家務等勞動中解放出來。""我們要建立革命的民主的和睦的新家庭，在這個家庭裡和社會中一樣，男女平等，合理分擔家務勞動。"

這一對體現"男女平等"的獨一無二的石獅子，在宋慶齡身邊度過了二十多年。今天，它們仍忠誠地向人們展示着宋慶齡婦女解放的主張。這簡直就是一篇石刻的男女平等宣言！新婚的男女，應該在這對石獅前拍他們的結婚照，留下他們對於社會和家庭責任的承諾。

在這裡，我還想簡略地介紹一下這對抱鼓石上除獅子之外的其他精美石刻。因為這也表現了宋慶齡對中華民族傳統文化的喜愛。

抱鼓石相向的兩塊浮雕，表現的是

■ 龍馬負圖

■ 麒麟獻瑞

■ 白頭多子

■ 喜上眉梢

中國最古老的傳統文化。一幅是"龍馬負圖"。據傳在上古伏羲時，河南滎陽一帶的黃河中有龍馬背負着《天地自然河圖》（後世稱為"太極圖"）浮出水面，向人們揭示自然變化的奧秘。《周易》稱之為"河出圖"。另一幅為"麒麟獻瑞"。傳說孔子的母親顏氏曾遇見一隻麒麟。她看到麒麟從嘴裡吐出一塊方帛，上面還寫着文字，第二天孔子就降生了。所以麒麟被視作瑞獸。"麒麟獻瑞"意為祥瑞降臨。（在這幅石刻中，帛書已被演化成一套書籍。）

"龍馬負圖"下方雕刻的是白頭翁和石榴，即"白頭多子"。"麒麟獻瑞"下方雕的是梅花和喜鵲，即"喜上眉梢"。

抱鼓石正面下方的兩幅石雕，一為鳳凰和牡丹花，即"鳳戲牡丹"；一為綬帶鳥和花卉，即"壽代吉祥"。

抱鼓石的外側刻着通過對自然花卉的

■ 壽代吉祥

■ 鳳戲牡丹

■ 寶相花

■ 暗八仙

抽象、提煉、變形而來的"寶相花"，象徵着富貴吉祥。"寶相花"的下方分別雕刻了"暗八仙"中的兩件寶物。一件是鍾離權的扇子，可以起死回生；另一件是呂洞賓的寶劍，可以震懾妖魔。

這對抱鼓石雕刻得十分細膩。特別是大小九隻獅子，塑造得神氣靈動。抱鼓石上一幅幅精美的石雕，蘊含着世世代代的中國人民對於夫妻和睦、子孫興旺、健康長壽、喜樂吉祥的美好祈願。

後海寓所的 "影事"

■ 英國影片《紅菱艷》劇照

■ 宋慶齡放映電影的大客廳

　　1963 年 4 月 1 日，周恩來和鄧穎超前往機場迎接由上海返京的宋慶齡，並將她直接送到了後海北沿二十八號的新居。（後改為四十六號，即今宋慶齡故居。）當時宋慶齡已經七十歲。此後，她在這個院落裡生活、工作了十八個春秋。

　　來到後海的前三年裡，由於工作忙碌，喜愛看電影的宋慶齡很少安排娛樂活動。1966 年 "文革" 開始後，幾乎所有的電影一夜之間都成了毒草，在家中放映電影更不可能。那幾年裡，她一部電影都沒有看過。"文革" 中由於正常的國務活動停止，宋慶齡無事可做，十分寂寞。所以當急風暴雨稍稍過去後，宋慶齡又開始在家中放映電影；與過去不同的是，她每年僅看一到兩次電影（其中 1970 年為四次），而且基本上是紀錄片。直到 1973 年 12 月，她調看的影片才開始以故事片為主。

　　到了晚年，宋慶齡看電影可以說單純是為了消遣，但我們仍能從中看到宋慶齡的性格和價值觀等許多內在的特質。

熟悉宋慶齡的朋友都知道，看電影是她的愛好。說起喜歡看甚麼片子，他們幾乎會異口同聲地說，是 20 世紀 30、40 年代的美國片。

其實，在建國前和建國初期，宋慶齡看了相當多的蘇聯電影。建國後，她還看過不少日本、意大利、蘇聯、印度、朝鮮

■ 美國影片《音樂之聲》劇照

的影片。大陸國產片和香港片她也看了很多。但是，為甚麼大家會不約而同地認為宋慶齡喜愛美國老電影呢？這是因為，宋慶齡經常看的是英文原版的美國片，這給人們留下了深刻的印象。

宋慶齡的確很喜歡美國老片，其原因之一是她曾在美國生活了六個年頭。那時她正值青春花季，對周圍的一切都極感興趣。而老片描述的正是那個時代的美國。宋慶齡最喜歡的電影是《音樂之聲》和《翠堤春曉》。《翠堤春曉》是一部經典的音樂片、傳記片，講述了世界著名音樂家、"圓舞曲之王"約翰·施特勞斯的愛情傳奇。1975 年，在短短三個多月裡，這部電影宋慶齡就連看了兩次。宋慶齡一生中最喜愛的歌曲之中有一首名為《當我們年輕的時候》，就是《翠堤春曉》中的插曲。此外，《魂斷藍橋》《出水芙蓉》《鴛夢重溫》等也都屬於這一類型。

■ 卓別林的代表作《城市之光》劇照

宋慶齡還喜歡卓別林的影片。《城市之光》和《大獨裁者》是卓別林的代表作，宋慶齡都在很短的時間裡連看兩次。1977 年 12 月 25 日卓別林逝世。29 日，宋慶齡即在信中傷感地告訴朋友："查理・卓別林最近也去世了。"

　　宋慶齡看電影的興趣很濃。她認為看電影是高雅的享受，所以總是請大家同她一起看。秘書杜述周說："她看電影，除了我們工作人員參加以外，還有警衛排的幹部、戰士，還要請北京醫院的大夫、護士長、院長來看。"

　　宋慶齡的老朋友戴愛蓮記得："在北京寓所大客廳裡放電影的時候，她請朋友來看。好幾個電影，一個接一個。因為時間很長，我還有其他人看的時候就睏了。可我們看宋慶齡的時候，她還是坐在那裡看，喜歡得要命。"

　　看電影犯睏的人不止戴愛蓮一個。北京醫院院長吳蔚然有着同樣的記憶："宋副主席喜歡看一些原版的電影，多半是在晚上看。有時她請我來看電影。其他人都是一些年輕的或者身邊工作的同志。她總讓我坐在她旁邊。但燈一黑屋裡又暖和，我就打盹兒，有時甚至睡着了。我覺得很不好意思。宋副主席也注意到了，她說：'你做大夫，工作太累了，想睡覺了。'我只得如實相告：'我實在忍不住，打盹了。'我跟她無所謂。那時候還有米勒的兒子米德華、柯弗蘭的女兒凱蒂，大家隨便吃點兒點心，看看電影。有時候她看一個片子不行，得看兩個，差不多三個多鐘頭。她也原諒我，我睡就睡，陪着她一塊兒看，也不講太多的話。"

　　看電影持續的時間往往都比較長，宋慶齡老朋友的後代林國才對此印象深刻："宋慶齡家裡有時也放些電影，她所選擇的都是品位很高尚的文藝片，我多次陪她看電影，從晚上八時直到午夜二時，連看六個小時而毫無倦容。可見她的喜好。"
林國才說的"連看六個小
時"對宋慶齡來說，其實
真算不上時間長的。1973
年1月9日，宋慶齡在給
愛潑斯坦的信中寫道："9
月以後我必須穿上鋼製背
心才能站起來。12月份
我還被迫舉辦了兩次'禮

■《翠堤春曉》劇照

節'性的晚宴，每次都長達七小時。為此，路易評論說，我不僅擁有一件
鋼背心，還有着鋼鐵的意志！顯然，這個老小孩還拿人家的痛苦尋開心！
家裡的工作人員五個月沒看電影了，他們抓住家宴的機會，選了一些太長
的電影片作為飯後消遣！我真是太傻，把事情全交給他們去辦！"宋慶齡
在這裡就像一個貪玩的小孩，把看了長時間電影的責任都推給家裡的工作
人員，其實她自己才真正是樂此不疲。她看電影常常是連放五部故事片。
1975年5月31日連放電影《彼德大帝》（上下集）、《她在黑夜中》《奧瑟羅》
《翠堤春曉》，杜述周記錄"共映九個小時"。如此長時間的"連續作戰"，
她竟能正襟危坐精神抖擻地從頭看到尾。

　　老朋友馬海德的兒子周幼馬說："她每次看電影的時候，門口部隊戰
士們都請上，在最後坐兩大排。戰士根本看不懂，簡直受罪。她是想：我
那麼喜歡看電影，你們也應該喜歡看電影。我感覺她很關心人的，她也很
喜歡這些人。"正如周幼馬所說，有時她連放七八個小時，而且放的都是
英文原版片，戰士們根本看不懂。可是首長邀請，戰士們只好硬着頭皮陪
看。周幼馬告訴我，更可憐的是當時正趕上"文革"，戰士們甚麼都沒看
懂，回去還要為看了"資產階級毒草"專門開會學習消毒。當然，這場"苦

情戲"宋慶齡是蒙在鼓裡的。於是，再放電影，她還會熱情地邀請警衛戰士們出席，作為對他們的慰問。

　　然而，宋慶齡也有疲憊的時候。據保健醫生顧承敏回憶："宋慶齡看電影有家庭的氣氛。她把大家找來一起看，一切都準備好了後，她走進來，向大家問好。她要休息的時候，大多是自己悄悄離開，因為大家都在看電影，她怕影響到別人。"

附：
宋慶齡與電影的"互動"

看過某些影片後，宋慶齡會有自己的反應，但不是通常意義上的觀感或影評。這裡，我姑且稱之為"互動"。從中，我們可以看到宋慶齡所堅持的原則、內心中的溫暖、性格中的堅強、藝術欣賞上的高品位等等。雖然只是一些隨性的小舉動，卻十分耐人尋味。

一、英國影片《紅菱豔》

1963 年 4 月，宋慶齡的寓所從環境嘈雜的前海西沿遷到了安靜的後海北沿。她的睡眠條件大大改善了。8 月 17 日晚，她在寓所看了幾部電影，其中一部是頗負盛名的《紅菱豔》。

《紅菱豔》是英國在 1948 年拍攝的影片，第二年就獲得了兩項奧斯卡獎。影片講述的是一個耐人尋味的故事。

佩吉熱愛芭蕾舞，覺得自己就是為舞蹈而生。她參加了舞劇《紅菱豔》的演出，扮演一位穿上紅舞鞋就無法停止一直跳到死的舞女。佩吉極有天賦，演出大獲成功。之後，她愛上了作曲

■《紅菱豔》劇照

家朱利安。為了所愛的人，佩吉放棄了自己的事業。但在婚後平靜的生活中，她總感覺有一種魔力在召喚她重新穿上舞鞋。佩吉終於離開朱利安，回到了舞台；但她漸漸感到，自己與曾經扮演過的那個穿着紅舞鞋的舞女正在慢慢重疊。經過內心的激烈鬥爭，佩吉決定放棄舞蹈重拾愛情；但就在她衝出劇院時，突然出現的一列火車終結了她的生命。

看了這部電影，宋慶齡一夜輾轉反側，無法入眠。這次失眠被當時的秘書黎沛華記在了自己的記事本上。宋慶齡從佩吉的遭遇中究竟想到了甚麼，我們不得而知。但顯然，這部電影對她的觸動很深。因為 1974 年和 1978 年，她又兩次重看《紅菱豔》。

二、國產戲曲片《紅樓夢》

宋慶齡非常推崇中國的傳統文化，也很願意將其介紹給外國朋友。1973 年 12 月 2 日晚，她在北京寓所會見並宴請美國友人艾米·謝菲爾，在京的外國朋友柯弗蘭、柯如思、艾黎、米勒、馬海德等作陪。飯後，宋慶齡點名調來了電影《紅樓夢》。謝菲爾不懂漢語，宋慶齡就請秘書張珏為她翻譯。謝菲爾看時很感興趣，問得非常詳細。

當時還沒有電視劇《紅樓夢》，宋慶齡所看的版本是越劇戲曲片。王文娟扮演林黛玉，徐玉蘭扮演賈寶玉。其中的名唱段，如“天上掉下個林妹妹”等至今仍膾炙人口。但作為翻譯，要想把這個故事講清楚難度真是不小。

宋慶齡出生在上海，越劇大體上可以算作她的家鄉戲。她對越劇也是情有獨鍾，除《紅樓夢》外，她還調看過越劇戲曲片《追魚》和《孟麗君》。

■ 國產戲曲片《紅樓夢》劇照

三、美國影片《亂世佳人》

　　這是美國好萊塢 1939 年根據瑪格麗特‧米切爾的小説《飄》改編的一部電影，次年即獲得了十項奧斯卡獎。

　　《亂世佳人》以美國南北戰爭為背景，主線是好強、任性的莊園主小姐郝思嘉糾纏在幾個男人之間的愛恨情仇，與之相伴的還有社會、歷史的重大變遷。郝思嘉愛上了另一個莊園主的兒子艾希利，但艾希利選擇了郝思嘉的表妹。郝思嘉嫁給了查爾斯，不久查爾斯在戰爭中死去。郝思嘉結識了商人白瑞德，她拒絕了白瑞德的追求。郝思嘉再嫁暴發戶弗蘭克。
很快弗蘭克在一次集會上被北方軍打死。郝思嘉終於和一直追求她的白瑞
德結為夫妻，卻始終無法忘懷艾希利。在家中發生了一連串的悲劇之後，
郝思嘉不顧一切地選擇了艾希利，但對方並不接受她。郝思嘉終於明白，
她真正需要的是白瑞德。而當她再次找到白瑞德時，白瑞德已對她失去了
信任。

　　《亂世佳人》拍攝完成後不久，宋慶齡就在香港看了這部電影。（宋慶
齡於 1941 年 12 月 10 日離開香港。）但郝思嘉如此複雜的感情變化，使對
愛情極端專一的宋慶齡很難理解。這樣一部得到盛讚的影片，她硬是沒有
看懂。三十多年以後，宋慶齡對此仍耿耿於懷。1977 年 12 月 29 日，她致

■《亂世佳人》海報

信好朋友廖夢醒："如果你得到一本名為《飄》的書,請借給我看看。雖然我在香港時看過電影,但我一直沒有很清楚地弄懂它的意思。現在這個女演員死了。"這部影片中的女主角郝思嘉的飾演者是費雯麗,她病逝於1967年7月7日。

此後,宋慶齡是否看過小說《飄》不得而知。但1979年4月12日,宋慶齡再次看了電影《亂世佳人》。

四、羅馬尼亞影片《勇敢的米哈伊》

1973年,一位朋友向宋慶齡推薦了這部影片。

米哈伊是瓦拉幾亞貴族。通過一系列戰爭,他於1599年首次將瓦拉幾亞、特拉西瓦尼亞、摩爾達維亞三個小國組成了一個國家。雖然他的統一僅僅維持了六個月,但已奠定了今日羅馬尼亞疆域的基礎,因此他被稱為"勇敢的米哈伊",成為羅馬尼亞最偉大的民族英雄之一。影片細緻地表現了激烈的戰鬥過程。因為處於冷兵器時代,影片中出現了一些削斷手臂、砍掉頭顱的特寫鏡頭。

秘書杜述周調來影片,試片時看到這些血腥場面,擔心宋慶齡不適應,建議不要放映。聽到建議後,宋慶齡讓隋永清轉告杜秘書

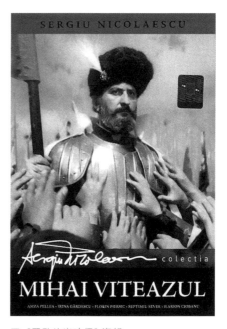

■《勇敢的米哈伊》海報

說："我不怕的，當年陳炯明叛變，炮轟總統府，為了讓孫先生脫險，我連機關槍都打過，血腥場面我經歷過，沒關係的！"

12 月 30 日晚，宋慶齡邀請工作人員和警衛排的戰士一起觀看這部影片迎接新年。隋永清注意到，宋慶齡看到這些鏡頭時，果然很鎮靜，連眉頭都不皺一下。

但是隋永清告訴我，有一次看紀錄片《針刺麻醉》。看到醫生在不打麻藥的情況下，在病人身上開刀，一刀劃下去，雪白的肉翻開，隨後鮮血便湧出來，宋慶齡卻"嘖嘖"連聲，露出恐懼的表情。

五、朝鮮影片《賣花姑娘》

1972 年，朝鮮拍攝了《賣花姑娘》。這部電影講述了朝鮮在日本統治時期的一個故事：花妮的父親早亡，媽媽帶着妹妹順姬在地主家幹活。順姬被地主老婆推倒，滾燙的參湯弄瞎了她的雙眼。哥哥一怒之下放火燒了地主家的柴房，被抓去坐牢。媽媽在地主家做工，得了重病。花妮每天採花在街頭叫賣。當她終於攢夠錢買回藥時，媽媽已經死在家裡。花妮跋山涉水找到監獄，卻聽說哥哥死了。她掙扎着回到家，又得知順姬已經被地主狗腿子扔進了冰天雪地的大山裡……

《賣花姑娘》被引進中國時，正是"八億人民八齣戲"的時期。因此，這個敘事細膩的"苦情戲"大受歡迎，一些影院二十四小時循環放映。影片中的插曲也迅速風靡全國。

1974 年 4 月 30 日，為慶祝五一勞動節，宋慶齡在寓所大客廳放映這部電影，邀請馬海德等朋友、身邊工作人員和警衛戰士參加。燈光暗下來，故事隨着畫面漸漸展開。看到花妮的悲慘遭遇，宋慶齡流淚了。她從衣袋裡掏出手絹，動作很小地擦了擦眼睛。而後，她控制住自己，扭身望

■《賣花姑娘》劇照

瞭望大家，似乎很不願意被人看到她的失態。馬海德的兒子周幼馬就坐在
她的側後方，整個過程看得清清楚楚。宋慶齡回頭的時候，他便和別人一
樣，眼睛盯着銀幕，裝作完全沒有察覺。於是，宋慶齡放心地回過頭去，
繼續沉浸到劇情中。談及此事時，周幼馬說："宋慶齡這個人，一生太多的
坎坷，也太多的災難。陳炯明搞叛亂，這樣很危險的情況，她都遇到過。
國民黨想要暗殺她，她都能夠很坦然地來處理。她是一個很剛強的，見過
很多場面的人。但是另一面，她的同情心又是很多的。"

六、莎士比亞名劇《麥克白》

1979 年 11 月 29 日，宋慶齡在寓所大客廳放映了五部影片，現旅居美
國的雕塑家王維力是當時被邀請的客人之一。2012 年回到北京時，他曾向

■《麥克白》劇照

我講述自己經歷的往事。

王維力先生說:"宋慶齡看完了莎士比亞的《麥克白》,後面準備放映的是一部武打片。工作人員換片時,宋慶齡起身道別說:'大家慢慢看吧。'自己便上樓休息了。從中可以看到她的品位。"

《麥克白》和《哈姆雷特》《奧塞羅》《李爾王》被稱為莎士比亞的四大悲劇。

麥克白將軍是蘇格蘭國王鄧肯的表弟。在平定叛亂回師途中,他遇到三個女巫。在女巫的蠱惑及夫人的慫恿下,麥克白謀殺鄧肯做了國王。為防止他人奪位,他又陸續害死了很多人。他自己的夫人也因精神失常而自殺。最後,眾叛親離的麥克白在鄧肯之子及其請來的英格蘭援軍的圍攻下被殺死。

正如王維力所講,宋慶齡在藝術欣賞上很有品位。她看的電影中,由名劇、名著改編的佔有相當大的比例。如,《奧賽羅》《王子復仇記》(即《哈姆雷特》)《第十二夜》《羅密歐與朱麗葉》《欽差大臣》《一僕二主》《簡愛》《巴黎聖母院》《安娜·卡列尼娜》等等。

七、《紐約、巴黎及東京之夜》

請人看電影是宋慶齡為數不多的樂趣和休閒方式,但有時也會給她帶來煩惱。1979 年 11 月 29 日，為了給保姆李燕娥過生日，宋慶齡請醫務人員和身邊的工作人員看電影。她還特意邀請了老朋友王安娜的兒子王黎明夫婦。沒想到放映的第一部影片就讓宋慶齡尷尬不已。

12 月 11 日，宋慶齡寫信給她的朋友："這部片子……實在太壞了……叫甚麼'紐約、巴黎及東京之夜'……那種不像話的脫衣舞之類的玩意。我真想站起來走掉，可是我找不到扶我走路的那個人，只好坐着不動……我真懊喪得要命，居然在我家裡放這種東西給〔兩位客人〕看。"五天之後，她懷着不安的心情，寫信給王安娜："最近我很忙，只有一個晚上在我們這裡看電影時碰到了黎明。第一部放映了《巴黎、紐約和東京之夜》，一些鏡頭太黃色了，簡直不堪入目。我有時只能閉上眼睛。希望黎明夫婦不會受到壞影響。為了趕上末班汽車，他們沒來得及同我說話就走了。真遺憾！"語氣裡有着無法掩飾的歉意和擔心。在杜述周的記錄中，這部影片的名字是《世界之夜》，但我認為宋慶齡記述的片名應該是準確的，因為她的外文水平十分了得。

這部影片給宋慶齡造成的不安和擔心持續了很久。1981 年 3 月 6 日晚，重病在床的宋慶齡仍然指示杜述周在大客廳放映電影慶祝婦女節。事先她特意提醒："不要光屁股的影片！"這一天距離她逝世只有短短的八十四天。對品位不高的影片帶給人們不良影響的擔心，一直被她帶到了另一個世界。

手搖蒲扇送清風

■ 帶有宋慶齡英文簽名的蒲扇

1937 年底，上海淪陷，宋慶齡撤退到香港，繼續為推動抗戰而奔忙。為了促使孫科出面號召中、蘇、英、美大同盟運動，1941 年 8 月 15 日晚，宋慶齡極為難得地在自己的寓所設宴，招待了幾位中外客人。香港大學教授陳君葆應邀出席作陪。在當天的日記裡，他記述了晚宴中的一個細節："孫夫人的生活頗簡單，她只有一台電扇，入席時要把它從客廳搬到飯廳裡，飯畢又搬回來。大菜雖然做得很好，但也許是宋子文的廚子。"

■ 1939 年，宋慶齡手持蒲扇在香港

香港很熱，宋慶齡又很怕熱。身為國母，她卻只有一台電扇。平時陪伴她度過漫漫長夏的是手裡搖着的扇子。我們在照片中看到，她使用的是蒲草編成的桃形的扇子，這是中國民間家居婦女最慣常使用的一種扇子，價錢便宜而且耐用。

1955 年 7 月 5 日，宋慶齡在北京方巾巷寓所與老朋友、越南民主共和國主席胡志明見面。當時留下的照片中，宋慶齡仍然手握小蒲扇。只是在桌子上多了一件"新式武器"——一條玻璃製作的大魚。這條魚張着嘴，肚子裡盛着水。宋慶齡就用這些涼水來加濕降溫。這真是最綠色環保的方式了。

1962 年的夏天十分炎熱，當時宋慶齡已從建國門附近的方巾巷遷居前海西沿十八號。在給朋友的信中，她幾次提到："天氣使人特別難受，又熱

■ 1953 年，宋慶齡手持蒲扇看望中福會托兒所的三胞胎

■ 1955 年 7 月 5 日，宋慶齡在北京寓所手持蒲扇會見胡志明

■ 宋慶齡會見胡志明時桌上擺放的玻璃魚

■ 手持蒲扇的宋慶齡與隋永清

■ 1955 年 12 月 19 日，宋慶齡手持摺扇
在新德里參觀印度工業博覽會

■ 1972 年 7 月 28 日，宋慶齡手持蒲扇在寓所會見美國女作家、歷史學家巴巴拉·塔克曼和
她的女兒

又潮濕，儘管電扇高速運轉，我還是不停地流汗。"

　　1963 年，宋慶齡再次遷居至後海北沿二十八號（後改為四十六號）。對於國家的照顧，宋慶齡十分感激，但住進去以後，她發現這處住宅還是有一個缺點，那就是房子向陽，夏天很熱。而且據她的體驗，"樓上比樓下要高出三度"。

　　1972 年又是一個難熬的酷暑。6 月 12 日，宋慶齡致信沈粹縝："這裡已熱到三十七度了。山上的人們吃不到水，所以我們的警衛同志也去參加挑水上山。"到了 7 月 8 日，她又致信廖夢醒："這鬼天氣真是難以忍受，比去年夏天更糟糕。那些住在郊區的窮人每天只配給三兩水。甚至我們的

警衛同志都要輪流去挑水。"說到這裡,她似乎對自己的怕熱有些內疚:
"那麼我還有甚麼理由去抱怨天氣熱呢?"

　　1975 年剛剛進入 5 月,宋慶齡對北京的炎熱已是忍無可忍。她致信老
朋友陳翰笙:"這是我在北京度過的最糟糕的一個夏天,這麼熱,以至於
我的皮膚病不斷發作。甚至現在我的身體上佈滿了紅色疹塊,似乎無藥可
治,日日夜夜的瘙癢使我痛苦不堪。"

　　1978 年 7 月 9 日,她在給鄧廣殷的信裡,提到幾位要來看望她的親
戚。她寫道:"希望她們等天氣不是那麼可怕的時候過來。現在即使把電扇
開到最大擋,汗水還是像瀑布一樣往下淌!"

　　長時間使用電扇會使人感覺很不舒服。所以,宋慶齡抵禦炎熱,用得
最多的還是扇子。她準備了不少小蒲扇和北京居民最常用的芭蕉扇。朋友
們來看她,她就拿出來給大家用。雖然這都是最便宜的易耗品,但宋慶齡
仍然十分仔細地在這些簡陋的扇子
上,用粗筆寫上自己名字的英文縮
寫"SCL",以免被人們無意間拿
走。這些扇子就放在小客廳孫中山
像下的櫃子裡。

　　在家可以用蒲扇,出門就顯得
不那麼方便了。出訪時,宋慶齡自
帶摺扇。她認為摺扇是中國傳統文
化的體現。所以,常常自費請秘書
代買很多摺扇,作為送給外國朋友
的禮物。

　　宋慶齡還自己動手製作羽毛
扇,並悠然自得地扇着它與老保姆

■ 宋慶齡北京寓所孫中山像下放蒲扇的櫃子

■ 1980 年夏，宋慶齡手持羽毛扇與李燕娥在北京寓所

■ 晚年宋慶齡手持蒲扇在寓所與朋友交談

李燕娥談天。

現在北京的酷暑已經不會再給宋慶齡造成困擾了。近百年前製造的老式華生牌電扇和可以降溫的大玻璃魚，仍然放在小餐廳裡。她的那些手持的扇子，展現了宋慶齡與普通百姓一樣的簡樸生活，也成為珍貴的歷史文物。

與嚴寒抗爭

■ 宋慶齡使用的 "湯婆子"

　　宋慶齡與孫中山有一個共同的弱點就是怕冷。他們的家鄉都在南方。孫中山是廣東人，宋慶齡的父親則出生在海南島。所以，到了寒風襲來的時候，宋慶齡會想到她的老家。她說："也許我應該在熱帶生活。但是，我又不喜歡天熱。生活中存在太多的矛盾。"

　　正如宋慶齡所說，在她的生活中矛盾很多。她怕冷，但同時又很怕國家多花錢。據上海住宅管理員周和康回憶，1966年之前，幾乎每年冬天，宋慶齡都要從北京回到上海家裡過冬。他一直以為宋慶齡不在北京過冬，是因為不適應北京的氣候。1962年冬，周和康在檢查室內溫度時，宋慶齡對他說："周同志，你可曉得，在北京寓所冬天取暖要用好多的煤，一個月的用煤量，足夠上海家裡整個冬季用還要多，所以，我在冬天就住到上海

■ 北京的大房子

家裡來過冬，這樣可以節省好多的煤。"周和康這才恍然大悟，宋慶齡是
為了替國家節約煤炭開支，才返回上海家裡過冬的。

每當上海寓所開始冬季供暖時，宋慶齡都要親自找周和康談話，共同
商討室內溫度調控問題。她說："家裡的水汀不要燒得太熱，只要保溫就可
以了。如果需要時，我自己會添加衣服的。"她還囑咐：在運煤時要把散
落在圍牆旁和沿途路上的煤屑清掃起來；燒過的爐灰要過篩，把沒有燃盡
的煤核揀出來重新使用。

年紀越大就越怕冷，這是自然規律。七十歲之後，宋慶齡對於寒冷的
承受力越來越差。這在她給朋友的信中有過多次表述。

1963 年 10 月 10 日，宋慶齡在信中寫道："因為國慶節期間的活動增
多，我的老毛病又犯了，非常難受，加上痛苦不堪的關節炎，從來也沒停
止過。為了穿暖點，我已經套上了線衫和棉襖。"

■ 上海的小房子

　　1965 年 11 月 10 日，她致信黎照寰："這裡現在的溫度是零下二度，因此從今天起我們開始開暖氣了。但願上海的天氣沒有這麼冷。這樣大一個房子的用煤真是浪費，這裡一天所消耗的煤，用於我們上海的房子取暖的話，可以用一個多月，對此我很不開心。"

　　北京的冬天比上海來得早，也使宋慶齡早早就感到痛苦。1970 年 10 月 28 日，她寫信給同在北京的廖夢醒："今天這裡又颳風，冷得刺骨，但我們還沒有生暖氣，為的是省煤。我真希望你有一個熱水袋放在胳臂上，這樣可以減輕疼痛。我的兩腳冰涼，所以我就要穿上棉鞋了。你也穿上吧。"

　　1972 年的冬天，宋慶齡大概是確切地知道了燒暖氣需要用多少煤。她突然感到十分不安。10 月 28 日，她寫信給鄧廣殷："我們這裡在颳風，很冷。我把開暖氣的時間推遲了，因為這個大房子一天需要一噸的煤！事實上是個巨大的浪費！我穿着棉衣，不到外面去。我待在辦公室裡，在秘書的協助下答覆人民來信，有很多事情要做。" 11 月 3 日，她再次寫信稱："這裡的天氣又乾又冷。我推遲了用暖氣的時間，因為給整個大房子和院子裡的其他房間供暖要一噸煤。這裡天氣令人很難受，我正要求回上海去，那裡的天氣更適合我。我那裡的家很小，供暖一個月才需要一噸煤 —— 真是給工廠大大地節約煤了。"

　　在宋慶齡的堅決要求下，中央批准她在 11 月 11 日回到上海。她如釋重負。11 月 13 日，她致信陳翰笙："目前這裡的天氣非常宜人，所以我們還沒有燒暖氣。在北京，我們每天要'消耗'一噸煤，而在這裡一噸煤足夠用一個月的。在北京是多麼浪費啊！我對浪費深感不安，但是居住在經常颳風的地方，有必要使整個屋子保持溫暖。" 12 月 1 日，她寫信給鄧廣殷："聽說柯弗蘭得了肺炎，很難過。北京的天氣零下八攝氏度，還颳風。無疑這個時候有很多人生病。我在那兒的時候我們一天要用掉一噸煤才能

气温记录

■ 宋慶齡住宅燒暖氣的記錄

讓偌大的房子暖和，而在上海一噸煤可以用整整一個月。我從來不喜歡大房子——沒有家的感覺。我在給工廠節煤這一事實足以讓我有理由在南方過冬。"

宋慶齡的"明智決策"使她感到很驕傲。其實在這個領域裡，她遭遇了知識短板。北京的住宅由於面積大、天氣冷，的確用煤很多。但是她回到上海，北京的住宅一兩煤也省不下來，因為跟她去上海的只有身邊的秘書和保姆。其他數十位工作人員和警衛排，仍然留守在這座大房子裡。更何況當時用的是水暖，北京的氣溫下如果停燒暖氣，就會使暖氣管線凍炸。雖然"隔行如隔山"，但宋慶齡為國家節約燃料的初衷卻是令人動容的。

北京的冬天使她不適應的還有一點，就是天氣的乾燥。宋慶齡在信中抱怨説："今年冬天這裡沒有下過雪，只有狂風白天黑夜不停地怒號，真讓人受不了。"1975年的冬天，北京連續下雪，她非常高興。2月6日，她致信廖夢醒："你知道前兩夜都下雪了嗎？我得為此感謝老天爺，因為乾燥的氣候使得我渾身癢癢。但願能繼續下雪！"3月7日，宋慶齡致信鄧廣殷："前天我們這裡下雪了。如果不是地震的傳言，我們會感到多麼開心啊！這裡很乾燥，即使在春天嘴唇和手都會開裂。"

北京住宅的房子是比較特別

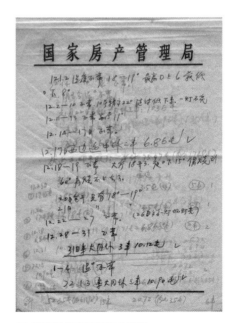

■ 宋慶齡住宅燒暖氣的記錄

的。因為建在清朝醇親王府的花園裡，宋慶齡使用的二層樓要與古建築相連接，而古建築都是很高大的。所以，這裡的房間大，而且室內淨高達到四米。其結果是供暖的效果大打折扣。花園總體面積達兩萬平方米，暖氣管道平鋪在地下，散熱很快。所以，儘管煤的消耗不算少，但室內溫度並不高。根據留下來的供暖記錄，房間裡的溫度最高時曾到過二十二攝氏度，一般只能達到十七攝氏度到二十攝氏度。對於一個老人來說，這樣的溫度肯定低了。所以，宋慶齡説："我們為了保暖穿了一層又一層的冬衣。"她在屋裡也總要穿着棉衣、棉鞋。

晚上就寢時，保姆就用"湯婆子"為宋慶齡暖被窩。那是一個用了好多年的銅製舊湯壺，已經有幾處補焊。為了避免燙到人，外面有一個粉色的布套，是用舊布縫製的。有趣的是，每天晚上宋慶齡和她的保姆會輪流用這個"湯婆子"來暖被。這種平等，更是一般人難以想像，也難以做到的。

關於洗澡的那些事

■ 宋慶齡在上海

北京的宋慶齡故居過去只是她的一座私人住宅，1982 年改為博物館後，二十多年間沒有加建辦公室，故居相關部門的辦公就只好安排在一些不對公眾開放的房間裡。其間曾有十年光景，我的辦公室就在主樓二層宋慶齡書房對面原秘書張珏的房間，所以總能聽到遊客參觀時的議論。有人說：「你瞧，書房跟臥室中間是衛生間，過去開放的，現在不讓看了。衛生間特別大，宋慶齡用牛奶洗澡，要不怎麼那麼白呢！」這些大多是無稽之談。為了澄清真相，我有必要就有關宋慶齡洗澡的事，向大家做一點介紹。

　　說起衛生習慣，宋家在中國是開風氣之先的。

　　1892 年，宋耀如退出基督教佈道團，成為一位出色的企業家。有了積蓄後，他在上海虹口的東有恆路修建了自己的第一所住宅。據埃米莉·哈恩所著的《宋氏家族》描寫：樓下是書房、餐廳、中式客廳、西式客廳；「樓上四間屋子為臥室，分別歸父母、女孩、男孩和僕人所用。臥室後面有兩間小屋和兩間浴室，浴室裡裝有精美的蘇州澡盆。盆的外表有一圈黃色的龍雕，裡層是綠色的釉質。盆內裝有冷水龍頭，熱水在樓下燒好，然後提上樓來用。」但這個被人羨慕的澡盆可能是宋家在這裡居住後期的事。因為宋美齡曾在給朋友的信中說到自己曾經與家人「對那隻沒有好好清潔的木浴缸的瘋狂爭奪」。宋慶齡與宋美齡是 1907 年赴美國上學的。應該是在她們離開上海後，宋耀如對浴室的設備又做了改進。

　　1912 年，宋家遷居寶昌路四百九十一號。這已經是一所完全歐式的建築。1914 年，經由日本返回上海後，宋慶齡在給一個美國朋友的信中說：「上海確實是一個非常現代化、在許多方面勝過亞特蘭大的城市。我們的房子又寬綽又漂亮，而且備有各種現代化的設施。我們家裡有許多臥室、浴室和盥洗室。」1917 年，宋美齡大學畢業從美國回到上海後，對於寶昌路的新家也讚美不已。她興奮地說：「我將擁有自己的臥室、更衣室和個人

■ 宋慶齡上海住宅花園中的桉樹

浴室。你無法想像……我是多麼享受完全屬於我自己的浴室。我忙着計劃我自己房間的傢具配備。啊，幸福啊幸福！所有房間都有壁爐。我的臥室有五個窗戶，三個朝西，一個朝北，一個朝南。我想要的臥室顏色是略帶紫色的玫瑰色或者和我現在的臥室一樣的淺黃色。"

上海開埠很早，在民國時期已經有不少居民養成了每天洗澡的習慣。建國初期，蔣介石曾派飛機轟炸上海。1950 年 2 月 22 日，宋慶齡在致王安娜的信中寫道："這一次上海人真的要發瘋了，由於轟炸，人們不能每天洗澡，供水受到了威脅，因此每家每戶都得挖一口井。"

既然宋家早就有了經常洗澡的習慣，那麼宋慶齡是不是用牛奶洗澡呢？

其實，宋慶齡的生活水平從來沒有遠離過普通百姓。在她的住宅裡，每週只燒一次洗澡水。當時是每週工作六天，所以燒洗澡水就安排在週六。住宅裡使用的熱水鍋爐並不大。（在我擔任故居主任時，每週一次的澡水仍用這台鍋爐燒。）週六熱水燒好後，住宅的工作人員，包括秘書、司機、廚師、服務員、維護房屋水電園林的工人，以及警衛排的戰士，幾十號人都要洗澡。到了晚上，宋慶齡準備洗澡時，水已經不熱了。澡盆裡放完水，保姆用手一試發現不夠熱，就提着幾個暖水瓶下樓，到茶爐打熱水，把水兌到澡盆裡，夠熱了宋慶齡才能洗浴。

宋慶齡的衛生間裡，設備並不多，顯得有些空空蕩蕩。牆壁和地面鋪着淡綠色的瓷磚，澡盆、洗臉盆、馬桶也都是同樣顏色。房間大而且高，所以室溫容易偏低。水不夠熱，室溫又不夠高，致使宋慶齡曾經有幾次洗完澡就感冒了。作為一個長期有着洗澡習慣的人，一週一次的安排未免太少了。但宋慶齡對此從沒有提過任何意見，而是嚴格執行這個規定。我曾經見過她的一個親筆批條。上面寫着：今天某某從美國來，她坐了很長時間的飛機，是不是能給她燒一回洗澡水。

■ 晚年宋慶齡

■ 晚年宋慶齡

至於牛奶，每天在早餐時，宋慶齡倒是可以保證喝到一杯。

夏季來臨，宋慶齡耐不住北京乾熱的天氣，有時還用涼水洗澡。1972年3月14日，在致格雷斯的信中，宋慶齡寫道："斯諾的不幸逝世使我的情緒低落到了極點，而且我自己的健康狀況也不太好。走幾步膝蓋就感到疼痛，風疹也尚未痊癒。有人說，這是因為我夏天總是用冷水洗澡所致。你不能想像在北京漫長的夏季，天氣有多乾燥和炎熱。"她用了"總是"這個詞，看來用涼水洗澡並不是偶而為之。

不過，宋慶齡的洗澡水裡也不是甚麼都沒有放過。1972年11月11日經過申請，她終於被批准在"文革"開始後第二次回到上海。宋慶齡非常高興。27日，她致信鄧廣殷："北京很冷，只有八攝氏度。上海現在就很舒服。我的小花園裡有很多桉樹，散發的芳香非常有益健康。這個房子以前是一個德國醫生建造的，她的妻子罹患了肺結核。所以他讓人從澳大利亞找來桉樹種在花園裡。現在很多人家都在種植這種樹，是從'我們'花園砍去的。我在北京的時候收到嫩枝，浸泡後煮水洗澡。就像用松木油洗澡一樣舒服，不過只能暫時緩解瘙癢。"為了對付讓她煩惱了一生的蕁麻疹，宋慶齡在北京居住時，曾讓上海家中送去自己花園裡的桉樹枝。

當然，這與奢侈毫無關係！

說到用樹枝治療蕁麻疹，周和康有過這樣一段記述：上海宋慶齡住宅花園四周，環繞着四十餘棵香樟樹，高大挺拔，鬱鬱蔥蔥，四季常青。周和康說："首長為甚麼特別喜愛香樟樹？這不僅因為它青枝綠葉，紛披如蓋，四季常青，更是它的氣味芳香，有驅蟲防腐治療疾病的作用。掘出幾根深埋地下的樹根，鋸成寸段，劈開數片，用水燒成湯，是治療蕁麻疹的秘方。首長因工作緊張，疲勞過度，常發蕁麻疹，有時就用香樟樹根，如法炮製，確有消炎止癢的特效。"看來周和康說的香樟樹就是宋慶齡書信中講的桉樹。

　　我的植物知識幾乎為零，不知道這只是同一種樹的兩種不同的名稱，還是在翻譯中出現了差錯。另外，周和康說的是用樹根，宋慶齡說的是用嫩枝，不知孰是孰非，暫且存疑，以待專家判定。

宋慶齡的繪畫

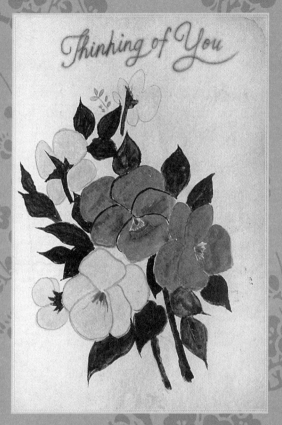

■ 宋慶齡為小朋友們親手繪製的賀年卡

説起繪畫，宋氏三姐妹中人們談論最多的是宋美齡。

　　20 世紀 50、60 年代，宋美齡最喜歡的消遣就是學畫。她的國畫教師是當時台灣最著名的畫家黃君璧和鄭曼青。所以，宋美齡所接受的美術教育是相當正規的。幾乎每天下午，宋美齡都會派專車接兩位大師來到士林官邸指導。據説她確有繪畫天賦，學了不長時間就可以獨立作畫了。

　　宋美齡癡迷於繪畫，即使在遭遇車禍腰部受傷後，她還專門讓人打製了一個可以站着作畫的畫板。宋美齡把繪畫當成消解煩悶的妙方，她曾説：“我晚上難以入眠時，就畫畫。”

　　宋美齡曾為自己的作品出版過兩冊印制精美的大型畫冊。今天，台北士林官邸的客廳牆壁上依舊懸掛着宋美齡的大幅畫作。她主攻山水和花卉，確能畫得中規中矩。但正是由於學得過於正規，宋美齡的畫作中有着較多傳統國畫中的程式化的東西。

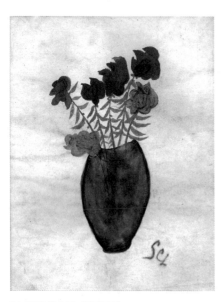

■ 宋慶齡的畫《瓶插花》

　　其實，宋慶齡也喜歡繪畫。與宋美齡不同的是，宋慶齡從沒有拜師學藝，也沒有經過哪怕是最基礎的繪畫訓練。由於沒有學過繪畫技巧，在構圖、透視關係、光線和用色上，宋慶齡完全是隨心所欲。從專業角度看，她的那些“小品”幾乎一無是處，但其中體現的情感卻是真真切切的。與宋美齡不同的是，宋慶齡的畫作主要是為了遣懷。在繪畫的內容上，宋慶齡也與美齡截然不同。她所畫的不是從想像和意念中構思出來的事物，而是現實生活中存在於自己身邊的事物。

宋慶齡現存畫作有四十餘幅。其中大半是花卉。宋慶齡喜歡花，在她的臥室和客廳裡經常擺放着從自己花園裡採來的鮮花。由於擺的是插花，所以宋慶齡筆下的花大多是放置在花瓶裡的。她所繪畫的單枝花，也都沒有根部。

宋慶齡畫過月季花。宋慶齡北京寓所的花工安茂成回憶："有一次，我正在梨樹底下忙。首長（指宋慶齡）也在院子裡，想要摘月季花，保姆就過來找我。我上前問了聲'首長早'。首長說：'小安同志，我能不能剪兩朵花啊？'我說：'首長，這花全是您的。'她聽了馬上糾正說：'不，這是你勞動的成果。'於是我拿起剪子，一枝一枝地給她剪，還把花梗上的刺掰掉，以免扎手。首長親自用盤托着，不停地說：'謝謝你，謝謝你！'"此外，宋慶齡還畫過住宅草地裡野生的"勿忘我"花，她還特意告訴英文秘書張珏，這花的英語名稱叫"Forget-Me-Not"。

■ 宋慶齡的畫《月季花》

■ 宋慶齡的畫《安多利恆》

■ 宋慶齡的畫《朝天椒》

■ 宋慶齡的畫《果樹》

抗戰中曾經幫助過中國的日裔美國朋友有吉幸治，曾被當成親共分子受到政治迫害。晚年為了生計，他在夏威夷開了一家花店。1971年，中美關係終於出現轉機。這年的最後幾天裡，有吉幸治來到中國。他將自己培育的夏威夷特產"雞心花"（英文譯名為"安多利恆"）作為禮物，送給宋慶齡。老朋友的情誼讓宋慶齡很感動。為此，她先後畫了四幅"安多利恆"。這樣似乎還意猶未盡，她又取出繡花繃架，親自在繃布上勾畫鮮花的式樣和線條，然後和保姆鍾興寶一起，一針一線地繡起來。直到如今，這幅刺繡還掛在北京宋慶齡故居臥室的西牆上。

宋慶齡繪畫時常常會出現不合慣例的奇思妙想。一次，看到庭院裡有盆栽的朝天椒，她就說："我想擺一盆辣椒，我很喜歡這辣椒。"安茂成挑了上面頂着七八個辣椒的很漂亮的一盆，為她端到樓上。宋慶齡隨即畫了三幅精氣神十足的朝天椒。然而，在傳統的繪畫中，辣椒是很少作為素材表現的。

　　北京寓所的院子裡有許多果樹，如蘋果、柿子、葡萄、石榴、海棠、桑、梨、棗、杏等。宋慶齡很喜歡這些果樹，常常摘下果實當作禮物送給朋友，或分給工作人員，還曾親自動手熬製果醬。她畫了一棵果樹。有趣的是，這棵樹上的累累果實有紅的、有黃的、有綠的，頗有些後現代或高科技的意味。

　　20 世紀 60 年代初，宋慶齡把警衛秘書的孩子隋永清接到身邊。

■ 宋慶齡的畫《小雞》

一次，她帶着隋永清到何香凝家做客。永清見何香凝院子裡養了雞，就同老太太一起用小米餵了起來。就在餵雞時的談笑中，宋慶齡與何香凝談到了繪畫。何香凝説，畫畫要有所本，所以要養些動物。何香凝是很有造詣的畫家，宋慶齡聽得也很上心。當時，宋慶齡住在前海西河沿，回來後就學着何香凝也在院子裡養了雞，一是為了哄永清玩兒，同時也為了便於自己隨時觀察。後來，她曾經畫過幾幅活潑可愛的小雞。

　　宋慶齡的畫作中，還有一些是有實際用途的。她曾經親筆畫過賀年片，送給國外的友人，也送給一些小朋友。

　　宋慶齡有一幅畫給我留下了很深的印象。這是她很少涉及的人物畫。一位母親懷裡抱着小女孩，坐在紫藤下。我給它取名為《紫藤下的母女》。實際上，這幅畫畫的是宋慶齡的理想。畫中的母親就是她自己。宋慶齡在北京先後住過的幾處住宅，庭院中都生長着紫藤。畫中的母親圍着紫色的圍巾，而紫色正是宋慶齡最喜歡的顏色。宋慶齡喜歡孩子，特別是當她

■ 宋慶齡的畫《紫藤下的母女》

因陳炯明叛變在戰火中失去做母親的機會之後，這種願望更加強烈。這也是她在晚年收養兩個女孩的原因。她一生在連年的戰亂中、在拚死的鬥爭中、在繁忙的政務中度過，但她渴望和平、安謐的社會環境，渴望過一個普通母親的生活。雖然這幅畫從技法上有着許多缺憾，但其中的意味卻令人回味，甚至感動。

宋慶齡的畫作幾乎都完成於"文革"歲月。在那個非常時代，她的活動受到了很大影響。為了保證安全，中央不再允許她回到上海。她的工作也變得不正常，除了代表國家接受國書外，其他政務基本不再參與。宋慶齡的生活範圍縮小到了一個院落裡。對於整個局勢的發展，她難以理解更無法把控，內心十分苦悶。於是，宋慶齡開始用繪畫來打發時間，紓

■ 宋慶齡的顏料和畫筆

解煩惱。

說到宋慶齡作畫的工具，不僅與宋美齡有天壤之別，就是一般學畫的人也絕不會如此簡陋。她使用的毛筆都是很舊的禿筆；顏料是最便宜的水彩，十二個小金屬盤黏在一個長方形的紙盒裡。這樣的顏料，即使在當時，也只有家庭經濟條件不富裕的小學生才會使用；紙是辦公用的十六開白紙。雖然，這出於她一貫的儉樸；但我們今天看到這一切，仍不禁為之動容。這是一位最普通的老人在消愁解悶而已。

宋慶齡是喜歡繪畫的。在她那裡，並不高明的畫技能起到表達情感的特殊作用。

保姆鍾興寶在蘇州鄉下的房子被人拆毀了，她為此悶悶不樂。一天，宋慶齡在書房裡喊她。她走進書房，宋慶齡笑着說："興寶，我給你造了一幢房子。"說着，把一張八開的紙遞給她，上面畫着一幢小巧的樓房。這是宋慶齡根據自己在上

■ 1997 年 2 月 28 日，作者與北京宋慶齡故居主任張愛榮在上海訪問張珏（中）。牆上掛着宋慶齡畫的大公雞

■ 宋慶齡在給林國才的信中畫的 "芝士"

■ 陳翰笙送給宋慶齡的紫色花瓶

Dear Friend:
        Do you recall this little lavendar
colored crystal vase that you brought back
from Carlovy Vary and which you gave me
upon your return to Shanghai? I cherish this
lovely "friendship vase" & bring it with me
back & forth. It is now standing on my dresser,
so it reminds me daily of a good friend.
                    Asam, Sd~ 1971-10-15

■ 宋慶齡致陳翰笙的信

海居住過的一所房子畫出來的。宋慶齡對她說："興寶，這幅畫就送給你吧！"貼心的關懷，使鍾興寶笑逐顏開。

1972 年的一天早晨，鍾興寶把宋慶齡畫的一隻大公雞送到秘書張珏的手上。鍾興寶說："這是夫人畫給你的。夫人說，沒有樣子，憑想像畫的，幾分鐘就畫成了。"宋慶齡逝世後，張珏請人裝裱了這幅畫，並在下面補記了這樣一段文字："十年'浩劫'，宋慶齡畫大公雞，含義破曉雞啼，天快亮了。"1997 年，我們到上海拜訪張珏時，宋慶齡這幅"鼓舞士氣"的畫還掛在張珏家的牆上。

在致友人的書信中，宋慶齡也會不時地畫上幾筆。例如，一次致信林國才，宋慶齡順手畫上了自己喜歡的"芝士"，請林國才帶些回來。曾在宋慶齡身邊工作過的其他一些同志也告訴我，他們曾收到過宋慶齡夾在信裡的畫。

1971 年 10 月，在給老朋友陳翰笙的信裡，宋慶齡畫了一幅瓶插花。信中寫道："你還記得這個淺紫色的小水晶花瓶嗎？是你從卡羅維發利（捷克西部城市）帶回來，回到上海後送給我的。我很珍惜這個可愛的'友誼花瓶'，把它帶來帶去。現在我把它放在我的梳妝台上，讓我每天都想起我的好朋友。"

廖承志是廖仲愷與何香凝之子，和母親何香凝一樣，他也長於繪畫。廖承志是宋慶齡看着長大的。他一直稱宋慶齡為 Aunty（即姑姑）。宋慶齡逝世後，廖承志在整理遺物時發現了宋慶齡留下的畫作。他讚歎地說："Aunty 會畫！"我想，廖承志的讚揚，無非是說宋慶齡的畫表達了真性情，從而體現了繪畫的真諦。

晚年隔海相望的宋氏姐妹

■ 宋慶齡北京後海寓所長廊

宋氏三姐妹間的親情，不少文章都有過介紹。但是，講到晚年的三姐妹，特別是她們在國共內戰結束、蔣介石退踞台灣之後的情況，相關材料就很少了。

最早離開中國大陸的是大姐藹齡。1944 年 7 月 9 日，她與美齡同機前往巴西治療蕁麻疹。慶齡到機場送行。7 月 16 日，在致楊孟東的信中，宋慶齡這樣敘述："上星期天我的姐姐和妹妹乘 C-54 去里約熱內盧。我從來沒有看見過這麼大的飛機，就像是一節普爾門式臥車車廂。我希望她們的蕁麻疹能治好，到秋天就回來。"但她萬萬沒有想到，這次送行竟是自己與大姐的永別。9 月，藹齡由巴西抵美，1946 年便正式定居美國了。

1947 年 6 月 15 日，藹齡寫信給慶齡，告訴她自己感到病情很嚴重，可能會有生命危險。她對慶齡說："作為妹妹，你一直是那麼的和藹和可愛，我想要你知道現在我比以前更加喜歡你了。""如果我有甚麼不測的話，請記住我非常愛你。"

1948 年 11 月 28 日，美齡由上海乘機赴美，為正在國共內戰中苦苦掙扎的蔣介石爭取美援。就此，她也永遠離開了中國大陸。

1949 年 5 月 19 日，美齡和弟弟子良從美國寫信給慶齡："最近，我們都經常想起你，考慮到目前的局勢，我們知道你在中國的生活一定很艱苦，希望你能平安、順利。……如果我們在這兒能為你做些甚麼的話——只要我們能辦到，請告訴我們。我們倆都希望能盡我們所能幫助你，但常感到相距太遠了，幫不上忙。請寫信告訴我們你的近況。"這也是美齡與慶齡之間的最後一封通信。

1950 年 1 月 13 日，美齡抵達台北。自此，三姐妹天各一方。

此後，慶齡和藹齡還有過書信往來。但似乎只有過一次。1957 年，藹齡接到慶齡的信，請她盡快回國相聚。這封信很有可能是通過朋友帶去的。因為藹齡同時收到了慶齡的禮物。在 2 月 14 日回信時，她託姚太太帶給慶齡兩塊綠色的料子、一件黑色開司米的毛衣、一副黑手套和一條開司米圍巾，作為回禮。藹齡在信寫道："親愛的妹妹，又收到你的來信，我非常高興。早些年我一直沒有給你寫信，主要是失去了同你的聯繫。我只能從報紙上知道你的情況——有時在北京，有時到國外訪問。我想我的信決不可能會到你那兒，因為前幾年我給你寫了幾封信，但從沒有收到你的回信。看到你信中所説'如果你不馬上回來的話，我們都將變得太老了'，我很沮喪。在我手術後，恢復了視力，我將盡快回去看你。""儘管我不是經常給你寫信，但我的心裡時刻都在牽掛着你，並且希望有朝一日我們還能像以前那樣在一起。"

在戰爭時期，每個人的精神都是緊繃着的，親情很容易被淡化。一旦進入和平時期，思念就漸漸浮上心頭。

1966 年"文革"初起，一天午餐後，秘書張珏陪宋慶齡在北京後海寓所長廊中散步。宋慶齡問張珏："你有兄弟姐妹嗎？"張珏説："有的。"她又問："幾男幾女？"張珏答道："三男三女。"宋慶齡聽罷，不由輕歎一聲，説道："我和你一樣，也是三兄弟、三姐妹。可是，我卻無法和他們通信。"説着，她目視遠方，若有所思。

1969 年 2 月底，宋家六兄妹中年紀最小的宋子安因腦溢血在香港去世。遺體運回舊金山，在恩典大教堂舉行追思會，與會親友達三百人。除了慶齡之外，宋家兄弟姐妹悉數到場。子安與慶齡一向感情最好，但正值"文化大革命"非常時期，宋慶齡根本不可能前往沒有外交關係的頭號帝國主義國家去參加弟弟的葬禮。

此時，中美關係也在悄悄地發生變化。雙方都在尋找時機，打開國與國之間的鐵幕。1970 年秋天，美國政府提議與北京建立熱線，尼克松總統也首次使用"中華人民共和國"來稱呼中國。1971 年 4 月 6 日，在日本名古屋舉行的世界乒乓球錦標賽上，中美球員間的一次偶然接觸，成為解決兩國外交僵局的契機。四天後，九名球員、兩名家屬、四名職員，外加十名記者受到邀請，成為 1949 年以來第一批正式踏上中國大陸的美國人。

正在中美關係急劇升溫的當口，4 月 25 日，宋子文在美國舊金山突然去世。28 日，宋子文的遺體運回紐約，定於 5 月 1 日在紐約市中心教堂舉行喪禮。

據香港《文匯報》稱，尼克松和基辛格為了進一步推動中美兩國的外交進程，通過一位與宋子文有關係的美籍華人，同時邀請在中國大陸的宋慶齡、在台灣的宋美齡以及留居美國的宋藹齡三姐妹前來紐約參加宋子文葬禮。北京當天便回電通知美國："宋慶齡副主席赴美參加宋子文的葬禮，由於中美尚未建交，沒有直達航班，現在通過美國航空公司聯繫專機，經倫敦飛美國。"同時，尼克松總統也得到消息，宋藹齡將參加胞弟的葬禮；

■ 1970 年 5 月 1 日，宋子文的追思禮拜在紐約市第五大道的 Heavenly Rest 教堂舉行

■ 宋藹齡與孔祥熙在美國紐約芬克里夫墓園的室內墓櫃

宋美齡已經乘專機由台灣起程赴美，當晚在夏威夷休息，擬在翌日直飛紐約。看來三姐妹的團聚馬上就會成為現實了。

然而，事情突然出現變故。抵達夏威夷後，美齡接到蔣介石的急電，請她暫不飛紐約。疑惑中，美齡買來當天的美國報紙，得知慶齡也準備赴美參加葬禮，於是立即通知了藹齡。《紐約時報》報導："蔣介石夫人今天本來要到紐約參加她哥哥宋子文博士的追思禮拜。但是，昨天獲悉共產中國可能派她姐姐到此之後，她取消了行程。"美齡停留在夏威夷，不肯向前再走一步。這時，宋子文夫人張樂怡也接到電話：藹齡臨時決定不參加胞弟葬禮。

就在宋子文葬禮的前一天，中國政府通知美方，由於包租不到專機，宋慶齡副主席不能應邀赴美參加葬禮了。美方立即把宋慶齡不來奔喪的消息通知孔、蔣兩家，希望大姐藹齡、小妹美齡能打消顧慮趕來參加葬禮，並指出這無論對死者還是生者都是一種安慰。但由於擔心是"統戰陷阱"，美齡索性掉頭飛回台北。就連定居在美國的藹齡也猶豫不決。為了等待藹齡的到來，宋子文的葬禮由上午改在下午，但三姐妹仍然在葬禮上全體缺席。5 月 1 日，五百餘人參加了在紐約市第五大道的 Heavenly Rest 教堂為宋子文舉行的追思禮拜，參加儀式的親屬只有宋子文的遺孀張樂怡、三個女兒和二弟子良。宋氏三姐妹失去了最後一次團聚的機會。

三姐妹中最早謝幕的是大姐藹齡。1973 年 10 月 19 日，她在美國紐約病逝，享年八十三歲。

慶齡的身體也一年不如一年，多種疾病的折磨，常使她痛苦不堪。然而，越到晚年，她對美齡的思念也越發強烈。由於政治的原因，當時她還不能夠公開表達這種感情。她精心地收

■ 宋慶齡的辦公桌

藏着藹齡、美齡給她的每一封信，還經常拉開辦公桌的抽屜，默默地看放在裡面的 1917 年宋家拍攝的那張唯一的全家福。

一次，慶齡將她收養的警衛秘書的女兒隋永清叫到身邊，指着照片上的美齡問："你看看這是誰啊？"永清說："不認識。"慶齡告訴她："這是我妹妹。"

晚年的慶齡設法通過各種渠道與美齡取得聯繫，希望美齡能回來。一旦有了一線希望，宋慶齡就會非常高興。她告訴身邊的服務人員："我妹妹可能要回來了，你們在接待的時候要注意……"交代得很細。過了幾天，聽到新的消息了，她又沮喪地說："可能我妹妹回不來了。"

1977 年 4 月 17 日，宋慶齡在北京寓所接待了旅美華裔鋼琴家、表侄女牛恩美。宋慶齡很興奮。她先用法語，後用英語和牛恩美交談，然後贈送了禮物，還留她在家中共進晚餐。牛恩美說："最出乎我意料的是，她在我耳邊輕輕地問我，她的三妹（宋美齡）可好，我只能說她身體還很健康。"

林國才一直被宋慶齡當做家裡人。他稱宋慶齡"婆婆"（即外祖母）。

林國才曾講過："我的家族和孫中山先生的宗族有特別密切的關係。我的外祖父鄭強原在美屬檀香山經營農場，孫中山的哥哥孫眉到檀香山時便在我外祖父農場工作。孫中山十二歲時是隨我外祖母去檀香山的，後來孫眉和我外祖父結盟成兄弟，大家一起住在檀香山茂宜島。鄭、孫兩家都按輩分稱呼。我父母親從小便和孫科（我稱他為舅父）、孫婉（即孫中山的小女兒，我稱三姨）同在一書塾讀書。我父親林介眉早年就加入同盟會，一直跟隨孫中山從事革命活動。孫中山在廣州成立大元帥府時，我父親擔任司庫，協助廖仲愷先生管理財政事務。"因為工作需要，林國才經常往來於大陸、台灣和日本之間。一次，他從美齡的好朋友那裡拿到一張宋美齡的

■ 宋慶齡與林國才

近照,回到北京時交給"婆婆"看。慶齡仔細端詳,眼睛裡含着淚花,嘴裡喃喃道:"我和三妹(她對宋美齡在家的稱呼)很久沒有見過面了。"她拉住林國才的手説:"真的謝謝你。"隨後仔細地將照片放進衣袋。

宋慶齡的蕁麻疹經常發作,看過許多名醫也沒有顯著的效果。林國才建議她到日本一些有硫磺溫泉的地方去治療。而日本大正製藥廠的會長、日本參議員上原正吉夫人上原小技也有意邀請慶齡以非官方的身份到日本去療養一段時間,同時也希望能安排在台灣的美齡一起到日本,好讓她們姐妹重逢。林國才在幾個方面協調運作,據説已經很有了些眉目。然而1980年5月29日,林國才從日本過境台北回香港時,因為隨身帶着與宋慶齡的合影,而被台灣當局扣留,並以"協助中共四個現代化的罪名"被判入獄,拘禁在台灣綠島政治犯監獄長達六年之久。在他被台灣當局扣留一年後,宋慶齡就病逝了。二十年後,林國才先生在北京宋慶齡故居與我談起這件事,他扼腕歎息的神情,至今還浮現在我眼前。

1979年4月21日,宋慶齡在致美國友人楊孟東的信中詢問:"你有沒有見過大衛或者同他談過話?我所有親屬的地址我都沒有。"這裡講的大衛指的是藹齡的長子孔令侃。很明顯,她迫切地希望通過與美齡聯繫緊密的孔令侃得到美齡的訊息。

1980年12月,陳香梅為宋慶齡帶一封信給宋美齡。陳香梅回憶:"信中寫到思念之情,並望能安排在某一地點姐妹相見一面。同時也希望國民黨把孫中山先生的一些文件歸還孫夫人。我離開北京去台灣時,舅父廖承志對我説:'孫夫人希望蔣夫人有回信。'信是我親自交給蔣夫人的,但沒回信,再去詢問時,夫人説:'告訴她,知道了。'"

陳香梅作為傳信人,穿梭於宋美齡和中共之間,引起了各方的注意,被稱為"陳香梅震撼"。

讓宋慶齡喜出望外的是,通過孔令侃得到宋美齡聯繫方式的願望,很

■ 1927 年，宋慶齡與孔令侃在漢口

at Hankow 1927
with David

快就有了結果。1981 年 2 月 27 日，廖承志致信宋慶齡：

　　"隨信附上的東西您也許會有興趣。這些消息是從美國工作的同志那裡得來的。我相信來自可靠的人，儘管是間接的，但他們是用了大力氣，從您的親戚和妹妹那裡得到這些消息。

　　"有趣的是知道你妹妹是怎樣看您的。而我相信這並不是不可想像的。不僅如此，在一個美國人——里根的信使，和一個中國人到過北京後，她表露了她的感情，我相信，要比家庭感情的含義更多些。

　　"更有趣的是，大衛·金把您妹妹的地址和電話告訴了我們。如果沒有弄錯的話，我想大衛是為您而這樣做的。"

　　這封信裡附送的材料，我們至今沒有看到。但可以想見的是，其中有美齡對慶齡的看法，而且從語氣上看，這些看法是正面的。信中提到的"大衛·金"顯然是"大衛·孔"的誤譯。這個錯誤應當由廖承志去世後為他編輯文集的翻譯人員負責。因為英文中"金"和"孔"的縮寫字母都是"K"。大衛是孔令侃的英文名。

　　1981 年 3 月 3 日，宋慶齡在當日的新華社編輯的內部資料《參考要聞》上，看到了台灣《美麗島》周報 2 月 7 日刊登的一篇文章，題目是：《不要說它，但我們要說——論宋美齡的回歸》。這篇文章中講到，宋美齡"回歸"的消息，最早

■ 1987 年，宋美齡與孔令侃（右）、孔令偉

395

是元月香港出版的《動向》雜誌透露的。其內容是：宋美齡想要回大陸。據說她提出兩個條件，一是允許蔣介石遺體移葬南京中山陵，二是中共當局必須隆重接待她回歸。1 月 29 日，美國《洛杉磯時報》也以第一版頭條新聞肯定了宋美齡打算"回歸"的消息。見到這份《參考要聞》，宋慶齡當然十分高興。她一定以為姐妹見面的願望就要實現了。

但是，天不遂人願！1981 年的宋慶齡已經病得十分沉重。在這段時間裡，鄒韜奮夫人沈粹縝經常守在她的身邊。一次，宋慶齡對沈粹縝說："我牽記美齡，現在能來就好了。""美齡假使能來，住我這兒不方便，可以住在釣魚台，你們認識，你幫我接待，早上接她來，晚上送她回去。"沈粹縝頻頻答應着，並迅速向鄧穎超反映了宋慶齡的心願。這次很快就有了回音：宋美齡身居美國，當時也身體有病，不能成行。聽到消息，宋慶齡歎了口氣，惋惜地說："太遲了！"她似乎預感到自己已經來日無多。她叮囑沈粹縝："國內認識美齡的人不多了，如果她來，你一定要接待她。"

宋慶齡病危之際，她的親屬聚集在北京，圍攏在她身邊。大家都知道，宋慶齡牽掛的是妹妹美齡，於是決定發電報到紐約，把病情的嚴重情況告訴宋美齡，希望她能夠回到中國，在姐姐去世之前再見一面。幾天之後，終於收到了一封回覆電報，內容非常簡單："把姐姐送到紐約治病。家"親屬們對這個反應大為吃驚，宋美齡甚至沒有在電報上簽署自己的姓名！

5月30日，宋慶齡治喪委員會發表公告："孫中山先生夫人、中華人民共和國名譽主席宋慶齡同志不幸於五月二十九日二十時十八分在北京逝世。"治喪委員會同時向在台灣和海外的包括宋美齡在內的親屬發出邀請，希望他們來祖國大陸參加喪禮。這一邀請使台北十分緊張。廖承志曾說："我們發電報邀請宋美齡參加葬禮，蔣經國很惱火，又派人到美國去，又寫信去，又如何如何，又通過孔令侃，怎麼樣怎麼樣。"蔣經國深怕遠在紐約的宋美齡會因感情衝動做出甚麼舉動。

當天，宋美齡就對此事作出了明確表態。5月30日，她自紐約致函在台北的蔣經國："月前廖承志倩託陳香梅函報孫夫人病危，廖得彼方最高層同意請余赴北平，陳並告令侃希得以一覆音，余聽後置之不理。""骨肉雖親，大道為重，我等做人做事須對得起上帝、國家、民族及總理主義、父親在天靈，其他均無論矣。"收到這封信，蔣經國肯定長出了一口氣。

但是，從小在異國他鄉相依為命的姐姐去世，不能不在她心中掀起波瀾。6月7日，宋美齡又致函蔣經國："深信若大陸撤退時，余在

■《與鮑羅廷談話的回憶》

■ 宋美齡在美國長期居住的長島蝗蟲谷孔宅

中國而不在美國圖挽回馬歇爾肆意報復並一意孤行之短見，或大姨母不在美國而在上海，必可拖其（指宋慶齡）離開。"這只能説是宋美齡的美麗幻想，當時的宋慶齡豈是哪一個凡人能夠拖動的！

宋美齡的話説得很強硬。在此之前，她也表現出對宋慶齡的整體忽視。她從不在任何場合提起宋慶齡的名字，似乎這個人從未存在過。1976年，宋美齡撰寫了《與鮑羅廷談話的回憶》一書。在不得不提到宋慶齡的時候，她是這樣處理的："一九二六年冬，家母、長姊孔祥熙夫人和我，從上海前往漢口，去探視家兄子文和另一位家姊。"

但她真的是毫無親情嗎？據香港《百姓》半月刊報道：接近宋美齡的人士透露，1981年5月下旬，她在得知宋慶齡病危及逝世的消息時，曾幾次流淚，並為二姐向上帝禱告。

2011年第十四期的《讀者》雜誌上有一篇轉載的文章，其中有宋美齡在驚聞宋慶齡逝世噩耗後的一段記錄：

> 我本不該驚悚若此等情形的。二姐久病，已非秘事。我之所以驚悚，與其説是因了她永去，不如説是因了這永去留給我的孤獨。
>
> 好在孤獨有期，而重逢是可待的。
>
> 此刻，往事愈遠愈清晰地現於眼前。
>
> 二姐的性格卻與我迥異。她是寧靜的，我是活躍的。她是獨愛深思的，我卻熱衷於談笑。多少次同友人們聚談，她總是含笑靜聽，有時竟退到窗下帷邊去；但我説笑最忘情的那一刻，也總感覺着她的存在。她偶爾的一瞥，或如摩挲，或如指令，都在無言間傳予了我。
>
> 三姐妹中，挑起些事端的，自常是我。而先或為了哪個洋囡囡，後或為了一條飾帶，在我與大姐間生出爭執的時刻，輕悄悄走來調停的也總是二姐。她常一手扶着我的肩，另一手挽了大姐的臂，引我們

去散步；爭執也就在那挽臂扶肩的一瞬間消去。

　　此刻，遙望故國，我竟已無淚，所餘唯一顆愛心而已。這愛心，也只有在夢中奉上。

　　我不知這篇文章的真實性如何，但其確實在一定程度上符合宋美齡的心情。

　　牛恩美說："1990 年至 1995 年，我差不多每個月都到宋美齡表姑媽家吃午飯，有時是她親自打電話約我和家姐去。一次，她帶我們到二樓睡房去看她創作的畫和著名畫家贈她的畫。一進門，我一眼就看到櫃子上擺着宋慶齡表姑媽的照片，心裡很感觸。我問她 1977 年見到宋慶齡表姑媽時，發現她有些虛胖的原因，宋美齡表姑媽告訴我這是一種病造成的。我藉此機會轉達了宋慶齡表姑媽對她的問候。"

　　2010 年 5 月底，我第三次到台灣訪問。其中婦聯會安排了一次宴請。宋美齡曾長期擔任婦聯會的主任。我的臨座是一位秦女士，她問我說："你們基金會出過一本宋慶齡的畫冊？"我說："對。"她說："當時朋友借給我一本。我拿到特別高興，就趕快送去給蔣夫人看。"她說，把這本畫冊遞到蔣夫人手裡之後，蔣夫人坐在那兒，一幅一幅認認真真地看了兩個多小時，一動不動，而且旁若無人。看完之後蔣夫人甚麼話都沒說，就把那個畫冊收起來了。秦女士想和我要一本畫冊，她說："因為我得還給人家，已經好多年了。"她還告訴我：在慶齡去世的那幾天裡，美齡完全

■ 2010 年 5 月，作者與秦憲英女士在台北

400

沉默，一言不發。這些都表現美
齡跟慶齡其實感情是很深的。但
是由於政治上的原因，她要有很
多避諱，無法做任何表示。

　　1996 年，宋美齡九十九歲
了，她對陪在她身邊的宋子安的
兒子宋仲虎說：“你也曉得，我
的姐姐走了，哥哥弟弟也走了。
我不曉得為甚麼上帝還留我在人
間。”宋仲虎陪了她一個星期，
每天她都提起這同一個問題。最
後一天，她似乎找到了答案：“我

■ 宋美齡與宋仲虎

想，上帝留我下來，要我引領還不信基督的家人走向他。”宋仲虎說，他
覺得她們三姐妹“彼此非常想念，在晚年時非常渴望能碰面，但是時勢並
不允許”。他說，宋美齡經常掛在嘴上的一句話是：“如果我姐姐慶齡還在
的話……”

　　過了百歲生日後，宋美齡身邊的工作人員發現，她每天增添了一件
事，就是瀏覽相冊。看着宋家全家福的照片，她對工作人員說：“我的父
母、大姐、二姐、哥哥及兩個弟弟的形象，像天上飛馳的彗星，常在我的
腦海裡閃現。他們一個個都到上帝那裡去了。”

　　她指指照片上的藹齡、慶齡、子文說：“大姐藹齡是 1973 年 10 月 19
日八十五歲走的。大姐小時候同我一起玩捉迷藏、丟手絹、跳房子遊戲，
玩得真開心。她走的那天，我在台灣沒能趕上與大姐作最後的訣別，這
是我終生的遺憾。二姐慶齡是 1981 年 5 月 29 日因白血病走的，小時候二
姐一直疼愛我。有一次，我的手指頭扎了一根刺，二姐掰着我的手指看

了又看，拿來了一根繡花針，靜氣凝神小心地為我挑刺，那情景仍歷歷在目。我如果犯了甚麼錯誤，她很少批評我的。據從北京來的人捎信說，二姐病危時渴望見到我，發高燒時一直呼叫着我的名字。二姐走之前我未能到她身邊看上一眼，這也是我終生的遺憾。我哥哥子文同我關係也很好，早年我赴美讀書，他是我的保護神。遇見誰欺負我，他必定跟誰沒完沒了，與人爭論，有時會急得手腳並用，直到別人賠禮道歉才肯罷休。我如果不小心跌倒了，他知道後，必定趕去抱住我，並幫助我揉着跌痛的地方。

■ 宋美齡最後居住的紐約曼哈頓公寓

1971 年 4 月，七十七歲的他在一次晚宴上因肉骨頭卡住了氣管，猝然而死。聽說北京的姐姐要趕來美國參加他的葬禮，夫君怕上政治圈套，不讓我赴美參加葬禮。其實，北京到美國紐約沒有航班，也沒有包機，慶齡姐沒能來。大姐聽說二姐要來美國，也不願參加子文的葬禮。現在想起來，心中很是後悔。因為政治溝坎，阻礙了我們的手足之情，我沒能參加子文的葬禮，也是我終生的遺憾。回想起小時候姐姐哥哥們對我的無比關照，心中充滿了幸福，至今仍沉醉不已。那種感覺雖已遙遠，足可以叫我回味一生。"她說着說着就流下淚來。

2003 年 10 月 24 日，三姐妹中的小妹美齡，以一百零六歲高齡告別人世。她活得並不輕鬆。遠去的親情給她留下了美好的回憶，但更多的是悔恨和煎熬。

　　1940 年在香港沙遜街，三姐妹在長久的分離後曾經有過一次團聚。她們用上海話聊天，開玩笑，一起回首往事，一起下廚做菜，互相換穿衣服，快樂得像三個女學生。但是，快樂的時光總是短暫的，那次的團聚僅僅是六個星期。我想，她們一定希望那是永遠⋯⋯

■ 美國華文報紙關於宋美齡逝世的報道

■ 宋美齡的靈柩安放在美國紐約芬克里夫墓園三樓。圖為宋美齡墓碑

■ 1940 年 2 月，宋氏三姐妹相聚在香港沙遜街宋藹齡寓所

宋慶齡在中國政壇上的定位

■ 1949 年 9 月 30 日，中國人民政治協商會議全體會議選舉產生中華人民共和國中央人民政府主席和副主席。主席毛澤東，副主席朱德、劉少奇、宋慶齡、李濟深、張瀾、高崗

在中國近現代史上，宋慶齡有着極為特殊的地位。

推翻帝制以後，中國經歷了兩個歷史階段，即中華民國和中華人民共和國。民國時期，由於是孫中山的夫人，宋慶齡被尊為國母。正因如此，儘管她與蔣介石在政治立場上針鋒相對，但國民黨一直給她保留着中央執委等位置。

在國共的鬥爭中，宋慶齡堅定地站在共產黨一邊，為共產黨奪取政權做出了無法估量的巨大貢獻。

1949 年初，遼瀋、淮海、平津三大戰役已經結束。1 月 19 日，毛澤東、周恩來聯名給宋慶齡發去電報，邀請她北上參加新政協會議："中國人民革命歷盡艱辛，中山先生遺志迄今始告實現，至祈先生命駕北來，參加此一人民歷史偉大的事業，並對如何建設新中國予以指導。"

當時，中共中央正在河北平山縣西柏坡籌備七屆二中全會，準備進入北平建立新政權。蘇共派米高揚到西柏坡同中共領導人會晤，就相關問題進行溝通。2 月 6 日，在討論新政府的組成人員時，毛澤東提出請宋慶齡擔任中央政府主席。參與會晤的任弼時和周恩來當場對此表達了不同意見，他們認為：如果毛澤東不擔任政府主席，人民會不理解。雖然這一提議沒有付諸實施，但它充分體現了中國共產黨對宋慶齡的充分肯定和高度評價，體現了宋慶齡在全國人民心目中的崇高威望。

為促成宋慶齡赴北平參與建國，中共中央特派鄧穎超和廖夢醒攜毛澤東、周恩來的親筆信到上海敦請。

1949 年 8 月 28 日，宋慶齡應邀從上海來到北平。9 月 27 日至 30 日，她出席了中國人民政治協商會議。在 30 日的全體會議上，選舉產生了中華人民共和國中央人民政府的主席和副主席。主席是毛澤東，副主席為劉少奇、朱德、宋慶齡、李濟深、張瀾、高崗。

10 月 1 日，中華人民共和國宣告成立，毛澤東、朱德與宋慶齡是率先

■ 1949 年 10 月 1 日的《人民日报》

■ 1954 年 9 月，宋慶齡在一屆人大一
次全會上投票

登上天安門的三位領導人。同一天，
已經遷往廣州的"國民政府"宣佈把
宋慶齡從"政府顧問"中除名。10 月
8 日，"國民政府行政院"下令逮捕宋
慶齡。

新中國成立以來，宋慶齡一直是
國家的主要領導人之一。

1949 年 10 月 1 日，宋慶齡任中央
人民政府副主席，在黨外副主席中位
居第一。任期至 1954 年 9 月。

■ 1959 年 4 月，二屆人大一次會議上，宋慶齡當選為中華人民共和國副主席

　　1954 年 9 月,第一屆全國人民代表大會召開。會議選舉劉少奇為全國人大常委會委員長,宋慶齡當選為第一副委員長。任期至 1959 年 4 月。

　　1954 年 12 月,全國政協第二屆全國委員會舉行第一次全體會議,周恩來當選為政協主席,宋慶齡為第一副主席。任期至 1959 年 4 月。

　　1959 年 4 月,第二屆全國人民代表大會第一次全體會議,選舉劉少奇為中華人民共和國主席,宋慶齡、董必武為副主席。任期至 1965 年 1 月。

　　1965 年 1 月,第三屆全國人民代表大會第一次會議召開,宋慶齡再次

■ 1967 年 9 月 23 日,宋慶齡接受毛里塔尼亞首任駐華大使遞交國書

■ 宋慶齡與劉少奇、朱德、董必武在一起

當選為中華人民共和國第一副主席。任期至 1975 年 1 月。

1966 年 "文化大革命" 開始後，國家機關的工作離開了正常的軌道。國家主席劉少奇被打倒，宋慶齡作為副主席更多地承擔起接受新上任的外國大使呈遞國書等日常的國家禮儀活動。

1975 年 1 月 13 日至 17 日，第四屆全國人民代表大會舉行第一次全體會議。朱德被選舉為全國人民代表大會常務委員會委員長，董必武、宋慶齡等二十二人當選為副委員長。

不料，大會結束後僅七十五天，董必武就不幸病逝。4 月 6 日，宋慶齡致信廖夢醒："驚悉董老仙逝，悲痛不已！記得我因蕁麻疹症和其他病痛

■ 1976 年 11 月 30 日，宋慶齡主持四屆人大三次全會。左為吳德

不能履行公務時,他總是非常友善地把我的工作承擔起來。當我聽到這個噩耗時,我從樓梯上摔了下來,跌傷了我的左腳和踝關節,傷得很厲害,以致沒有人攙扶我便不能行走。"

　　1976 年 7 月 6 日,朱德委員長病逝。在給廖夢醒的信中,宋慶齡表示:朱德的逝世"使我感到好像失去了一位敬愛的親人一樣!面對'大風大浪',他在政治上總是沉着應對,對生活和政治從不失控"。"他是我所認識的人中最不愛拋頭露面的。朱德同志為中國做了這麼多工作,卻如此低調。他得到每一個人的愛戴。"

　　朱德和董必武逝世後,宋慶齡成為全國人大排名最靠前的領導人。1976 年 10 月,"四人幫"被打倒,為使國家立法機關盡早走上軌道,宋慶齡於 11 月 30 日在北京主持了第四屆全國人民代表大會常務委員會

■ 1980 年 9 月,宋慶齡出席五屆人大三次全會。左起:宋慶齡、葉劍英、彭真

■ 1981 年 5 月 16 日，鄧穎超在全國人大常委會上宣讀授予宋慶齡國家名譽主席稱號的決定

第三次會議。

1978 年 2 月，中共中央建議召開第五屆全國人民代表大會。2 月 25 日，宋慶齡主持五屆人大首次會議預備會。2 月 26 日至 3 月 5 日，五屆全國人大舉行第一次會議，葉劍英被選舉為全國人民代表大會常務委員會委員長，宋慶齡再次當選為第一副委員長。

從這一任職記錄中可以看出，自新中國成立，宋慶齡連續擔任國家主要領導人三十一年又八個月。其任職時間之長，在中華人民共和國的歷史上是獨一無二的。整個任職期間，宋慶齡始終是黨外排位最高的領導人，也是職位最高的女性領導人。

在擔任國家領導人的同時，宋慶齡自 1949 年春起，一直被推舉為全國婦聯名譽主席。她還始終擔任她創立的中國福利會（1950 年 7 月前名為"中國福利基金會"）主席，致力於人民特別是少年兒童的福利事業。

1981 年 5 月 14 日晚，宋慶齡的病情突然惡化。15 日，中共中央、全國人大常委會和國務院開始通過新華社向全世界發佈宋慶齡病情公告。至 5 月 29 日，共發佈病情公告十一號。這種逐日發佈病情公告的做法，在中

中共中央全国人大常委会国务院
关于宋庆龄副委员长病情的公告

（第一号）

宋庆龄副委员长患冠心病及慢性淋巴性白血病，经多方治疗，未见好转。曾多次出现发热、呼吸困难、心跳加快等症状。五月十四日晚，突发寒战高热，热度达摄氏四十点二度，伴有严重心力衰竭。目前病情危急，正在积极抢救治疗。
　　　　　　　　　　　　　　　　　　一九八一年五月十五日（新华社）

■ 宋慶齡病情公告第一號

■《人民日報》刊載的授予宋慶齡國家名譽主席稱號的消息

國歷史上是前所未有的，此舉表達了黨和國家對宋慶齡病情的極度關切。在此之前，只有蘇聯在列寧病危時曾經採用過這種做法。

　　5 月 16 日，全國人大常委會舉行會議，接受中共中央政治局的建議，授予宋慶齡中華人民共和國名譽主席稱號。這一國家的最高榮譽稱號，是專門為宋慶齡設立的。宋慶齡一生維護世界和平、堅持民族獨立，為中國人民的幸福忘我奮鬥，這是她應得的榮譽。

跋

2013 年 8 月，《一個真實的宋慶齡》出版。這本書受到讀者關注的程度，超出了預想。於是，《一個真實的宋慶齡·續編》又和大家見面了。

與《一個真實的宋慶齡》一樣，《一個真實的宋慶齡·續編》中的各篇文章，題材依然有大有小，篇幅仍舊長短不一。

書中涉及一些廣大讀者比較關心的問題。諸如：宋慶齡與中共及一些領導人的關係、宋慶齡與家庭成員的關係、宋慶齡的宗教信仰、宋慶齡的一些生活細節等等，社會上對此都曾有過猜測和傳言。

我在宋慶齡故居工作了二十年，起初在她的英文秘書張珏的辦公室裡辦公，後來又搬到警衛秘書杜述周的辦公室。雖然沒有與宋慶齡一起工作過，但在這個環境裡，每天接觸到她的遺物，與她的朋友、同事們交談。宋慶齡在我心中是立體的、鮮活的。我有責任、有義務對廣大讀者講述宋慶齡真實的情況，否則便無法與宋慶齡面對。

即使是可信賴的"三親"（即親歷、親見、親聞）史料，也會存在一些不同的，甚至相互矛盾的表述。我在選擇上可能有別於其他學者，例如孫中山莫利愛路寓所的由來、孫中山遺囑的形成、宋耀如在革命中的作用、宋慶齡母親的姓名等等。現在大家看到的只是我個人的處理方式，並不是唯一的結論。

《一個真實的宋慶齡》和《一個真實的宋慶齡·續編》都不是學術著作，原因是沒有標注資料的出處。但眼下的這種處理方式也是我自己的選擇。我不喜歡有很多腳注的書。那些夾雜在文章中的一個個標注數字的小圓圈，在閱讀的過程中，就像是米飯裡的砂子，很容易干擾閱讀的思緒。所以我堅持要求不加注腳。何況，我本人所寫的不是學術論文，而是面向廣大讀者的通俗讀物。當然，我必須保證這裡寫的所有細節，都言之有據。

　　感謝編輯王一珂為這本書付出的努力。特別感謝廣大的讀者朋友，你們的支持和鼓勵是我繼續寫下去的最大動力。謝謝你們！

何大章

責任編輯	楊克惠
書籍設計	彭若東
排　版	肖　霞
印　務	馮政光

書　名	一個真實的宋慶齡 · 續編
叢 書 名	20 世紀中國
作　者	何大章
出　版	香港中和出版有限公司 Hong Kong Open Page Publishing Co., Ltd. 香港北角英皇道 499 號北角工業大廈 18 樓 http://www.hkopenpage.com http://www.facebook.com/hkopenpage http://weibo.com/hkopenpage Email: info@hkopenpage.com
香港發行	香港聯合書刊物流有限公司 香港新界大埔汀麗路 36 號 3 字樓
印　刷	美雅印刷製本有限公司 香港九龍官塘榮業街 6 號海濱工業大廈 4 字樓
版　次	2020 年 3 月香港第 1 版第 1 次印刷
規　格	16 開 (168mm×230mm) 448 面
國際書號	ISBN 978-988-8466-52-8

本書由人民文學出版社授權本公司在中國內地以外地區出版發行。